Word/Excel/PPT
在人力资源管理中的应用

凤凰高新教育 ◎ 编著

HR总监+办公高手强强联手，
告诉你从"如何工作"到"如何有效率地工作"

北京大学出版社
PEKING UNIVERSITY PRESS

内 容 提 要

Word、Excel、PPT是微软Office办公软件中最重要的三大组件。同时，在现代企业的人力资源管理工作中，经常需要使用Word、Excel、PPT来完成相关事项的处理。

本书通过两篇内容讲述了Word、Excel、PPT在人力资源管理工作中的实战操作与应用技巧。第1篇以HR利用Word做好工作、HR利用Excel做好工作、HR利用PPT做好工作等内容为线索，主要讲解了HR利用Word、Excel、PPT处理人力资源管理工作的经验、方法、技巧及误区；第2篇以人力资源规划管理、员工招聘管理、员工面试与录用管理、员工培训管理、绩效考核管理、员工请假与考勤管理、薪酬福利管理、员工关系管理、人事档案管理等工作内容模块为线索，精心挑选了多个案例，讲解了Word、Excel、PPT在人力资源管理工作中的实际应用。

本书既适合从事人力资源管理工作的人员学习，也可以作为大中专职业院校人力资源管理相关专业的学习用书，同时还可以作为人力资源技能培训教材。

图书在版编目(CIP)数据

Word/Excel/PPT在人力资源管理中的应用 / 凤凰高新教育编著. — 北京：北京大学出版社，2018.6
　ISBN 978-7-301-29495-6

Ⅰ.①W… Ⅱ.①凤… Ⅲ.①办公自动化—应用—人力资源管理 Ⅳ.①F243—39

中国版本图书馆CIP数据核字(2018)第084499号

书　　　名	Word/Excel/PPT在人力资源管理中的应用 WORD/EXCEL/PPT ZAI RENLI ZIYUAN GUANLI ZHONG DE YINGYONG
著作责任者	凤凰高新教育　编著
责任编辑	吴晓月
标准书号	ISBN 978-7-301-29495-6
出版发行	北京大学出版社
地　　　址	北京市海淀区成府路205号　100871
网　　　址	http://www.pup.cn　　新浪微博：@北京大学出版社
电子信箱	pup7@pup.cn
电　　　话	邮购部 62752015　发行部 62750672　编辑部 62570390
印　刷　者	北京大学印刷厂
经　销　者	新华书店
	787毫米×1092毫米　16开本　24.75印张　574千字 2018年6月第1版　2018年6月第1次印刷
印　　　数	1-4000册
定　　　价	69.00元

未经许可，不得以任何方式复制或抄袭本书之部分或全部内容。
版权所有，侵权必究
举报电话：010-62752024　电子信箱：fd@pup.pku.edu.cn
图书如有印装质量问题，请与出版部联系。电话：010-62756370

PREFACE 前言

如果您是企业的HR，无论是一线人力资源工作者，还是人力资源总监，知道

➢ 如何利用Word规范处理人力资源管理中的文档吗？
➢ 如何利用Excel高效处理人力资源管理中的表格与数据吗？
➢ 如何利用PPT制作高端大气的PPT吗？
……

可以说，HR工作中，真的离不开Word、Excel、PPT这3个软件。

来吧，学完本书，就能助您轻松解决以上问题！

本书通过两篇内容讲述了Word、Excel、PPT在人力资源管理工作中的实战操作与应用技巧。第1篇主要以"HR利用Word做好工作→HR利用Excel做好工作→HR利用PPT做好工作"为线索，讲解了HR利用Word、Excel、PPT处理人力资源管理工作的经验、方法、技巧及误区；第2篇以"人力资源规划管理→员工招聘管理→员工面试与录用管理→员工培训管理→绩效考核管理→员工请假与考勤管理→薪酬福利管理→员工关系管理→人事档案管理"工作内容模块为线索，精心挑选了多个案例，讲解了Word、Excel、PPT在人力资源管理工作中的实操应用。

本书具有以下特色。

案例引导

本书不是一本软件学习书，而是一本以解决人力资源管理工作中的相关事务为出发点的专著。书中精选多个案例模板，借鉴性强，旨在提高人力资源从业者的工作效率。

实战经验

本书从人力资源管理的工作实际出发，考虑到工作中各项事务的数据统计、分析处理等要求，精心安排了相关案例来讲解。同时，还总结了39个"大神支招"，193个"温馨提示"和54个"教您一招"的内容，让读者快速掌握Word、Excel、PPT高效处理人力资源管理工作中的技巧与经验，让从业人员在实际操作中少走弯路。

双目录索引

本书为方便用户查询，在内容安排及目录设计时，设置了案例索引目录及软件知识索引目录。

双栏排版

本书在讲解中，采用双栏排版方式进行编写，其图书信息容量是传统单栏图书的2倍，力争将内容讲全、讲透。

超值光盘

本书配送一张DVD多媒体教学光盘，里面包含了丰富的内容，无论是教学视频，还是赠

Word/Excel/PPT
在人力资源管理中的应用

送的其他资源，都能帮助读者提升相关的技能，让读者在职场中快速提升自己的竞争力，做到"早做完，不加班，只加薪！"

光盘中具体内容如下。
- 与书同步的素材文件和结果文件。
- 与书同步的、长达8小时的多媒体视频教程。
- 与书同步的PPT课件。
- 《如何学好用好Word》《如何学好用好Excel》《如何学好用好PPT》视频教程。
- 200个Word办公模板、200个Excel办公模板、100个PPT商务办公模板。
- 高效办公电子书：《微信高手技巧随身查》《QQ高手技巧随身查》《手机办公10招就够》《高效人士效率倍增手册》。
- 《5分钟学会番茄工作法》视频教程。

温馨提示：以上内容可以通过以下步骤来获取。

第1步：打开手机微信，点击【发现】→点击【扫一扫】→对准此二维码扫描→进入【详细资料】页面→点击【关注】。

第2步：进入公众账号主页面，点击左下角的【键盘 ⌨】图标→在右侧输入"UY125462"→点击【发送】按钮，即可获取对应学习资料的"下载网址"及"下载密码"。

第3步：在电脑中打开浏览器窗口→在【地址栏】中输入上一步获取的"下载网址"，并打开网站→提示输入密码，输入上一步获取的"下载密码"→单击【提取】按钮。

第4步：进入下载页面，单击书名后面的【下载 ⬇】按钮，即可将学习资源包下载到计算机中。若提示是【高速下载】还是【普通下载】，请选择【普通下载】。

第5步：下载完成后，有些资料若是压缩包，通过解压软件（如WinRAR、7-zip等）进行解压即可使用。

更多职场技能，也可以登录精英网（www.elite168.top）学习。

本书由"凤凰高新教育"策划，并由从事人力资源管理工作多年的相关老师执笔编写，他们具有丰富的Office职场应用经验和人力资源管理实战经验，对于他们的辛苦付出在此表示衷心的感谢！同时，由于计算机技术发展非常迅速，书中疏漏和不足之处在所难免，敬请广大读者及专家指正。若您在学习过程中产生疑问或有任何建议，可以通过E-mail或QQ群与我们联系。

投稿信箱：pup7@pup.cn
读者信箱：2751801073@qq.com
读者交流 QQ 群：335239641（办公之家3群）

CONTENTS 目录

第1篇 夯实基础篇

第1章 HR利用Word做好工作

- 1.1 Word在人力资源管理中的作用 2
  - 1.1.1 制作纯文字类文档 2
  - 1.1.2 制作流程图示类文档 3
  - 1.1.3 制作表格类文档 3
  - 1.1.4 制作图文混排类文档 4
- 1.2 HR使用Word需避免的六大误区 4
  - 1.2.1 只在页面视图中编辑文档 4
  - 1.2.2 滥用空格键设置段落对齐和缩进 6
  - 1.2.3 通过增加空行来调整段落行距和分页 6
  - 1.2.4 使用格式刷设置长文档格式 8
  - 1.2.5 目录靠手动来添加 8
  - 1.2.6 遇到编号就手动输入 9
- 1.3 HR提升Word技能的七大诀窍 10
  - 1.3.1 不可小觑的查找和替换功能 10
  - 1.3.2 长文档格式设置离不开样式 12
  - 1.3.3 对象粘贴多样化 13
  - 1.3.4 批量制作文档用邮件合并功能 14
  - 1.3.5 文档保存类型随意选 16
  - 1.3.6 基于模板快速创建文档 16
  - 1.3.7 文档页眉和页脚的设置技巧 17

大神支招

- 01：使用通配符批量删除中文字符之间的空格 19
- 02：档案标签也能自己动手制作 21

第2章 HR利用Excel做好工作

- 2.1 HR用好Excel需树立正确的学习理念 24
  - 2.1.1 Excel在人力资源管理中的作用 24

- 2.1.2 打造适合自己的Excel工作环境 24
- 2.1.3 管理Excel文件要养成好习惯 25
- 2.1.4 厘清Excel的三表 26
- 2.1.5 图表那么多，如何使用才恰当 27
- 2.1.6 合理使用数据透视表，数据分析更简单 28

2.2 HR制表的规范与原则 29
- 2.2.1 多行表头不滥用 29
- 2.2.2 合计行不能随意出现 30
- 2.2.3 单元格合并莫滥用 31
- 2.2.4 数据格式要规范统一 32
- 2.2.5 同类名称要统一 33
- 2.2.6 字段安排要合理 34
- 2.2.7 空格滥用导致计算错误 34

2.3 HR高效处理数据的技能 35
- 2.3.1 快速填充相同或规律数据 35
- 2.3.2 巧妙输入位数较多的编号 36
- 2.3.3 行列转置一步到位 36
- 2.3.4 一键排序数据 37
- 2.3.5 自动求值速度快 37
- 2.3.6 推荐图表直接用 38

2.4 HR必会的七大函数 38
- 2.4.1 SUM求和函数 39
- 2.4.2 AVERAGE平均值函数 39
- 2.4.3 MAX最大值函数 40
- 2.4.4 MIN最小值函数 41
- 2.4.5 COUNTIF计数函数 41
- 2.4.6 IF逻辑函数 42
- 2.4.7 VLOOKUP查找函数 42

大神支招
- 01：使用快速分析工具一键完成数据分析 45
- 02：如何自动让多列数据合并为一列 46
- 03：公式错误值检查 47

第3章 HR利用PPT做好工作

3.1 HR学好PPT需要了解的那些事 50
- 3.1.1 PPT在人力资源管理中的作用 50
- 3.1.2 HR需要知道的PPT交流平台 51

3.2 HR设计PPT的七大误区 53
- 3.2.1 像个草稿，没有打算做主角的PPT 53
- 3.2.2 文字太多，PPT的天敌 54
- 3.2.3 没有逻辑，"失魂落魄"的PPT 54
- 3.2.4 缺乏设计，"甘于平庸"的PPT 55
- 3.2.5 动画太多，让人眩晕的PPT 55
- 3.2.6 局限于SmartArt图形，易被淘汰的PPT 55
- 3.2.7 不弃窄屏，擦肩"高大上"的PPT 56

3.3 了解PPT的基本结构 56
- 3.3.1 让人印象深刻的封面页 56
- 3.3.2 可有可无的前言页 57

3.3.3	一目了然的目录页............57	3.4.1	用好PPT主题............58
3.3.4	让跳转更自然的过渡页......57	3.4.2	快速更换配色方案.........60
3.3.5	撑起整个PPT的内容页......57	3.4.3	快速调整PPT字体.........62
3.3.6	完美收尾的封底页...........58	3.4.4	学会使用PPT版式.........65
3.4	**如何避免每次从零开始排版............58**	3.4.5	将喜欢的PPT保存为模板............67

大神支招

01：防止PPT文字变形错位的3种方法............68
02：3种经典字体搭配............70
03：PPT四大经典版式............71

第2篇 实战应用篇

第4章 人力资源规划管理

4.1	**使用Word制作人力资源规划方案............74**	4.2.2	预测员工潜力决定去留......89
		4.2.3	预测人员流失高峰期.........95
4.1.1	插入特殊符号............74	4.2.4	优化配置人力资源.........100
4.1.2	设置字体格式和段落格式......75	**4.3**	**使用PowerPoint制作人力资源状况分析报告PPT............103**
4.1.3	制作文档封面............77		
4.1.4	为文档添加目录............79	4.3.1	设置幻灯片背景格式.........104
4.1.5	添加页眉和页脚............80	4.3.2	借助形状制作封面和目录............107
4.1.6	更新目录............83		
4.2	**使用Excel制作人力资源预测与优化配置............84**	4.3.3	使用表格展示数据.........110
		4.3.4	使用图表分析数据.........113
4.2.1	预测人力资源效益走势情况............86	4.3.5	制作个性化的图表.........116
		4.3.6	放映幻灯片............118

大神支招

01：通过大纲窗格设置段落级别............120
02：让复杂的筛选变得简单化............121
03：OneDrive实现跨设备移动办公............122
04：让幻灯片根据预设的时间自动进行播放............124

第5章 员工招聘管理

- 5.1 使用Word制作招聘流程图 127
  - 5.1.1 制作招聘流程图标题 128
  - 5.1.2 绘制招聘流程图 129
  - 5.1.3 编辑招聘流程图 131
  - 5.1.4 借助文本框输入招聘流程文本 133
  - 5.1.5 美化招聘流程图 134
- 5.2 使用Word制作招聘海报 135
  - 5.2.1 设置招聘海报页面颜色 136
  - 5.2.2 插入和编辑图片 136
  - 5.2.3 使用对象辅助输入招聘信息 137
- 5.3 使用Excel制作招聘费用预算表 143
  - 5.3.1 创建招聘费用预算表 145
  - 5.3.2 计算招聘人数和招聘费用 146
  - 5.3.3 设置招聘费用预算表格式 147
- 5.4 使用Excel制作招聘情况分析表 152
  - 5.4.1 使用数据透视表统计招聘情况 153
  - 5.4.2 创建数据透视图分析每月招聘情况 154
  - 5.4.3 制作招聘分析表 157
  - 5.4.4 使用组合图对招聘情况进行分析 160
- 5.5 使用PowerPoint制作校园招聘宣讲会PPT 161
  - 5.5.1 通过幻灯片母版设计幻灯片版式 163
  - 5.5.2 完善幻灯片内容 169
  - 5.5.3 添加幻灯片切换效果 174

大神支招

- 01：图片背景删除有妙招 175
- 02：一键就能把"0"值显示成小横线 176
- 03：学会这招，形状可以随心变 177

第6章 员工面试与录用管理

- 6.1 使用Word制作面试通知单 180
  - 6.1.1 设置面试通知文档页面 180
  - 6.1.2 输入和设置面试通知单内容 182
  - 6.1.3 创建数据源列表 183
  - 6.1.4 批量制作和发送面试通知单 185
- 6.2 使用Word制作入职流程图 187
  - 6.2.1 使用SmartArt创建入职流程图 188
  - 6.2.2 编辑入职流程图 189
- 6.3 使用Excel制作员工入职记录表 192
  - 6.3.1 输入员工入职记录表信息 192
  - 6.3.2 引用和计算数据 194
  - 6.3.3 美化表格效果 195

大神支招

01：如何根据文档中的合并域合并到新文档 197
02：SmartArt图形中的形状也能改变 198
03：自定义一个常用的表格样式，让效果一步到位 198

第7章 员工培训管理

7.1 使用Word制作员工培训制度 **202**
  7.1.1 通过样式快速设置文档
    格式 202
  7.1.2 添加项目符号和编号 206
  7.1.3 借助插入的空白页制作
    封面 207

7.2 使用Word制作培训需求
  调查表 **208**
  7.2.1 使用控件制作单选按钮 209
  7.2.2 制作复选框控件 211
  7.2.3 通过下画线实现边框的
    添加 212

7.3 使用Excel制作员工培训效果
  评估分析表 **213**
  7.3.1 计算培训成绩 214

  7.3.2 使用数据透视表和图分析
    培训评估结果 216
  7.3.3 制作培训前后总成绩
    分析表 219

7.4 使用Excel制作培训费用明细表 **222**
  7.4.1 制作培训费用明细表 223
  7.4.2 打印培训费用明细表 225

7.5 使用PowerPoint制作新员工
  入职培训PPT **227**
  7.5.1 设计PPT封面 228
  7.5.2 设计PPT目录 231
  7.5.3 设计PPT转场 233
  7.5.4 设计PPT内容 234
  7.5.5 设计PPT尾页 238
  7.5.6 设计动画效果 239
  7.5.7 打包PPT 242

大神支招

01：符号也能当作项目符号使用 243
02：打印表格时，拒绝从第2页起没有标题行 244
03：设计器在手，PPT排版布局不再"愁" 245
04：令你意想不到的PPT交互式目录 246

第8章 绩效考核管理

8.1 使用Word制作员工绩效考核管理
  制度 **249**

  8.1.1 设置文档内容的段落
    格式 250

8.1.2　添加文本水印 251
　　8.1.3　为文档应用主题和
　　　　　样式集 252
8.2　使用Excel制作绩效考核表 254
　　8.2.1　计算员工绩效考核成绩和
　　　　　年终奖 255
　　8.2.2　突出显示单元格中符合
　　　　　条件的值 257
　　8.2.3　按评定结果进行降序
　　　　　排列 257

　　8.2.4　制作考核查询表 258
　　8.2.5　使用数据透视表/图分析
　　　　　各部门的绩效考核成绩 260
8.3　使用Excel制作员工业绩评定表 263
　　8.3.1　使用函数显示出附加
　　　　　信息 264
　　8.3.2　插入批注进行补充说明 265
　　8.3.3　使用函数和公式计算各项
　　　　　数据 266
　　8.3.4　自动求平均值 269

大神支招

01：将LOGO图片嵌入文字下方 270
02：自定义主题颜色和字体 272
03：自定义条件格式 274

第9章　员工请假与考勤管理

9.1　使用Word制作员工请假申请单 278
　　9.1.1　绘制员工请假申请单 279
　　9.1.2　设置表格中对象的格式 280
　　9.1.3　为表格添加需要的边框 282
9.2　使用Excel制作考勤表 283
　　9.2.1　统计打卡考勤记录 284

　　9.2.2　完善考勤记录表内容 286
　　9.2.3　冻结固定显示的行数据 287
　　9.2.4　统计员工当月的出勤
　　　　　情况 288
　　9.2.5　使用图表分析员工出勤
　　　　　情况 291

大神支招

01：一键就能平均分布表格中的行或列 293
02：如何将一个完整的表格拆分为多个表格 294
03：图表也能跨工作表移动 295
04：添加形状使图表别具一格 295

第10章　薪酬福利管理

10.1　使用Word制作薪酬调整方案 298

　　10.1.1　设置文档格式 298

10.1.2 添加SmartArt图形 300
10.1.3 添加表格完善内容 301
10.1.4 为表格插入题注 304

10.2 使用Word制作员工加班申请单 305
10.2.1 制作员工加班申请单 306
10.2.2 美化员工加班申请单 308

10.3 使用Excel制作员工工资表 310
10.3.1 复制并修改工资表 311
10.3.2 计算工资应发和应扣部分 313
10.3.3 计算个人所得税和实发工资 316
10.3.4 制作和打印员工工资条 317

10.4 使用Excel制作员工加班统计表 320
10.4.1 计算员工加班时数 321
10.4.2 计算员工当月的加班费 322
10.4.3 分类汇总各部门的加班时间 324

大神支招

01：在Word中快速插入Excel电子表格 325
02：插入表格时自动插入题注 327
03：同时对多个区域进行合并计算 329
04：快速删除表格中重复的数据 330

第11章 员工关系管理

11.1 使用Word制作劳动合同 333
11.1.1 制作劳动合同封面 333
11.1.2 制作劳动合同正文页 334
11.1.3 预览和打印劳动合同ꞏ.... 338

11.2 使用Word制作离职审批表 339

11.3 使用Excel制作人员流动情况分析表 343
11.3.1 统计人员流动情况 344
11.3.2 分析人员流失率和流动率 346
11.3.3 分析人员流入流出总趋势 348
11.3.4 分析人员增加/减少情况 349
11.3.5 分析人员离职原因 351

大神支招

01：不只能替换错误的文本内容，文本格式也能被替换 353
02：原来导航窗格也可以这样用 355
03：你不知道的文本与表格的转换方法 356
04：让图表中的字段与表格字段显示一致 357

第12章 人事档案管理

12.1 使用Word制作人事档案管理制度 360
12.1.1 将其他文件中的文本导入Word文档中 361
12.1.2 创建和应用样式 363
12.1.3 插入联机图片美化页面背景 364

12.2 使用Excel制作员工档案表 366
12.2.1 限制身份证号和员工编号重复 366
12.2.2 为身份证号添加提示信息 367
12.2.3 提供性别和部门数据选项 368
12.2.4 让电话号码进行分段显示 368
12.2.5 使用函数计算员工年龄和工龄 369
12.2.6 美化表格 370
12.2.7 加密保护员工档案表 371

12.3 使用Excel制作员工信息查询表 372
12.3.1 设计信息查询表 373
12.3.2 使用函数查询数据 374
12.3.3 锁定自动查询区域 376

大神支招

01：限制编辑，让文档不能随意被他人修改 378
02：图片美化表格一步到位 379

索　引

一、Word 功能索引 381
二、Excel 功能索引 382
三、PPT 功能索引 383

第 1 篇 夯实基础篇

第 1 章 HR利用Word做好工作

本章导读

在人力资源管理过程中，经常需要制作各种制度和流程图等来协助完成工作，而基本上所有的HR都会选择Word软件来进行文档的制作。因为Word是目前使用最广泛的文字处理软件，它集文字的编辑、排版、表格处理、图形处理为一体，能帮助HR制作出各种需要的文档。本章将通过讲解Word的一些必备的理论知识，让HR能结合Word快速完成人力资源管理中的一些工作。

知识要点

- ❖ 使用Word可制作的文档类型
- ❖ 使用Word需避免的误区
- ❖ 批量制作文档
- ❖ 提升Word技能的诀窍
- ❖ 使用通配符查找和替换

1.1 Word在人力资源管理中的作用

人力资源管理是现在企业管理中的重要一环,在人力资源管理过程中,涉及很多文档的制作,而Word则能帮助HR制作日常人力资源管理过程中需要的文档。

1.1.1 制作纯文字类文档

纯文字类文档指文档中只包含文字和字符。在人力资源管理过程中,常使用Word制作的纯文字类文档包括通知、合同和各种制度等。

1. 通知文档

通知是指向特定的对象告知或转达有关事项或文件,让对象知道或执行的一种公文。在人力资源管理过程中,经常需要制作的通知有放假通知、面试通知、录用通知、岗位任免通知、岗位任职通知、培训通知等。下图所示为制作的面试通知文档。

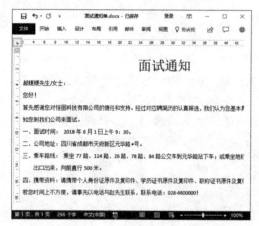

2. 合同文档

合同是指用人单位与当事人之间设立、变更、终止民事关系的一种协议,是建立在双方平等意愿上的,具有法律约束力。在人力资源管理过程中,经常需要制作的合同文档有保密合同、劳动合同等。下图所示为制作的劳动合同文档。

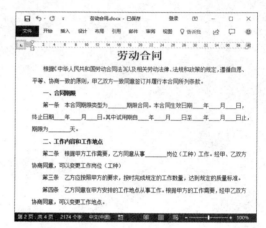

3. 制度文档

俗话说,"无规矩不成方圆",企业也一样,制度是企业规范运行和行使权利的重要方式,每个企业都可以根据自身的具体情况,制定一套适合企业发展的规章制度。

在人力资源管理过程中,经常需要制作的制度有招聘管理制度、录用管理制度、培训制度、绩效考核制度、福利管理制度、档案管理制度等。下图所示为制作的员工培训管理制度文档。

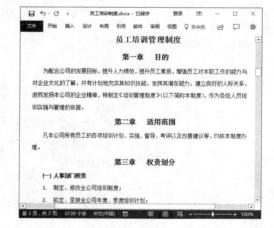

1.1.2 制作流程图示类文档

在人力资源管理过程中，经常会涉及很多流程图的制作，如招聘流程图、面试流程图、入职流程图等。在Word中，这些流程图的制作可以根据不同的方式来实现。

当需要制作不规则的流程图时，也就是说流程图不需要按照特定的从上到下或从左到右等比较固定的顺序进行排列时，可以通过绘制形状来实现。下图所示为使用Word的形状功能制作的外部招聘流程图文档。

当制作的流程图需要按照一定顺序和规则进行排列时，则可以通过SmartArt图形功能来实现。下图所示为使用Word的SmartArt图形功能制作的入职流程图文档。

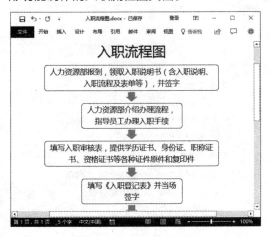

1.1.3 制作表格类文档

说起表格，很多人首先想到的就是Office中的Excel电子表格制作组件，并不会想到Word。其实，在Word中也可创建表格，只是相对于专业的Excel表格制作与处理软件，Word更倾向于制作文本型的表格，不涉及数据的复杂计算、统计和分析等，主要目的在于让文档中内容的结构更清晰，以及对表格中内容的各项分配更明了。

在人力资源管理过程中，经常使用Word制作的表格类文档有出差申请表、员工请假单、职员签到簿、离职审批表等。下图所示分别为出差申请表和离职审批表文档。

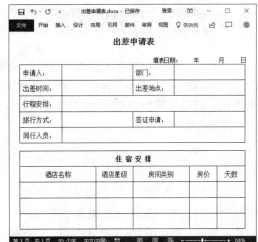

1.1.4 制作图文混排类文档

图文混排并不是指图片和文字的混合排列，而是指根据实际需要在文档中加入各种各样的图文对象，并混合排列这些对象，让制作的文档图文并茂，使其更加美观和生动。

在人力资源管理过程中需要制作的图文混排类文档有企业形象宣传、招聘会宣传等，下图所示为使用Word制作的招聘宣传单文档。

1.2 HR使用Word需避免的六大误区

HR在使用Word制作需要的文档时，经常会抱怨花费大量的时间，但制作的效果并不理想，这并不是因为HR不会操作Word，而是制作过程中可能因为一些不良的操作习惯产生了一些误区，降低了编辑效率。HR要想使用Word快速制作出需要的文档，需要避免一些使用误区，才能提高编辑效率。

1.2.1 只在页面视图中编辑文档

很多HR不管是制作、编辑文档，还是检查文档内容，都只在默认的页面视图中进行操作。其实，Word提供了阅读视图、页面视图、Web版式视图、大纲视图和草稿视图5种视图模式，HR可以根据实际情况在不同的视图中进行操作。

1. 阅读视图

在人力资源管理过程中，HR需要制作很多制度文档，通常制作好文档后，都需要对文档的内容进行阅读检查，如是否有错别字、语句是否通顺等，这时就可利用阅读视图对文档内容进行阅读和检查。

阅读视图是阅读文档的最佳方式，在该视图模式下，会将原来的文档编辑区缩小，而且不会显示页眉和页脚信息，如果文档字数较多，会自动分成多屏，并可通过导航窗格查找文本内容，但不能直接对文档内容进行编辑，如下图所示。

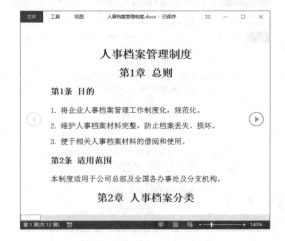

2. 页面视图

HR在制作文档的过程中，用得最多的就是页面视图，它是Word默认的视图模式，用于编辑文档的整体效果，Word几乎所有的操作都能在该视图中实现，如下图所示。

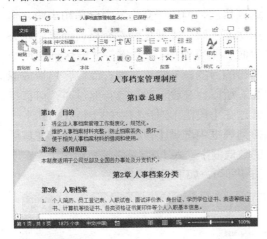

3. 大纲视图

HR需要对文档结构进行查看，设置文档段落结构时，则可使用大纲视图，它主要用于查看文档的结构，设置文档的段落级别，还可以通过拖动标题来移动、复制和重新组织文本，特别适合编辑长文档。另外，在大纲视图中不显示页边距、页眉和页脚、图片和背景，如下图所示。

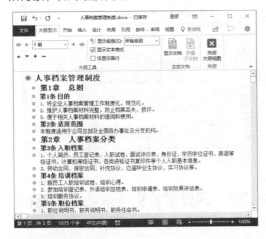

4. Web版式视图

Web版式视图在制作人力资源管理相关的文档时用得很少，它主要用于快速预览当前文本在浏览器中的显示效果，在这种视图模式下，会发现原来换行显示两行的文本，重新排列后在一行中就能全部显示出来，这是因为要与浏览器的效果保持一致，方便做进一步的调整，如下图所示。

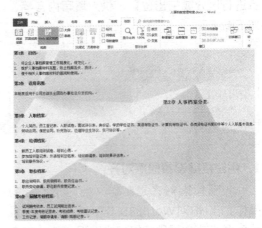

5. 草稿视图

HR制作的很多制度文档都是纯文本类文档，而草稿视图则非常适合纯文本类文档的制作，因为在草稿视图中不仅能对文档中的文本进行查看，而且还能对文本进行输入和编辑操作，以及对文本的格式进行设置，但不显示文档页边距、页眉和页脚、图形对象等，所以，在该视图模式下，只适合编辑文本内容，如下图所示。

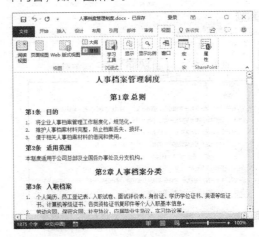

1.2.2 滥用空格键设置段落对齐和缩进

在编排文档的过程中，如果需要添加空格，很多HR就直接使用空格键来实现。其实，空格键的主要作用是对文档中的某些内容进行区分或空出位置、供人填写内容等，如下图所示。

> **区分文本**
> 一、是公司全体员工必须遵循的准则；
> 二、是规范员工内外行为的重要依据和评价员工职业行为的重要标准。
>
> **空出位置**
> 员工姓名：
> 电话号码：
> 身份证号码：

1. 用空格键设置段落对齐

设置段落对齐是制作文档时常进行的操作，当HR对Word的操作不熟练时，设置段落对齐就会采用空格键来实现，但往往会遇到这样的问题：按一下空格键嫌少，多按几次空格键又嫌多。其实，出现这种问题只能说明你滥用了空格键。在Word中提供了一组专门用于设置段落对齐的按钮，包括左对齐、居中对齐、右对齐、两端对齐、分段对齐等，选择需要设置对齐的段落，在【开始】选项卡【段落】组中单击相应的对齐按钮即可，如下图所示。

2. 用空格键设置首行缩进

HR制作的文档都是比较规范、正式的，一般都要求每段段落的段首空两个字符，也就是首行缩进两个字符，而在编辑Word的过程中，很多HR都选择通过按空格键的方式来达到目的，但由于空格分为全角和半角，全角状态下时，需要按两次空格，而半角状态下时，则需要按4次空格，才能达到空两个字符的目的，非常不方便，而且容易造成混乱。所以，在设置段落首行缩进时，可直接通过在【段落】对话框中的【特殊格式】下拉列表框中选择【首行缩进】选项，在其后的数值框中输入【2字符】，再单击【确定】按钮即可，如下图所示。

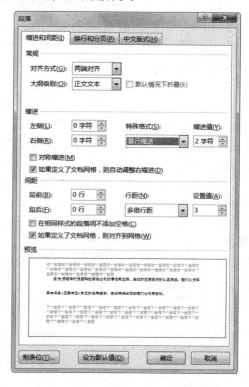

1.2.3 通过增加空行来调整段落行距和分页

在编排Word文档时，为了让文档的段落

结构更清晰，很多时候需要对各段落之间的间距进行设置，很多HR会用【Enter】键添加空行来设置段落间距，甚至在对文档内容进行分页时，也会选择增加多个空行来进行分页，但这种方式明显是不合理的，而且对于增加内容也是不方便的。所以，要合理的设置段落间距和分页，则需要通过Word提供的段落间距和分页功能来进行设置。

1. 合理调整段落间距

段落间距是指每两个相邻段落之间的距离，它分为段前间距和段后间距，而通过按【Enter】键调整段落间距，每段都需要单独进行设置，而且可能出现段落间距太宽或太窄的现象。所以，用【Enter】键设置段落间距并不是明智之举。

其实，在Word中有设置段落间距的功能，可以根据需要合理地设置段落的间距，而且可以一次性设置完文档中所有段落的间距。

Word默认的段落间距单位为"行"，在设置文档段落间距时，用户可通过输入不同的值进行调试，使设置的段落间距能满足阅读需求，如下图所示。

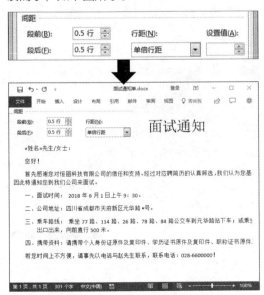

如果段落间距设置为【0.5行】觉得太小，设置为【1行】又太大，这时可使用段落间距单位"磅"。在设置时，可直接删除【段前】和【段后】数值框中的单位"行"，然后输入单位"磅"即可，如下图所示。

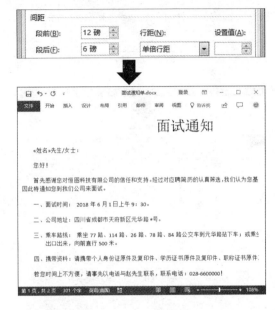

2. 科学分页

虽然用【Enter】键添加空行能达到分页的目的，但随着空行前面文本的减少或增加，空行的位置会发生变化，会出现下一页文本移到前一页或下一页页首出现大量空行的情况。为了避免这样的情况发生，可以通过单击【插入】选项卡【页面】组中的【分页】按钮或按【Ctrl+Enter】组合键来插入分页符，如下图所示。这样，分页符之前的文本增加或删减都不会影响下一页的内容。

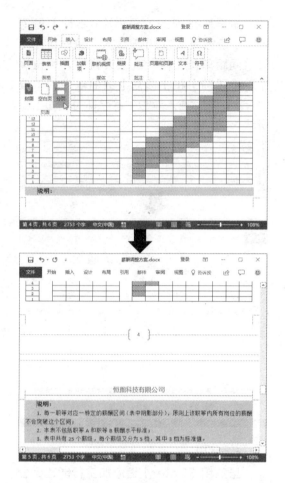

非常麻烦。所以，在设置长文档的格式时，可以采用样式进行设置，这样不仅可以提高工作效率，而且对样式进行更改后，所有应用该样式的格式都将自动进行更改，无须再使用格式刷一次次地进行重复操作了。

1.2.5　目录靠手动来添加

对于长文档来说，都是需要制作目录的，因为通过目录不仅可以快速了解文档包含的大致内容，还能快速跳转到相应的内容，所以，目录是长文档中必不可少的一部分。很多HR在制作文档目录时，会直接在文档需要输入目录的位置，手动输入需要的目录，其实，这种做法虽然没有错误，但要想提高制作目录的效率和准确率，这种方法是不可取的。因为手动输入目录不仅麻烦，而且容易出错，在对文档中的内容进行修改，或者段落位置发生变化时，目录不会自动更新，需要手动对目录进行修改。

熟悉Word操作的HR都知道，Word文档中的目录并不是手动添加的，而是自动生成的。在大纲视图中对所提取标题的段落级别进行设置或为段落应用样式后，就可按样式或大纲级别自动生成目录，如下图所示。

1.2.4　使用格式刷设置长文档格式

格式刷之所以被称为"神奇的格式刷"，是因为通过格式刷可以将制定的文本、段落或图形的格式复制到目标文本、段落或图形上，大大提高工作效率。然而，HR在设置长文档的段落格式时，使用格式刷设置会被看成是一个误区，那是因为长文档中包含的段落较多，如果使用格式刷来设置格式，不仅会降低长文档的编辑速度，而且对某一个段落格式进行修改后，还得继续使用格式刷对更改的段落格式进行复制、应用，

第1章
HR 利用 Word 做好工作

> **温馨提示**
>
> 如果不设置段落级别或应用样式,那么自动生成目录时,将会提示"未找到目录项",如下图所示。

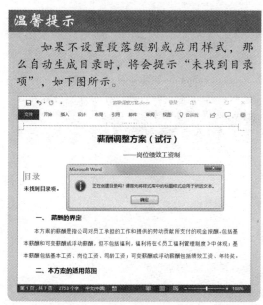

如果为段落应用的样式是自己新建的,那么要自动提取目录,需要在【目录选项】对话框中对目录要提取的有效样式进行设置,如下图所示。否则提取出来的目录样式将不正确或找不到。

自动生成目录后,如果文档中提取的目录标题或目录所在的页码发生变化,那么可对目录进行更新,目录中的标题或页码将自动发生变化,不需要手动进行修改,如下图所示。

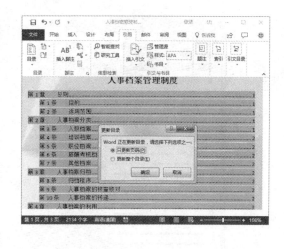

1.2.6 遇到编号就手动输入

在制作和编辑文档的过程中,合理地使用编号,可以使文档的层次结构更明朗、条理更清晰。但很多HR在文档中添加编号时,都喜欢手动输入添加,其实,手动输入的编号比较有限,当添加连续编号的段落增减后,编号不能自动更改,需要手动更改,不仅麻烦,而且容易出错。所以,在为文档中的段落添加编号时,可直接采用Word提供的编号功能进行添加,如下图所示。

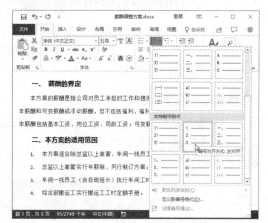

当内置的编号不能满足需要时,可根据自己的需要自定义一些编号样式,以满足不同文档的需要,如下图所示。

| 9

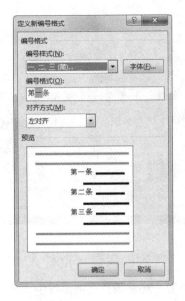

> **温馨提示**
>
> HR需要注意,项目符号与编号一样,手动输入的项目符号不能统一进行修改,只能单独进行修改。如果需要将所有的项目符号串联起来,那么添加项目符号时,则需要通过Word提供的项目符号功能来进行添加,不能手动输入进行添加。

1.3 HR提升Word技能的七大诀窍

HR在使用Word制作与编辑人力资源方面的文档时,要想提高文档的编辑效率,达到事半功倍的目的,需要掌握一些处理与编辑文档的小诀窍,合理地运用这些小诀窍可以提高处理Word文档的办公效率。

1.3.1 不可小觑的查找和替换功能

在文档中,当需要对相同格式或相同的内容进行查看或修改时,可以使用Word提供的查找和替换功能,它不仅可批量查找相应的内容,还可批量将查找到的内容替换为指定修改的内容,大大提高文档的编辑效率。

1. 查找和替换文本内容

当需要对文档中多处相同的文本进行修改时,可以先输入要查找的内容,使用查找功能对文档中的内容进行查找,然后输入替换内容,使用替换功能对文档中查找到的相同内容进行批量替换,如下图所示。

2. 查找和替换文档格式

当需要将文档中的字体格式、段落格式或样式相同的文本内容替换为指定的格式时，也可以使用查找和替换功能，如下图所示。

需要注意的是，设置要查找的格式时，所设格式必须与文档中设置的格式相同，否则，进行查找时，将提示"未找到结果"；直接替换时，将会提示"完成0处替换"，如下图所示。

3. 查找和替换空行

当文档中有多余的空行，且需要删除时，则可通过查找和替换功能批量删除文档中多余的空行，如下图所示。如果文档中每次的空行不同，则可从多到少依次进行查找和替换，直到删除所有的空行。

4. 查找和替换手动换行符

在初次制作人力资源管理相关的各种制度时，HR一般会从网上查找一些其他公司制作的相关制度的文档，然后将内容复制过来，再结合自己公司的实际情况进行修改。从网页中复制到Word文档中的文本内容，很多段落标记显示的是手动换行符，如下图所示。

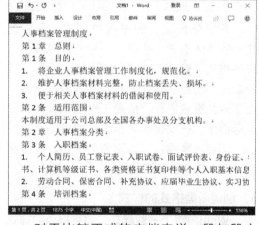

对于比较正式的文档来说，段与段之间都是采用段落标记进行分隔的，所以，HR在制作各种制度时，如果文档中显示的是手动换行符，那么需要更改为段落标记，而使用查找和替换功能，可以一次性替换文档中的手动换行符，提高工作效率，如下图所示。

单击【格式】按钮，在弹出的下拉列表中选择相应的选项，在打开的对话框中可对相应的格式进行详细设置，如下图所示。

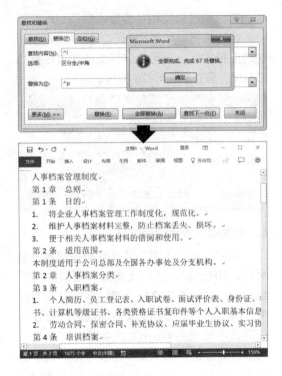

1.3.2 长文档格式设置离不开样式

在编排长文档的过程中，需要反复对文档的字体格式（字体、字号、颜色等）、段落格式（对齐方式、段落间距、行距、首行缩进、项目符号、编号等）等进行设置，为了避免重复操作，提高工作效率，样式便应运而生。样式是字体格式和段落格式的集合，因此，掌握样式的设置与使用，是提高工作效率的重要手段之一。

1. 创建所需格式的样式

Word内置了一些样式，如果提供的样式不能满足文档格式设置的需要，那么要使用样式设置重复格式时，首先需要创建一个该格式的样式，在【开始】选项卡【样式】下拉列表中选择【创建样式】选项，打开【根据格式设置创建新样式】对话框，在其中对样式的名称、基本的字体格式和段落格式等进行设置，当需要对其他格式进行设置时，可

2. 应用创建的样式

对于创建的样式，创建好后将自动显示在【开始】选项卡【样式】下拉列表中，当需要为文档中的段落应用该样式时，可将鼠标光标定位到段落中，或者选择段落，在【样式】下拉列表中选择需要的样式，即可将其应用到相应的段落中，如下图所示。

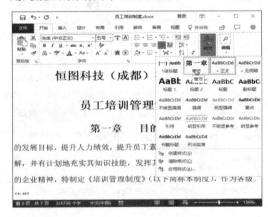

3. 修改样式

当文档中有大量应用相同样式的格式

需要修改时，只需要修改应用的样式，样式修改后，应用样式的段落格式将自动进行更新，不需要再重新应用样式，如下图所示。

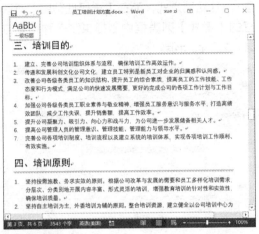

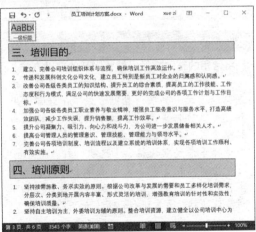

4. 为样式指定快捷键

随着新建样式的增加，要想快速在众多样式中找到需要的样式并应用到段落中，可以为样式指定相应的快捷键，这样直接按样式的快捷键，就能为段落应用相应的样式，大大提高工作效率。

为样式指定快捷键时，为了方便记忆，在新建样式时，可在样式名称中带上快捷键，然后再为样式指定与样式名相同的快捷键，如下图所示。

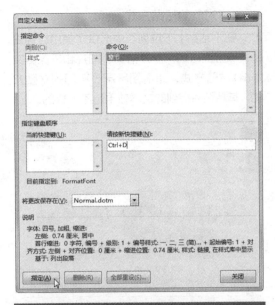

> **教您一招**
>
> **重新指定快捷键**
>
> 为样式指定快捷键后，将会在【自定义键盘】对话框的【当前快捷键】列表框中显示指定的快捷键。如果设置的快捷键不方便记忆或与其他样式的快捷键重合，需要重新指定，那么可在【当前快捷键】列表框中选择指定的快捷键，单击【删除】按钮删除指定的快捷键，然后重新指定，完成后单击【确定】按钮即可。

1.3.3　对象粘贴多样化

在制作和编辑文档过程中经常需要执行粘贴操作，很多HR在执行粘贴操作时，习惯直接单击【粘贴】按钮 进行粘贴。其实，Word中提供了多种粘贴方式以供选择，而且针对不同的对象，提供的粘贴方式会有所不同。

在Word中，对象有很多种，但执行粘贴操作时，对象主要分为两种：一种是文本对象；另一种是图形对象。文本对象的粘贴方式与图形对象的粘贴方式会有所不同。

1. 文本对象的粘贴方式

在【粘贴】下拉列表中提供了使用目标主题、保留源格式、合并格式、图片和只保留文本5种粘贴方式，如下图所示。不同的粘贴方式，其粘贴后得到的文本效果是不一样的。

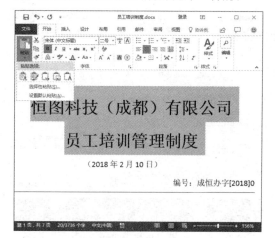

如果在【粘贴】下拉列表中选择【选择性粘贴】选项，打开【选择性粘贴】对话框，在【形式】列表框中还提供了多种粘贴选项，如下图所示。HR在执行粘贴操作时，可根据实际情况选择需要的粘贴方式。

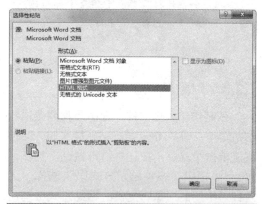

温馨提示

需要注意的是，在执行表格的粘贴操作时，提供的粘贴方式与文本对象提供的粘贴方式完全相同。

2. 图形对象的粘贴方式

在Word中，图形对象一般是指文本框、图片、形状、SmartArt图形等对象，在执行这些对象的粘贴操作时，在【粘贴】下拉列表中只提供了使用目标主题、保留源格式和图片3种粘贴方式，而在【选择性粘贴】对话框的【形式】列表框中则提供了多种粘贴方式，如下图所示。

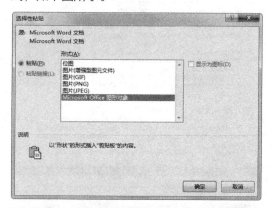

教您一招

将常用的粘贴方式设置为默认的粘贴方式

在Word中，默认的粘贴方式是保留源格式粘贴方式，如果该粘贴方式不是经常使用到，那么可将常用的粘贴方式更改为默认的粘贴方式。其方法是：在【粘贴】下拉列表中选择【设置默认粘贴】选项，打开【Word选项】对话框，并在左侧选择【高级】选项卡，在右侧的【剪切、复制和粘贴】栏中可对默认的粘贴方式进行设置，如下图所示。

1.3.4 批量制作文档用邮件合并功能

在人力资源管理过程中，HR经常需要制

作面试通知、录用通知等文档，而且每个文档每次可能需要制作多份，但每份文档的主体结构和主题内容都相同，可能只是某一部分内容不相同，如姓名、面试职位、录用部门等，如果单份进行制作，需要花费大量的时间，这时就可以通过Word提供的邮件合并功能来实现。

1. 制作收件人列表

收件人列表是执行邮件合并的关键，如果没有收件人列表就不能批量制作文档了。所以，在执行文档邮件合并前，首先需要在【新建地址列表】对话框中创建收件人信息，如下图所示。创建好后，还需要对创建的收件人列表进行保存，以方便执行邮件合并时，链接收件人数据源。

如果计算机中有制作好的收件人列表文件，如TXT文件、Excel文件，那么执行邮件合并时，可直接调用计算机中原有的收件人信息文件，如下图所示。

2. 插入合并域

通过插入合并域可以将收件人列表中的源数据与主文档关联起来，将特定的类别信息在特定的位置进行显示，如下图所示。

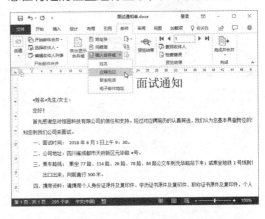

3. 执行邮件合并

插入合并域后，单击【预览结果】按钮，Word会将插入的域转换为收件人列表中的实际信息，并可依次对这些信息进行查看，确认数据关联是否正确。然后再执行邮件合并操作，把主文档合并为单个文档，并在文档中显示出批量制作的内容，如下图所示。

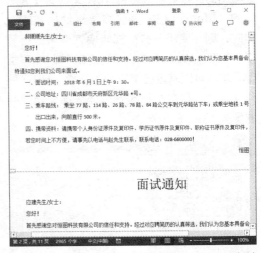

除此之外，执行邮件合并时，还可直接将文档以邮件的形式通过Outlook直接批量发送给对应的收件人，如下图所示。

1.3.5 文档保存类型随意选

制作好文档后,需要对文档进行保存,否则文档内容会丢失。对于很多HR来说,最常用的保存类型就是将Word文档保存为默认的".docx"格式,当需要其他格式的文档时,则会使用一些格式转换软件来进行转换。其实,Word中提供了将近20种的保存类型,基本可以满足各个方面的需要,HR在保存文档时,可以根据实际需要选择文档保存的类型,如下图所示。

1.3.6 基于模板快速创建文档

在人力资源管理过程中,HR需要经常制作的各种制度,都属于公司内部文档,一般都要求制作的多个文档拥有相同的文档格式和效果。为了提高工作效率,HR可以先把多个文档固定的部分设计好,如固定的标题、背景、页面版式等,如下图所示。

制作好文档固定的部分后,将文档保存为模板,保存后将会显示在文档新建页面的【个人】模板中,如下图所示。单击模板选项,新建带模板的文档,然后在新建的文档中添加需要的内容即可。

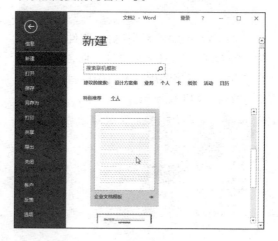

> **温馨提示**
>
> 将文档保存为模板时，必须将模板保存在默认的保存位置，否则不会在【个人】模板中显示。

1.3.7 文档页眉和页脚的设置技巧

页眉页脚的主要作用是添加一些附加信息，如添加文档名称、公司名称、公司LOGO、日期和时间及页码等，而对于长文档来说，添加页眉页脚又是一件很常见的事。因为制作比较正式的长文档时，为其添加相应的页眉和页脚，会显得制作的文档更加专业。

1. 添加页眉页脚

当需要为文档添加比较常见的页眉和页脚时，可直接通过Word内置的页眉和页脚样式进行添加，如下图所示。这样只需简单地对页眉和页脚的内容进行修改即可，不需要花费很多时间，既简单又实用。

如果对页眉和页脚效果要求比较高，那么可进入页眉页脚编辑状态，通过插入文本框、形状、图片等对象，自定义文档的页眉和页脚效果，如下图所示。

2. 设置奇偶页不同的页眉页脚

当奇数页和偶数页需要使用不同的页眉和页脚时，可在页眉页脚编辑状态下，在【页眉和页脚工具-设计】选项卡的【选项】组中选中【奇偶页不同】复选框，如下图所示，再单独设置奇数页和偶数页的页眉和页脚效果即可。若在【选项】组中选中【首页不同】复选框，也可为首页设置不同的页眉和页脚。

如果需要为文档不同的页面添加不同的页眉和页脚，或者有的页面添加页眉或页脚，有的页面不添加页眉或页脚，那么需要先为页面添加分节符，将页面分割开，然后再进入页眉页脚编辑状态，为文档页面添加不同的页眉和页脚，如下图所示。

3. 删除页眉分割线

进入页眉页脚编辑状态后，将自动在页眉处插入一条黑色分割线，当该分割线多余，或者影响文档的整体效果时，可以将鼠标光标定位到页眉处，单击【开始】选项卡【字体】组中的【清除所有格式】按钮，删除页眉分割线。

4. 插入页码

虽然Word提供的页眉和页脚样式中自带页码，但其页码的样式和位置都是固定的，而通过Word提供的页码功能，可以在页面顶端、页面底端、页边距和鼠标指针当前所在的位置添加页码，提供的页码样式也比较丰富，如下图所示。所以，当用户需要单独插入页码时，可通过页码功能进行插入。

5. 设置任意起始值的页码

默认情况下，插入的页码是从首页以罗马数字"Ⅰ"开始的，如果用户需要文档的页码从其他数字开始，或者以其他格式进行显示，那么需要对页码格式的编号样式和页码的起始位置进行设置，如下图所示。

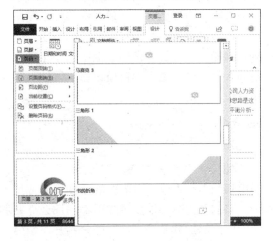

大神支招

通过前面知识的学习，相信读者已经了解了HR学好Word需要避免的一些误区和要掌握的一些诀窍。下面结合本章内容介绍一些工作中的实用经验与技巧，以帮助HR更好地利用Word完成相关工作。

第1章
HR 利用 Word 做好工作

01：使用通配符批量删除中文字符之间的空格

🎬 视频文件：光盘\视频文件\第1章\01.mp4

在进行一些比较复杂的查找和替换操作时，往往需要配合使用通配符，它通过一些指定的字符来代替某些具体的内容或相似的内容，如"?"代表单个字符，"*"代表任意数量的字符，让文档编辑变得更加简单、高效。

下面将使用通配符查找文档中中文字符之间的单个或多个空格，并进行批量替换。具体操作步骤如下：

第1步 打开"光盘\素材文件\第1章\人力资源规划方案.docx"文件，单击【编辑】组中的【替换】按钮，如下图所示。

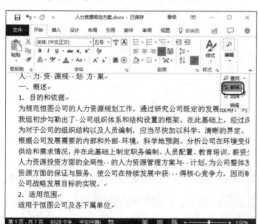

第2步 ❶打开【查找和替换】对话框，单击【更多】按钮展开对话框，选中【使用通配符】复选框；❷将鼠标光标定位到【查找内容】文本框中，单击【特殊格式】按钮；❸在弹出的下拉列表中选择【表达式】选项，如下图所示。

温馨提示

使用通配符时，需要借助表达式或代码，使用"( )"括起来的内容就称为表达式，用于将内容进行分组，以便在替换时以组为单位进行灵活操作。而代码则是用于表示一个或多个特殊格式或格式的符号，以"^"开始，如段落标记的代码为"^p"或"^13"。

第3步 ❶即可在【查找内容】文本框中插入"( )"，将鼠标光标定位到括号中，单击【特殊格式】按钮；❷在弹出的下拉列表中选择【非】选项，如下图所示。

第4步 在"[!]"中的"!"后面输入"^1-^127",继续在【查找内容】文本框中输入"[^s]{1,}([!^1-^127])",将鼠标光标定位到【替换为】文本框中,在【特殊格式】下拉列表中选择【要查找的表达式】选项,如下图所示。

温馨提示

[!^1-^127]表示所有中文汉字和中文标点,即中文字符,[!^1-^127] [!^1-^127]表示两个中文字符,使用圆括号分别将[!^1-^127]括起来,将它们转换为表达式。两个([!^1-^127])之间的[^s]{1,}表示一个以上的空格,其中,^s表示不间断空格,^s左侧的一个空格是输入的半角空格。综上所述,([!^1-^127])[^s]{1,}([!^1-^127])表示要查找中文字符之间的不定个数的空格。替换代码\1和\2分别表示两个表达式,即两个中文字符。\1\2连在一起,表示将两个([!^1-^127])之间的空格删除。

第5步 ❶ 即可在【替换为】文本框中"\"的后面继续输入"1\2";❷ 单击【查找下一处】按钮;❸ 即可在文档中查找第1处符合查找要求的内容,如下图所示。

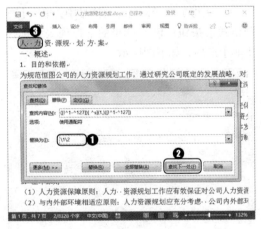

第6步 继续单击【查找下一处】按钮,可在文档中查找到第2处符合条件的内容,单击【全部替换】按钮,如下图所示。

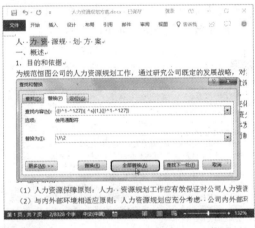

第7步 即可对文档中查找到的符合条件的所有内容进行替换,并在打开的提示对话框中显示替换的数量,如下图所示。

第8步 关闭对话框,返回文档编辑区,即可查看删除文档中空格后的效果,如下图所示。

第1章
HR 利用 Word 做好工作

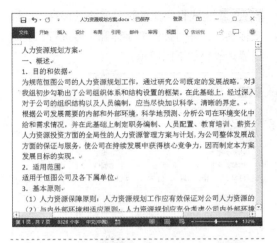

02：档案标签也能自己动手制作

📀 视频文件：光盘\视频文件\第1章\02.mp4

HR的任务不仅需要制作人力资源管理过程中的各类文档，还需要对部分档案进行整理和管理。在对档案进行管理时，经常会使用到档案标签，就是对该档案进行简单整理，如档案类型、档案编号、日期等。很多企业的档案标签都是购买的，其实，在Word中可以批量制作档案标签，而且档案标签还可根据实际情况对档案标签中的文本内容进行修改，非常灵活。

下面将使用Word中的标签功能批量制作档案标签，具体操作步骤如下。

第1步 启动 Word 2016，单击【文件】选项卡【创建】组中的【标签】按钮，如下图所示。

第2步 打开【信封和标签】对话框，单击【标签】选项卡中【选项】按钮，如下图所示。

第3步 ❶ 打开【标签选项】对话框，在【产品编号】列表框中选择标签大小，如选择【每页 30 张】选项；❷ 单击【确定】按钮，如下图所示。

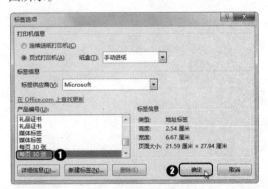

第4步 ❶ 返回【信封和标签】对话框，在【标签】选项卡中的【地址】文本框中输入需要在标签中显示的内容；❷ 单击【新建文档】按钮，如下图所示。

> **温馨提示**
>
> 在【信封和标签】对话框的【标签】选项卡中输入标签中要显示的内容后，单击【打印】按钮，可直接对生成的标签进行打印操作。

第5步 生成自定义的标签,将其保存为"档案标签",并对标签的字体和字号进行相应的设置,效果如下图所示。

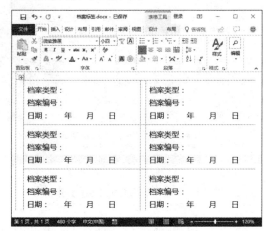

第2章
HR利用Excel做好工作

本章导读

在这个大数据时代，企业要真正做到选好人才、用好人才、留住人才，HR需要及时对人力资源相关的数据进行汇总、分析，特别是在招聘管理、培训管理、绩效管理、薪酬待遇及人力规划等方面。而Excel作为数据分析软件，特别是在数据计算、汇总和分析方面具有强大的功能，受到很多HR的喜爱，能够运用Excel也成为HR必须具备的能力。本章将通过讲解Excel的一些相关知识，让HR更好地使用Excel完成人力资源管理中的数据计算、汇总和分析工作等任务。

知识要点

- ❖ 正确的Excel学习理念
- ❖ 高效处理数据的技能
- ❖ 快速分析数据
- ❖ 制表的规范与原则
- ❖ 常用的函数
- ❖ 公式错误值检查

2.1 HR用好Excel需树立正确的学习理念

随着大数据时代的到来，Excel已成为HR必须掌握的行业技能之一。对于很多HR来说，可能都会Excel的一些操作，但却不知道如何将所学到的Excel知识更好地运用到人力资源管理过程中。其实，只需要掌握一些正确的学习理念，将学到的知识融会贯通，就能用好Excel。

2.1.1 Excel在人力资源管理中的作用

Excel虽然是专业的电子表格处理软件，但它的计算、分析功能非常强大，而在人力资源管理过程中，经常需要对某些数据进行计算和分析，所以，Excel在人力资源管理中的作用显而易见。

Excel在人力资源管理中的用途主要有以下两个方面。

1. 数据处理与分析

对于大型的企业来说，由于人员较多，员工信息繁杂，因此，人力资源部门需要随时了解人事实时情况，掌握员工的相关信息。

对于HR来说，要想及时了解企业的人事情况，就需要对人事数据进行收集和管理，并对部分数据进行汇总、分析，而Excel就是精细化人力资源管理的好工具，合理地利用这个工具，可以为企业优化人才结构，使人力资源得到最优配置，而分析得出的这些数据，随着时间和数据的累积，会逐渐成为指导企业成长和发展人才的风向标。下图所示为使用Excel对人员流动情况进行分析的结果。

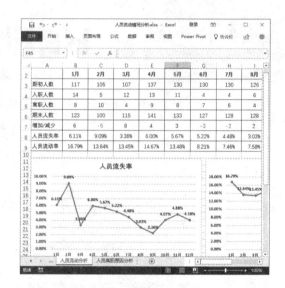

2. 适应大数据时代的发展需求

传统意义上的人力资源管理工作就是简单的人与人之间的交流，但在大数据时代，更多的是对数据的分析和整理，用数据说话，将人力资源工作进行量化管理。其实，对于人力资源管理者来说，大数据时代既是机遇，也是挑战，告别了凭经验与直觉进行管理与决策的时代，运用数据对人员进行有效的管理和评估，使人力资源管理工作的开展更加有理有据，特别是在招聘、培训、绩效考核、薪酬等方面尤为明显，能更有效地做好人员的选、用、育、留，提高企业的核心竞争力。

2.1.2 打造适合自己的Excel工作环境

"工欲善其事，必先利其器"。Excel是

第2章
HR 利用 Excel 做好工作

一款较为智能和人性化的软件,如果HR在工作中经常需要使用Excel处理、计算与分析数据,为了提高工作效率,可以根据自身的工作需要和操作习惯设置一个合适的工作环境。

1. 自定义快速访问工具栏

自定义快速访问工具栏比较简单,只需单击快速访问工具栏右侧的【自定义快速访问工具栏】下拉按钮,在弹出的下拉列表中显示了一些常用命令,选择相应的命令后即可将对应的命令按钮添加到快速访问工具栏中,如下图所示。

如果需要添加其他命令按钮,可以在该列表中选择【其他命令】命令,打开【Excel选项】对话框,在【常用命令】列表框中选择需要添加的命令,单击【添加】按钮,再单击【确定】按钮即可,如下图所示。

2. 自定义功能区

Excel 2016根据各个命令的功能按模块划分功能区的各选项卡和组,所以也可在功能区中根据需要创建选项卡和组。

方法为:打开【Excel 选项】对话框,选择【自定义功能区】选项,单击【新建选项卡】按钮创建选项卡,将常用的操作放置在新建的选项卡和组中,这样操作起来会更加方便,如下图所示。

> **温馨提示**
> 新建的选项卡和组的名称需要手动更改,更改时只需选择新建的选项卡或组,单击【重命名】按钮,在打开的对话框中输入名称,然后单击【确定】按钮即可。

2.1.3 管理Excel文件要养成好习惯

在人力资源管理工作中使用的表格一般比较多,这些表格的来源不同,用途也可能不同。管理表格往往是件令人头痛的事情。而且,在管理的过程中不难发现计算机中的表格数据很多是重复的,到最后都不知道哪个表格才是最终的,或者是在某个用途下使用的最恰当的表格。所以,经常对计算机中的文件进行管理是非常必要的。

HR在管理文件时,可以先将计算机中多余的Excel文件删除,然后再按作用、类别或日期等将文件分门别类地放置在相应的文件夹中，这样方便查看和管理。如下图所示，将提成绩效统计文件名称统一以"月.日"格式进行重命名，然后存放在对应卖场名称的相应月份文件夹下。

常变更的数据。下图所示为"住房津贴额度"的原始数据。

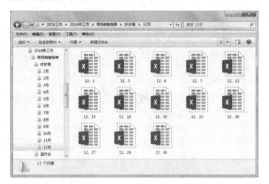

2.1.4　厘清Excel的三表

有经验的HR曾说，使用Excel汇总分析人事数据并不复杂，只需要牢记"三表"概念：原始数据表、基础参数表、结果汇总表，就能快速得到想要的结果。下图所示为三表的关系。

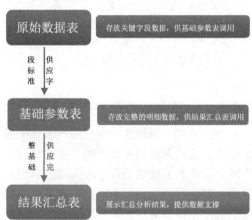

1. 原始数据表

原始数据表用于设置、配置表格参数，属于原始数据，供基础表或数据表进行数据调用，通常用于表示数据之间的匹配关系，或者用于表示事物或事件属性明细等不会经

2. 基础参数表

基础参数表主要用于输入明细数据及对数据进行计算等，输入数据时，有些数据需要手动输入，有些数据可直接引用原始数据表中的数据，以便能快速有效地输入数据。下图所示的是根据原始数据表引用填写的普通员工工资计算表（根据职位引用对应的工资数据）。

3. 结果汇总表

结果汇总表（基于基础参数表数据，通过排序、汇总、图表分析或透视表等操作得到）用于放置汇总和分析数据，主要用于展示结果汇总和分析结果，供HR发现问题和解决问题。

下图所示的是对部门工资数据进行汇总和对比分析的结果。

第2章
HR利用Excel做好工作

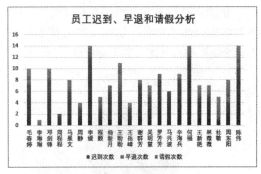

早退和请假情况进行的分析。

2.1.5 图表那么多，如何使用才恰当

图表能够直观地展示分析数据，使用起来十分方便，特别是在各类人事报表中，如人事流入、流出月度报表，岗位变迁年度报表等。但不等于图表能够被乱用或是随意用，必须使用得当。

其中，最基本也是最硬性的要求是：图表类型必须合适，如部门薪酬占比关系分析，选择的图表类型就应该是饼图类；人力潜力开发预测，就应该是折线图类；员工个人或团队部门业绩对比分析，就应该是柱形图类等。

一些新手HR容易犯各种错误，以至于他们分析的数据，无法直观地达到分析数据的目的，让看图表的人一头雾水，不知道在分析什么，甚至有些还是错误的。

下面就对人力资源中常用的图表类型进行展示和介绍，并简单说明该类型图表适合分析哪类人事数据，帮助大家在分析人事数据时，能快速准确地选择适当、贴切的图表。

1. 柱形图

柱形图通常沿水平轴组织类别，沿垂直轴组织数值，利用柱形的高度，反映数据的差异。下图所示的是用柱形图对员工迟到、

2. 条形图

条形图用于显示各项目之间数据的差异，它与柱形图具有相同的表现目的，不同的是，柱形图是在水平方向上依次展示数据，条形图是在垂直方向上依次展示数据，如下图所示。

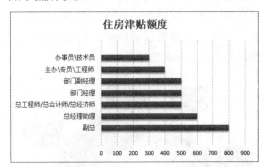

3. 折线图

折线图是将同一数据系列的数据点在图上用直线连接起来，以相等间隔显示数据的变化趋势。非常适用于显示在相等时间间隔下数据的变化趋势，如下图所示。

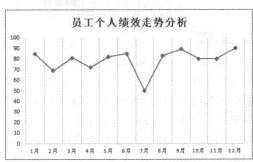

4. 饼图

饼图用于显示一个数据系列中各项的大小与各项总和的比例，饼图中的数据点显示为整个饼图的百分比，如下图所示。

饼图中包含了圆环图，圆环图类似于饼图，它是使用环形一部分来表现一个数据在整体数据中的大小比例。圆环图也用来显示单独的数据点相对于整个数据系列的关系或比例，同时圆环图还可以含有多个数据系列，在人力资源数据分析中也比较常用。下图所示为员工年龄分布图。

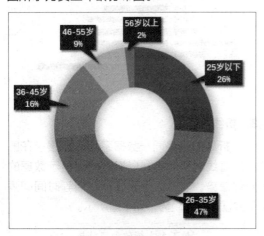

5. 雷达图

雷达图又称为戴布拉图、蜘蛛网图。它用于显示独立数据系列之间，以及某个特定系列与其他系列的整体关系。每个分类都拥有自己的数值坐标轴，这些坐标轴从中心点向外辐射，并用折线将同一系列中的值连接起来，如下图所示。

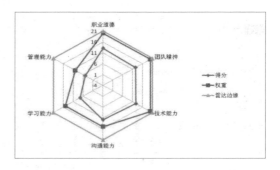

6. 组合图表

组合图表是在一个图表中应用多种图表类型的元素来同时展示多组数据。组合图不仅可以使图表类型更加丰富，还可以更好地区分不同的数据，并强调不同数据关注的侧重点。下图所示为柱形图和折线图的组合图表。

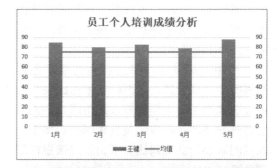

> **温馨提示**
>
> 在选择图表类型前，需要对表格中的数据进行提炼，弄清楚数据表达的信息和主题，然后根据这个信息来决定选择哪种图表类型。

2.1.6 合理使用数据透视表，数据分析更简单

作为一个专业的HR，经常需要对人力资源数据进行汇总分析，而数据透视表则是汇总数据最常用的工具。透视表是根据基础参数表中的数据在一拖一曳之间"变"出的汇总结果，不仅可以立刻看到透视结果，而且

可以根据透视结果使用数据透视图和切片器对汇总数据进行分析，让数据分析更直观、简单，如下图所示。

在人力资源管理工作中，如何用好数据透视表呢？可以从以下3个方面把握。

（1）有一张好的数据源表。

（2）想清楚需要哪种透视的角度，以确定哪些透视字段要添加及添加的先后顺序。

（3）对于没有特殊要求的透视表，最好放置在新工作表中，不打破基础数据表的数据完整性，以备再次使用。

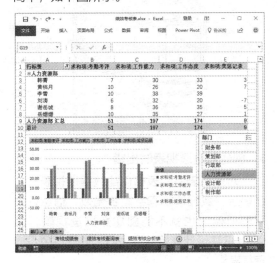

> **温馨提示**
>
> 数据透视表与数据透视图的关系就像数据源与图表的关系，数据透视图和图表都是根据数据透视表和数据源表中的数据进行建立的。

2.2 HR制表的规范与原则

HR使用Excel制作表格时，不仅需要掌握Excel的相关操作，还需要掌握表格的一些规范和原则，让Excel操作更加得心应手，使制作的表格更加规范。

2.2.1 多行表头不滥用

很多HR在设计表格时，习惯使用多行表头，先将标题分为几大类，再进行细分，如下图所示。其实，这种分法没有错，但在原始数据表中不能应用，因为在Excel默认的规则中，表格第一行为标题行，这样就会给后续的一些操作带来麻烦。

1. 套用表格样式时标题行出错

为表格套用表格样式后，默认会将选择的第一行作为标题行，如果表格拥有多行表头，那么套用表格样式后，表格标题行会出错，而且表格样式可能不会应用于表格中。下图所示为多行表头应用表格样式后的效果。

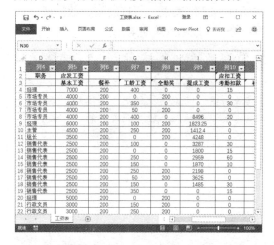

2. 影响分类汇总

当需要对表格进行分类汇总时，如果表格应用的是多行表头，那么执行分类汇总操作后，打开提示对话框，将会提示"无法确定当前列表或选定区域的哪一行包含列标签"信息，虽然单击【确定】按钮能打开【分类汇总】对话框，但在【选定汇总项】列表框中只会出现第一行的表头名称，第二行的表头名称将会以好多列的形式出现，如下图所示。

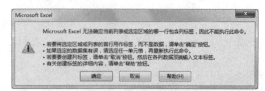

> **温馨提示**
>
> 如果是多行表头，对于筛选来说，执行筛选操作后，只会在表格的第一行表头的单元格中添加筛选按钮，如果是根据第二行的表头进行筛选，那么将不能实现。

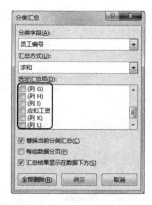

3. 创建数据透视表时出错

对多行表头的表格创建数据透视表时，会提示"数据透视表字段名无效"信息，如下图所示，也就不能创建数据透视表，所以，HR在设计原始数据表时，最好避免设计多行表头。

2.2.2 合计行不能随意出现

在人事表格中，特别是统计表格中的合计行不能随意出现（这里指的是人为制作的，不包括汇总数据出现的汇总行），因为它把整个表格人为地划分为几大块分割表格，如下图所示，对数据的汇总分析造成麻烦和阻碍。

通常情况下，人事数据汇总或统计表格不太需要这些人为的合计行，在制作表格时不应有，在已有的表格中同样不能有。一旦表格中出现了合计行也需要将其手动删除，保证数据区域的整体性和连续性。操作方法为：选择任一数据单元格，单击【升序】按钮 ᵃ↓，合计行自动排列到最后几行，执行【删除】命令即可将其删除，如下图所示。

可以从两个大方面进行区分：是否是表单、是否是源数据表（或是基础表），这个问题一旦厘清就非常简单。

对于人事表单，多用于打印，可在其中进行合并操作，而且是按需进行，没有限制，如下图所示。

需要注意的是，有的人事表单中需要有合计行或合计列，如下图所示。

对于人事统计和汇总表，多用于数据的汇总分析，为了避免操作失效或结果错误尽量避免在数据主体部分进行合并操作。

例如，由于统计表中具有合并单元格，导致数据表中的单元格大小不相同，致使排序不能进行，如下图所示。

2.2.3 单元格合并莫滥用

在制作人力资源相关的表格时，并不是说完全不能合并单元格，而是要分情况。HR

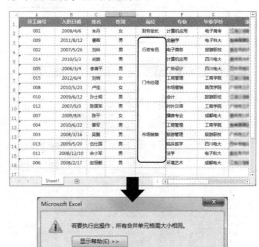

又如，由于统计表中具有合并单元格，

导致分类计数汇总结果错误，如下图所示。

这里需要强调一点，在汇总表中虽然不能随意出现合并行，但也有特殊情况，如标题行中的合并项、表格末列的合并汇总列等，如下图所示。

> **教您一招**
>
> **借助空白列分割表格区**
>
> 面对有合并列的表格，要让数据明细字段数据正常排序，可在合并列前插入空白列，将表格区域分割为两部分，然后再对字段明细部分数据区进行排序。最后，再将插入的空白列删除即可。

2.2.4 数据格式要规范统一

对于HR来说，数据格式规范主要涉及日期、数字两种数据格式。

1. 日期格式规范

表格中日期格式都需要规范，无论是单列还是多列都必须统一规范，如下图所示。

不能出现同一表格中或是同一列中有多种日期格式数据，如下图所示。

2. 数字格式规范

数字格式主要是要求表格中的数字型数据，不能轻易变成文本型数据，因为文本型数据有些时候不能参与直接计算或是将数字型计算转换为文本型结果。

如下图所示，对规范的数字进行求和计算，得出四季度的累计业绩数字。

随意对四季度中的任一季度数字进行类型修改，将其更改为文本型，累计业绩数据计算随之进行变化，得出错误的结果（因为系统不会计算包含文本型的数据），如下图所示。

有一种特殊情况，需要刻意将数字类型数字更改为文本型数据，那就是身份证号码。默认情况下，在表格中直接输入18位的身份证号码，将直接转换为科学计数法，如下图所示。只有先将需要输入身份证号码的单元格的数据类型转换为文本类型后，输入的身份证号码才能正常显示出来。

温馨提示

需要注意的是，先输入身份证号码后再设置单元格的数字格式为文本型，虽然也能将身份证号码完全显示出来，但是显示出来的身份证号码最后4位为默认零，也就是说身份证号码的最后4位显示是不正确的。

2.2.5 同类名称要统一

在人事表格中要对同类名称进行统一，如部门名称、学历、编号等，最常见和最容易犯的错误是学历这类名称不统一，如下图所示。

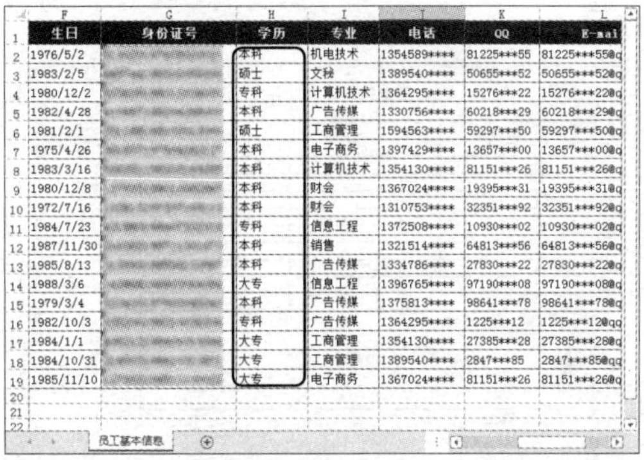

在表格中可以明显看出，学历列中的数据名称不统一：本科、硕士、专科、大专。其中，专科与大专是同一学历（中专与高中学历对应，不能被包含在专科中），硕士是学位，与本科对应学士一样。为了整个档案表的严谨性，需要将学历列中名称进行统一，如下图所示。

2.2.6 字段安排要合理

字段顺序安排是否合理，直接决定着表格逻辑结构是否清晰，直接关系到制表人是否厘清当前工作的逻辑顺序。因此，字段顺序也可以按事情发展的逻辑顺序进行安排。

例如，制作招聘预算表结构，先厘清结构顺序：招聘的批次、为哪个部门招聘、招聘的人数、招聘的岗位、希望报道日期，以及招聘的渠道、费用等。经过分析整理后，可以得到这样一些字段和顺序：项次（批次）、部门、人数、岗位、希望报道日期，如下图所示。

又如，制作部门绩效考核表，思路顺序应该是：第几次考核、目标绩效是多少、实际完成绩效是多少、完成的比例、未完成的原因、相应的评分等。大体可以确定字段和字段顺序：序号、目标、目标完成情况、权重、未完成原因和评分，如下图所示。

2.2.7 空格滥用导致计算错误

空格滥用是指人为地在一些文本数据中添加空格，最常见的是在姓名中。为了保持同列名称数据的宽度一致，在姓和名之间人为添加空格，如下图所示。

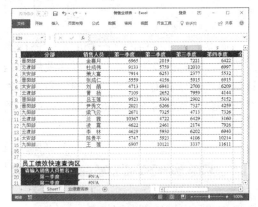

乍一看没有问题，但在使用函数查找或判断结果时，容易出现查找不到的情况或判断错误的情况，如下图所示（在B19单元格中输入销售人员姓名后，无法正常查找对应的季度销售数据），所以，在汇总或统计表中尽量不要人为地添加一些空格。

2.3 HR高效处理数据的技能

在对人力资源数据进行整理和处理时，HR要想提高工作效率，那么需要掌握一些高效处理数据的技能，快速完成工作，减少加班。

2.3.1 快速填充相同或规律数据

在制作人力资源相关的表格时，经常需要填充相同或有规律的一些数据，如部门、学历、性别、职务、日期、月份、工作日等，HR可以采用一些高效手段快速进行填充。

1. 填充相同数据

当需要在某一列或某一行连续的多个单元格中输入相同的数据时，可以先在起始单元格输入目标数据，然后选择该单元格，将鼠标指针移到该单元格的右下角，当鼠标指针变成+形状时，按住鼠标左键不放，拖动鼠标进行相同数据填充，如下图所示。

> **教您一招**
>
> **在不连续的单元格中输入相同的数据**
>
> 拖动鼠标填充相同数据的方法只适用于连续的多个单元格中，当需要在不连续的多个单元格中输入相同的数据时，可以先选择要输入相同数据的单元格区域或单元格，然后输入数据，按【Ctrl+Enter】组合键即可。

2. 填充序列数据

对于有规律的序列数据，如日期、星期或工作日等数据，可直接用填充柄进行填充。在工作表中的起始单元格中输入起始数据，将鼠标指针移到单元格右下角，当鼠标指针变成+形状时双击，向下拖动鼠标进行填充，如果填充的不是序列数据，可单击【自动填充选项】按钮 ，在弹出的下拉列表中选中【填充序列】单选按钮，即可填充为序列，如下图所示。

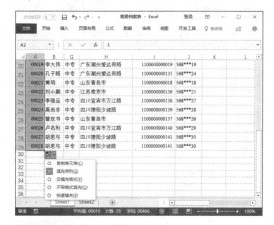

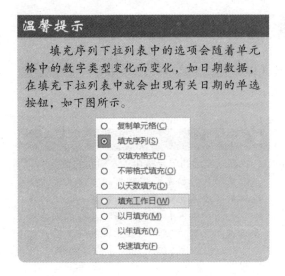

2.3.2 巧妙输入位数较多的编号

在制作如员工工资表、员工档案表、绩效考核表、业绩表、加班表等表格中都需要输入员工编号,如果员工编号的位数较多,且前面几位都是以"0"开始时,输入的"0"默认将不会显示,这时可以先在【设置单元格格式】对话框的【数字】选项卡中,将【分类】设置为【自定义】,在【类型】文本框中输入"0000",单击【确定】按钮,在单元格中直接输入员工编号,如输入"1",将自动识别为"0001",如下图所示。

2.3.3 行列转置一步到位

HR在制作表格的过程中,有时需要将表格中的行列数据进行互换,但如果手动逐一进行更改,不仅需要花费大量的时间,而且还容易出错,这时可以通过Excel提供的转置功能快速实现。

在工作表中选择需要进行转置的单元格区域,并对其进行复制,选择目标单元格,在【粘贴】下拉列表中选择【转置】选项,粘贴时,系统自动将所选单元格区域的行列进行互换,如下图所示。

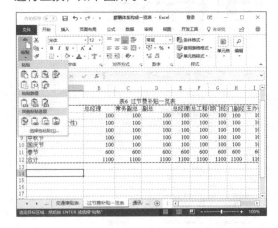

第2章
HR 利用 Excel 做好工作

温馨提示

通过粘贴下拉列表中的【转置】选项来让表格行列进行切换，必须对原有数据进行复制，而不是剪切，一旦剪切数据，粘贴下拉选项中就只有一个普通粘贴选项。

温馨提示

在【粘贴】下拉列表中选择【选择性粘贴】选项，在打开的【选择性粘贴】对话框中选中【转置】单选按钮，单击【确定】按钮，也能进行行列转换。

2.3.4 一键排序数据

HR如果需要将表格中的数据按照一定的规则进行排列，让数据显示的有条理，那么可对数据进行排序，同时，最快速的排序方式是单字段排序。

在目标列中选择任一数据单元格，单击【排序和筛选】组中的【升序】按钮↓或【降序】按钮↑，即可按照升序或降序的顺序对数据进行排列。下图所示为对员工工龄进行降序排列的效果。

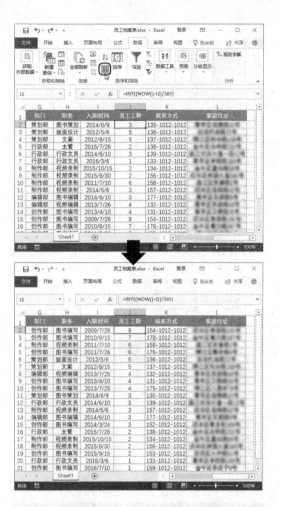

2.3.5 自动求值速度快

当需要在表格中进行简单的求和、平均值、计数、最大值和最小值等计算时，HR可以直接使用Excel提供的求值选项，自动识别计算区域进行计算，减少部分操作，提高工作效率。下图所示为选择参与计算的单元格区域后，在【自动求和】下拉列表中选择【求和】选项自动进行计算的效果。

2.3.6 推荐图表直接用

HR在使用图表对人事数据进行分析时，如果不知道选择哪种图表能更直观地体现数据，那么可以使用Excel提供的推荐图表功能来快速创建图表，它可以根据当前所选数据来推荐合适的图表，非常方便，如下图所示。特别是对Excel操作不是特别熟练的HR来说，此功能非常实用。

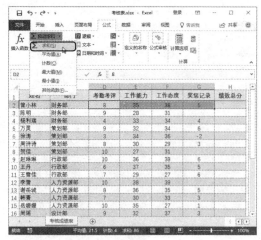

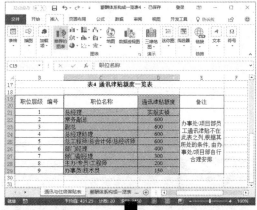

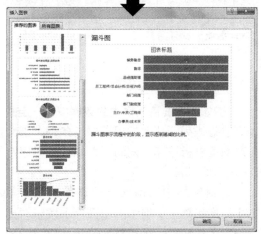

温馨提示

如果是先选择的放置计算结果的单元格，那么选择自动计算选项后，将自动识别参与计算的单元格区域，然后按【Enter】键确认，即可计算出结果。

2.4 HR必会的七大函数

公式函数是Excel计算公式的"神器"，不仅计算准确，还能简化操作，让复杂的数据计算变得简单，所以，HR必须学习和掌握公式与函数。在Excel的函数当中，有七大函数需要HR掌握，不仅因为其常用，更是因为它们的使用方法和模式，与其他函数大致相同。只要掌握了这七大函数，就能依葫芦画瓢学习掌握和使用其他函数。

2.4.1 SUM求和函数

SUM函数可以对所选单元格或单元格区域进行求和计算，语法结构为：SUM(number1,[number2],…)。HR在对绩效总和、薪酬总和及费用预算总和等进行计算时，经常会用到。

下面使用SUM函数对考核表中的绩效总和进行计算，具体操作步骤如下。

第1步 打开"光盘\素材文件\第2章\考核表.xlsx"文件，❶选择H2单元格；❷单击【函数库】组中的【插入函数】按钮；❸打开【插入函数】对话框，在【选择函数】列表框中选择【SUM】选项；❹单击【确定】按钮，如下图所示。

第2步 打开【函数参数】对话框，确认自动识别的计算区域是否正确，然后单击【确定】按钮，如下图所示。

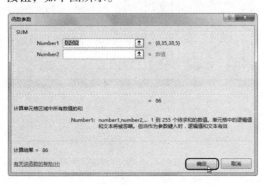

第3步 返回工作表编辑区，即可查看到计算的结果，继续计算该列其他单元格的结果，效果如下图所示。

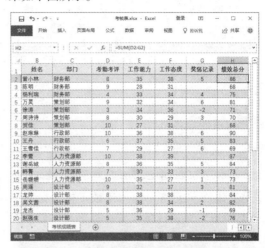

教您一招

不连续的数据单元格求和

对于不连续的数据单元格求和，仍然可使用SUM函数，方法非常简单，只需在单元格引用中间用逗号隔开，如对B2、B5、B7单元格数据求和，在单元格中输入SUM（B2,B5,B7）即可。

2.4.2 AVERAGE平均值函数

AVERAGE函数用于返回所选单元格或单元格区域中数据的平均值，语法结构为AVERAGE (number1,[number2],…)。在计算成绩、平均薪酬等方面应用比较多。

下面使用AVERAGE函数计算工程师的平均工资水平，具体操作步骤如下。

第1步 打开"光盘\素材文件\第2章\工资表.xlsx"文件，❶选择I2单元格；❷在【自动求和】下拉列表中选择【平均值】选项，如下图所示。

Word/Excel/PPT
在人力资源管理中的应用

第2步 在单元格中输入函数，拖动鼠标选择 G3:G6 单元格区域设置计算区域，如下图所示。

温馨提示

由于计算结果单元格与参与计算的单元格不相邻，因此不能自动识别参与计算的区域，需要手动进行设置。

第3步 按【Enter】键计算出结果，如下图所示。

2.4.3 MAX最大值函数

要在一组数据中获取最大值，如最高工资、最高绩效、最高奖金、最大出勤数等，使用MAX函数最合适，语法结构：MAX(number1,[number2],…)，其中，number1为必需的参数，表示需要计算最大值的第1个参数；number2为可选参数，表示需要计算最大值的2~255个参数。下图所示为使用MAX函数所计算出工程师中最高的工资。

2.4.4 MIN最小值函数

要在一组数据中获取最小值，使用MIN函数最合适。其语法结构与MAX函数的语法结构相同。

下图所示为使用MIN函数所计算出工程师中最低的工资。

2.4.5 COUNTIF计数函数

要对指定数据进行个数统计，如不同学历人数，部门人数、职位人数等，用COUNTIF函数非常快捷。其语法结构为：COUNTIF(Range,Criteria)，其中Range为必需参数，要对其进行计数的一个或多个单元格；Criteria为必需参数，表示统计的条件，可以是数字、表达式、单元格引用或文本字符串。

下面使用COUNTIF函数统计各个学历的员工人数，具体操作步骤如下。

第1步 打开"光盘\素材文件\第2章\简易档案表.xlsx"文件，❶ 选择M2单元格，单击【其他函数】按钮；❷ 在弹出的下拉列表中选择【统计】选项；❸ 在弹出的级联列表中选择【COUNTIF】选项，如下图所示。

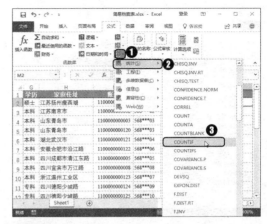

第2步 ❶ 打开【函数参数】对话框，在【Range】文本框中输入"G2:G29"；❷ 在【Criteria】文本框中输入统计条件""本科""；❸ 单击【确定】按钮，如下图所示。

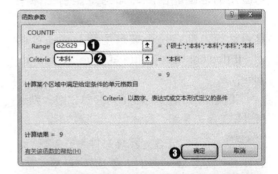

温馨提示

COUNTIF函数也用于计数，但它用于统计某个单元格区域中参数的个数，而COUNTIF函数则是用于统计单元格区域中满足某个条件的个数。

第3步 返回工作表编辑区即可查看到统计的本科学历人数，使用相同的方法继续统计专科和中专学历人数，效果如下图所示。

Word/Excel/PPT
在人力资源管理中的应用

2.4.6 IF逻辑函数

IF逻辑函数用于判定条件是否成立，它应用的范围非常广，如判定是否上缴个人所得税、判定培训是否合格、判定绩效是否达标、判定是否被录用等。语法结构为：IF(logical_test,[value_if_true],[value_if_false])。

下面使用IF函数根据F列的总分数，判定新进员工是去是留，具体操作步骤如下。

第1步 打开"光盘\素材文件\第2章\新进员工考核表.xlsx"文件，❶选择G3单元格；❷单击【逻辑】按钮；❸在弹出的下拉列表中选择【IF】选项，如下图所示。

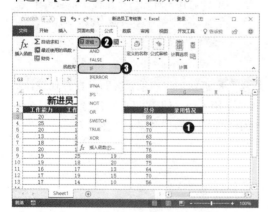

第2步 ❶打开【函数参数】对话框，在【logical_test】参数框中输入"F3>=70"，在

【value_if_true】参数框中输入""录用""，在【value_if_false】参数框中输入""淘汰""，❷单击【确定】按钮，如下图所示。

第3步 返回工作表即可查看到评估结果为"录用"，使用填充柄将公式填充到G13单元格，得出对应人员的去留评估结果，如下图所示。

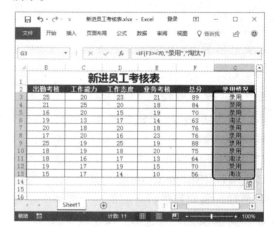

2.4.7 VLOOKUP查找函数

在销售业绩表、工资薪酬表、出勤统计表及福利津贴表中，经常需要根据关键字进行数据的查找与引用，而VLOOKUP函数则可以在某个单元格区域的首列沿垂直方向查找指定的值，然后返回同一行中的其他值。语法结构为：VLOOKUP((lookup_value,table_array,col_index_num,range _lookup)。

各参数的含义具体介绍如下。

lookup_value为必需参数，用于设定需要在表的第一行中进行查找的值，可以是数值，也可以是文本字符串或引用。

table_array为必需参数，用于设置要在其中查找数据的数据表，可以使用区域或区域名称的引用。

col_index_num为必需参数，在查找之后要返回的匹配值的列序号。

range_lookup为可选参数，用于指明函数在查找时是精确匹配值还是近似匹配值。如果为TRUE或被忽略，则返回一个近似的匹配值（如果没有找到精确匹配值，就返回一个小于查找值的最大值）。如果该参数为FALSE，函数就查找精确的匹配值。如果这个函数没有找到精确的匹配值，就会返回错误值【#N/A】。

温馨提示

为了便于学习，可以将VLOOKUP函数的结构翻译为：VLOOKUP (查找的值, 查找范围, 返回值所在的列, 精确查找/模糊查找)。

下面在销售业绩表中借助VLOOKUP函数制作一个简单的动态查询系统，动态查询指定员工的绩效汇总数据，以观察分析其工作的状态，具体操作步骤如下。

第1步 打开"光盘\素材文件\第2章\销售业绩表.xlsx"文件，❶ 选择C4单元格；❷ 单击【公式】选项卡【函数库】组中的【插入函数】按钮，如下图所示。

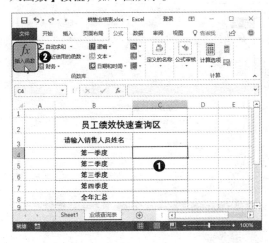

第2步 ❶ 打开【插入函数】对话框，在【或选择类别】下拉列表框中选择【查找与引用】选项；❷ 在【选择函数】列表框中选择【VLOOKUP】选项；❸ 单击【确定】按钮，如下图所示。

第3步 ❶ 打开【函数参数】对话框，在【Lookup_value】参数框中输入"$C$3"；❷ 单击【Table_array】参数框右侧的【折叠】按钮，折叠对话框，如下图所示。

第4步 ❶ 单击【Sheet1】工作表标签；❷ 在表格中选择B2:G15单元格区域，并按【F4】键切换到绝对引用；❸ 单击【展开】按钮，如下图所示。

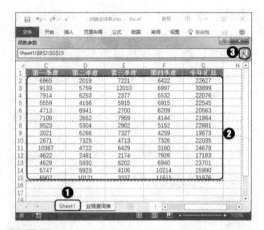

第5步 ❶展开【函数参数】对话框，在【Col_index_num】参数框中输入"2"，在【Range_lookup】参数框中输入"FALSE"；❷单击【确定】按钮，如下图所示。

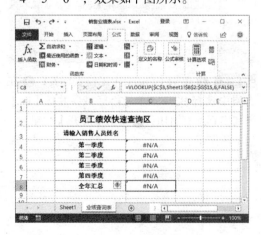

第6步 返回工作表编辑区，复制 C4 单元格中的公式计算 C5:C8 单元格区域，并依次修改公式中 Col_index_num 参数的值为"3""4""5""6"，效果如下图所示。

> **温馨提示**
> 本例输入公式计算出来的结果显示为"#N/A"，是因为公式都是根据C3单元格中的数据进行查找的，C3单元格中没有输入数据，所以，计算出来的结果将显示为"#N/A"，当C3单元格中输入数据后，显示为"#N/A"的单元格将显示出正确的计算结果。

第7步 在 C3 单元格中输入"金喜月"，按【Ctrl+Enter】组合键，系统自动查找并引用对应的绩效数据，如下图所示。

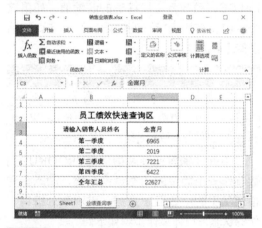

第8步 在 C3 单元格中输入其他员工姓名，如输入"李林"，按【Ctrl+Enter】组合键，系统自动查找并引用对应的绩效数据，如下图所示。

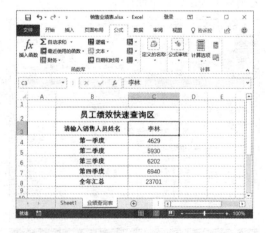

第 2 章
HR 利用 Excel 做好工作

通过前面知识的学习，相信读者已经了解了HR学好Excel需要掌握的一些表格制作规范，以及一些常用函数的使用方法。下面结合本章内容，给读者介绍一些工作中的实用经验与技巧，以帮助HR更好地利用Excel完成相关工作。

01：使用快速分析工具一键完成数据分析

📹 视频文件：光盘\视频文件\第2章\01.mp4

快速分析工具是Excel 2016的一个新功能，使用该功能可根据当前选择的数据使用Excel工具，如格式化、图表、汇总、表格、迷你图等工具对数据进行分析，一步到位，非常简便和高效。

下面使用格式化、图表、表格和迷你图工具对相同的数据进行分析，具体操作步骤如下。

第1步 打开"光盘\素材文件\第2章\销售业绩表1.xlsx"文件，❶ 选择 B1:F15 单元格区域；❷ 单击所选区域右下角出现的【快速分析】按钮；❸ 在弹出的面板中默认选择【格式化】选项卡，单击【图标集】按钮，如下图所示。

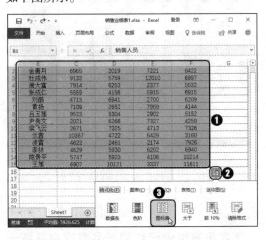

第2步 ❶ 所选区域将使用图标集条件格式突出显示数据，选择 B1:F15 单元格区域，在【快速分析】面板中选择【图表】选项卡；❷ 在下方单击【簇状】按钮，如下图所示。

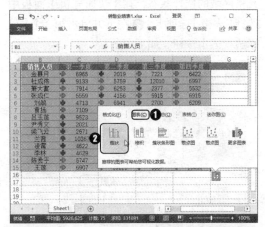

温馨提示

【快速分析】面板中提供的图表类型只有最常用的几种，如果不能满足当前数据的分析需要，可以单击面板中的【更多图表】按钮，打开【插入图表】对话框，在其中可选择更多的图表类型。

第3步 即可使用簇状柱形图对所选数据进行分析，如下图所示。

45

Word/Excel/PPT
在人力资源管理中的应用

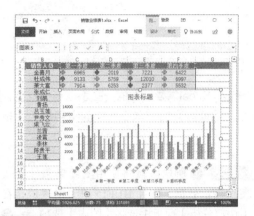

第4步 ❶将图表移到下方，保持B1:F15单元格区域的选择状态，在【快速分析】面板中选择【表格】选项卡；❷在下方单击第3个【数据透视表】按钮，如下图所示。

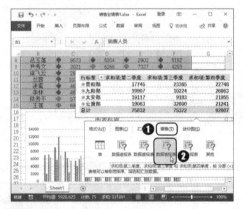

第5步 即可新建一个工作表，并在该工作表中显示数据透视表的结果，如下图所示。

第6步 ❶切换到【Sheet1】工作表中，保持

B1:F15单元格区域的选择状态，在【快速分析】面板中选择【迷你图】选项卡；❷在下方单击【折线图】按钮，如下图所示。

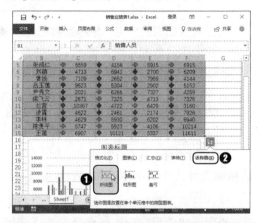

> **温馨提示**
>
> 迷你图是创建在工作表单元格中的一个微型图表，它是以单元格为绘图区域制作的，通常用于在数据表内对一系列数值的变化趋势进行标识，如季节性增加或减少、经济周期，或者可以突出显示最大值和最小值。

第7步 即可使用折线迷你图对每行单元格的数据进行分析，效果如下图所示。

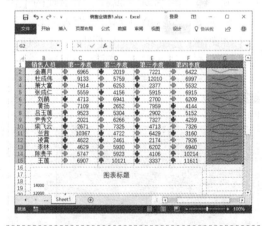

02：如何自动让多列数据合并为一列

🎬 视频文件：光盘\视频文件\第2章\02.mp4

要将表格中已有的多列数据合并成一列，重新输入或是选择复制粘贴的方法，应

该是很费时间的,这时,HR可采用两个不同的小技巧来快速完成。

下面在"员工联系地址"表格中将"所在城市""所在区域"和"地址"列中的数据合并到"具体地址"列中构成一个完整的联系地址。

技巧一：

第1步 打开"光盘\素材文件\第2章\员工联系地址.xlsx"文件,在E3单元格中输入B3、C3和D3单元格中的地址内容,选择E3单元格并将鼠标指针移到其右下角,当鼠标指针变成+形状时双击,将数据填充到数据末行,如下图所示。

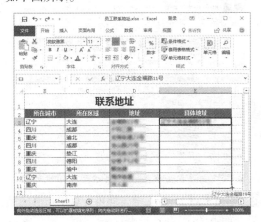

第2步 ❶单击【自动填充选项】下拉按钮；❷在弹出的下拉列表中选中【快速填充】单选按钮,即可将多列数据合并成一列,如下图所示。

技巧二：

第1步 打开"光盘\素材文件\第2章\员工联系地址.xlsx"文件,❶选择目标单元格区域,这里选择E3:E11单元格区域；❷在编辑栏中输入带有连接符的公式"=B3&C3&D3",如下图所示。

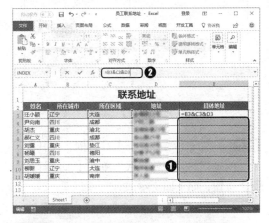

第2步 按【Ctrl+Enter】组合键,系统自动将B、C和D列中的数据合并为一列,如下图所示。

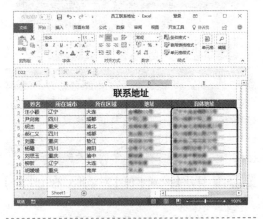

03：公式错误值检查

在使用公式函数过程中,难免会出现失误,导致错误值,如#VALUR、#NA、#NAME?等,若是不能直接看出问题的所在,HR可借助Excel的公式错误检查功能。

下面使用公式错误检查功能检查纠正计算中的错误,其具体操作步骤如下。

第1步 打开"光盘\素材文件\第2章\绩效报告.xlsx"文件，❶ 选择包含错误值 #VALUE 的 D16 单元格；❷ 单击【公式】选项卡【公式审核】组中的【错误检查】按钮，如下图所示。

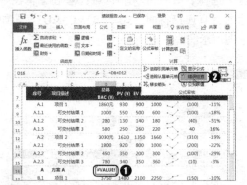

第2步 打开【错误检查】对话框，在其中显示了检查到的第一处错误，单击【显示计算步骤】按钮，如下图所示。

> **温馨提示**
> 在【错误检查】对话框中单击【关于此错误的帮助】按钮，在计算机正常连接网络的情况下，将打开Office帮助中心该错误的帮助界面，在其中可查看到该错误的相关解决方法。

第3步 打开【公式求值】对话框，在【求值】文本框中可以看出单元格中的数据不是数字，而是带有单位的文本，找出了问题所在，单击【关闭】按钮，如下图所示。

第4步 返回【错误检查】对话框，单击【在编辑栏中编辑】按钮，如下图所示。

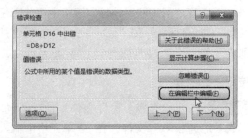

第5步 在表格中分别将参与计算的 D8、D12 单元格中的单引号和单位文本删除，只保留金额数字，如下图所示。

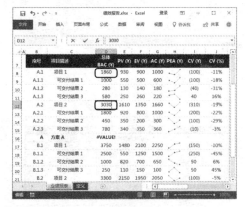

第6步 按【Enter】键，即可计算出正确的结果，如下图所示。

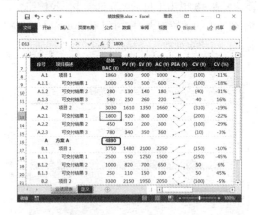

第3章
HR利用PPT做好工作

本章导读

随着办公自动化的发展,现在很多公司或企业都告别了传统的纸质传递信息或分享资源的方式,都会选择形象、丰富的多媒体形式进行交流。而PPT则成为当前职场办公人士优先选择的一种电子交流方式,它不仅可以以多媒体的形式呈现,还能让需要展现的内容更加形象、直观。本章将通过讲解PPT的一些必备的理论知识,让HR利用PPT做好人力资源管理中的一些相关工作。

知识要点

- ❖ PPT在人力资源管理中的作用
- ❖ PPT设计的误区
- ❖ PPT主题和版式的使用
- ❖ PPT的交流平台
- ❖ PPT的基本结构
- ❖ 配色方案和字体的更改

Word/Excel/PPT
在人力资源管理中的应用

3.1 HR学好PPT需要了解的那些事

对于HR来说，要想做好人力资源方面的工作，PPT是必须要掌握的办公软件之一。那么，HR如何才能学好PPT呢？首先需要了解PPT在人力资源管理中的作用；其次需要掌握PPT的一些交流平台，这样才能快速找到需要的素材，制作出符合要求的PPT。

3.1.1 PPT在人力资源管理中的作用

很多人都知道，PPT在制作多媒体教学课件方面发挥着至关重要的作用，是很多演示文稿制作软件不可替代的。但是，对于人力资源管理方面，PPT的作用要相对要弱一些，但还是起着其他办公软件不可比拟的作用。

人力资源管理的范围比较广，要想使用PPT协助HR开展工作，必须要了解清楚PPT在人力资源管理中有哪些作用？

1. 在人力资源规划方面

人力资源规划是各项具体人力资源管理活动的起点和依据，它直接影响着企业的整体效益，所以，人力资源规划是人力资源管理工作中的首要任务。随着多媒体的发展，PPT在人力资源规划中发挥着越来越重要的作用，利用PPT可以对某一时间内的人力资源规划通过多媒体进行演示，这样不仅可以一次性向多人传递人力资源规划相关的信息，还可以更加形象、生动地以多种图示、图片、表格和图表等各种方式展示内容，便于观众记忆和阅读。下图所示为制作的年度人力资源规划PPT。

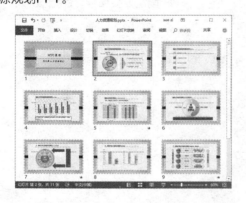

2. 在招聘方面

在大型的外部招聘会或校园招聘会中，经常会借助多媒体对招聘进行宣传，而多媒体宣传展示的内容就是通过PPT制作的，因为PPT中可包含多张幻灯片，幻灯片中可以由一句话、一段简短的文字、一张图片、一个图示、一张图表或一张表格组成，这样便于读者查看和阅读，对于要在有效的时间内达到传递信息的目的，非常有效。所以，现在很多公司或企业都会选择大家更容易接受的方式来进行招聘。下图所示为制作的校园招聘宣讲会PPT。

3. 在培训方面

要说PPT在人力资源管理中的运用，在员工培训方面是运用最多的，因为通过PPT制作的培训课件，告别了传统的通过黑板或口述的培训方式，可以将抽象的概念形象化，让静态的内容动态展示出来，吸引员工的注意力，从而让培训变得更加简洁、生动，让员工更高效地吸收所需要的知识，同时也是更多公司或企业进行培训的首选方式。下图所示为制作的职场称呼礼仪和新员工入职培训PPT。

3.1.2 HR需要知道的PPT交流平台

很多制作过PPT的用户都知道，制作PPT时，需要运用到很多PPT资源，如模板、图片、图示、字体、文字资料等。那么这些PPT资源从哪里获取呢？在网络中提供了很多关于PPT资源的一些网站，用户可以借鉴或使用PPT网站中提供的一些资源，以制作出更加精美、专业的PPT。

1. 三茅人力资源网

三茅人力资源网是专业的HR学习交流平台，该网站不仅汇集数十万份人力资源六大模块案例资料和完善的人力资源学习课程，为制作人力资源方面的PPT提供了大量的文字资料，还有众多HR精英分享的人力资源的从业经验，受到很多HR的喜爱和青睐，是值得很多HR学习的网站，如下图所示。

2. 微软OfficePLUS

微软OfficePLUS是微软Office官方在线模板网站，该网站不仅提供了PPT图表，还提供了很多精美的PPT模板，而且提供的PPT模板和图表都是免费的，可以直接下载修改使用，非常方便，如下图所示。

3. 锐普PPT

锐普是目前提供PPT资源最全面的PPT交流平台之一，拥有强大的PPT创作团队，制作的PPT模板非常美观且实用，受到众多用户的推崇。如下图所示，该网站不仅提供了不同类别的PPT模板、PPT图表和PPT素材等，还提供PPT教程和PPT论坛，以供PPT爱好者学习和交流。

4. 扑奔网

如下图所示，扑奔网是一个集PPT模板、PPT图表、PPT背景、矢量素材、PPT教程、资料文档等一体的高质量PPT文档资源在线分享平台，而且拥有PPT论坛，从论坛中不仅可以获得很多他人分享的PPT资源，还能认识很多PPT爱好者，和他们一起交流学习。

5. 第1PPT

第1PPT 网站中提供了不同类型的PPT 模板，这些模板的质量不错，而且该网站模板更新速度较快，受到很多PPT制作者的青睐。

除了模板外，PPT制作者还可以寻找高质量的图片素材和图表等，如下图所示。

6. 优品PPT

优品PPT 网站包含了不同种类的PPT模板，有动态PPT 模板、总结汇报PPT模板等。不同种类的模板下又进行了细分，类别十分丰富，如下图所示。

温馨提示

当不能通过PPT提供的交流平台找到需要的资料时，可以通过搜索引擎进行搜索，如百度、搜狗等。例如，打开百度，在搜索框中输入关键字，单击【百度一下】按钮，即可根据输入的关键字进行搜索，并显示出搜索结果。

第3章
HR 利用 PPT 做好工作

7. 51PPT模板

在51PPT网站中可以找到一些高质量的模板，该网站还提供了PPT设计时可能会用到的特效、插件，以及PPT教程，资源十分丰富，如下图所示。

8. 三联素材

三联素材网站提供了大量的各类素材资源，包括矢量图、高清图、PSD素材、PPT模板、图标、Flash素材和字体下载等多个资源模块，虽然在PPT方面只提供了模板，但该网站中提供的字体、矢量图、高清图等在制作PPT的过程中经常使用到，而且该网站提供了很多类型丰富的图片，所以，对制作PPT来说，也是一个非常不错的交流平台，如下图所示。

3.2 HR设计PPT的七大误区

很多HR在制作PPT时，经常会遇到这样的问题：同样的内容，同样的PPT模板，为什么其他人制作的PPT看起来更和谐、自然，更容易受到领导的赞美和欣赏呢？其实，要制作出满意的PPT，需要避免一些设计误区，这样制作出来的PPT才会受到更多人的喜爱，达到高效传递信息的目的。

3.2.1 像个草稿，没有打算做主角的PPT

当人力资源部门的领导将制作好的Word文件发送给HR，让其转换为PPT，以方便在部门会议上展示，很多HR都会觉得这个很简单，找一个合适的模板，将Word中的内容粘贴到PPT中就可以了。但是，这样转换又有什么意义呢？将这样的PPT投放到多媒体屏幕上，又有多少人感兴趣呢？这样的PPT还不如Word文档看起来更舒服。

如果真的要用PPT来展示内容，让观众快速阅读和记忆PPT中的内容，就不能只是将内容堆砌到PPT中，需要对PPT中的内容进行整理、包装，这样制作出来的PPT才会受到观众的喜欢，如下图所示。

Word/Excel/PPT
在人力资源管理中的应用

3.2.2 文字太多，PPT的天敌

文字虽然是PPT传递信息的主要手段，但文字也是PPT的天敌，如下图所示，看到满屏的文字，密密麻麻的图表，谁还有阅读的欲望，更不要说通过幻灯片传递信息了，这样的PPT根本就没有存在的必要。

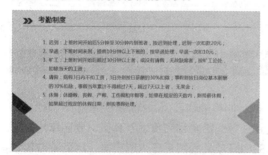

PPT的本质在于可视化，就是把晦涩难懂的抽象文字转化为图示、图片、图表、动画等生动的对象，使不易理解的文字变得通俗易懂，让观众轻松记忆，达到高效传递信息的目的。所以，HR在制作PPT时，始终要贯彻一句话"文不如表，表不如图"，也就是说能用图示和表格展现的内容就不要用文字表现，能用图表表现的内容就不要用表格，如下图所示。

3.2.3 没有逻辑，"失魂落魄"的PPT

有时，当观众认真看完整个PPT内容或听完PPT演示后，却不知道主要表现的内容是什么，没有主题思想，这就是由PPT逻辑混乱造成的。所以，要想使制作的PPT更具吸引力，就必须要具有清晰的逻辑，只有这样，观众才能了解PPT最终要传递的信息是什么，才能理解PPT中的内容。逻辑清晰也是一个高质量PPT所必须具备的条件，一个没有逻辑的PPT，就像一个没有灵魂的人，没有思想，不具备任何吸引力。

那么，怎样才能让制作的PPT具有逻辑呢？在制作PPT时，首先围绕确定的主题展开多个节点，其次仔细推敲每一个节点内容是否符合主题，再将符合主题的节点按照PPT构思过程中所列的大纲或思维导图罗列为大纲，接着再从多个方面思考节点之间的排列顺序、深浅程度、主次关系等，最后再对这些方面进行反复的检查、确认，以保证每一部分的内容逻辑无误。如下图所示，先将内容分为三大点，然后再将每大点分为多个小点进行讲解。

第3章
HR利用PPT做好工作

3.2.4 缺乏设计,"甘于平庸"的PPT

PPT不同于一般的办公文档,它不仅要求内容丰富,还需要具有非常好的视觉效果。所以,精彩的PPT是需要设计的,设计不仅是对PPT的配色、版式、布局等进行设计,还需要对PPT的内容进行设计,只有这样,才能设计出优秀的PPT。下图所示为设计前和设计后的效果。

3.2.5 动画太多,让人眩晕的PPT

一般情况下,与人力资源管理相关的PPT都比较正式,在设计动画效果时要特别注意,不能只考虑PPT的生动性,要结合放映的场合及受众群体等整体情况来设计。如果制作的招聘PPT是针对在校大学生,并且演示的时间长,那么可以适当添加一些动画效果,使整个PPT显得更加生动、活泼,而且动画可以提升学生们的兴趣,让演示更加有趣,也会让学生对招聘岗位或公司产生兴趣。

但如果PPT中的动画过多,在播放时会给人一种眼花缭乱的感觉,从而分散观众的注意力,使观众的注意力集中在动画上,忽略了幻灯片的内容,最终达不到传递信息的目的。所以,PPT动画并不是越多越好,适量就行。

3.2.6 局限于SmartArt图形,易被淘汰的PPT

很多HR在制作PPT时,当遇到需要用图示来表示某种文字关系时,就在提供的SmartArt图形中翻来覆去地找,根本不会考虑SmartArt图形能不能体现出文字内容的关系。其实,这种PPT是很难脱颖而出的,也已跟不上PPT前进的脚步了。并不是说使用SmartArt图形有错,只要能体现出文字内容的关系,SmartArt图形也是非常不错的。只是说PPT中提供的SmartArt图形毕竟有限,而且SmartArt图形的形式也是固定的,并不能体现所有文字之间的关系。所以,在使用图形来表现文字内容之间的关系时,如果只在PPT中提供的SmartArt图形中寻找,那么你就"Out"了。

现在很多PPT网站都提供了各种关系的图示,不仅种类多,而且图示的效果相对于SmartArt图形来说也更美观。所以,很多用户在制作PPT时,都会从网上下载一些需要的图示,直接进行应用,这样不仅提高了PPT的制作效率,还大大提升了PPT的质量。下图所示分别为使用SmartArt图形和从网上下载的图示制作的结构图。

3.2.7 不弃窄屏，擦肩"高大上"的PPT

从PPT 2013版本起，幻灯片就由原来默认的窄屏变成了宽屏，但很多用户制作幻灯片时，还是习惯使用窄屏。其实，要想使制作的PPT"高大上"，就应该放弃窄屏，使用宽屏，因为在同等高度下对比，窄屏（4:3）的尺寸会显得过于窄小，整个画面的空间比较拥挤。而宽屏（16:9）是目前大多数影视设备所支持的比例，也比较符合人类的视觉偏好，而且也改善了窄屏拥挤的画面。所以，在制作PPT时，最好选择宽屏，这样有助于提升观众的视觉感，提高信息的有效传递。下图所示为宽屏和窄屏显示的幻灯片效果。

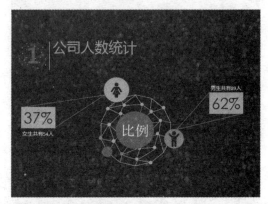

3.3 了解PPT的基本结构

一个完整的PPT结构由封面页、前言页、目录页、过渡页、内容页和结束页等六部分组成，但并不是所有的PPT都必须包含这六部分，PPT的结构是根据内容的多少来决定的。所以，HR在制作人力资源方面的PPT时，需要根据具体情况来决定PPT的结构。

3.3.1 让人印象深刻的封面页

封面是PPT给观众的第一印象，使用PPT进行演示时，在做开场白时封面就会随之放映。一个好的封面应该能唤起受众的热情，使受众心甘情愿地留在现场并渴望听到后面的内容。

任何PPT都有一个主题，主题是整个PPT的核心。HR需要在封面中表现出整个PPT所要表达的主题，在第一时间让观众了解PPT将要演示的是什么。对PPT主题进行表述时，一般采用主标题加副标题的方式，特别是在需要说服、激励、建议时，可以达到一矢中的的效果。

封面中除了主题外，还可列出PPT的一些主要信息，如添加企业元素（公司名称、LOGO）、日期、时间、演讲人或制作人姓名等信息，如下图所示。

3.3.2 可有可无的前言页

前言页也称为摘要页，主要用来说明PPT的制作目的及对PPT内容进行概述。在制作前言页时，内容概括一定要完整，整个页面主要突出文本内容，少用图片等对象，如下图所示。

前言一般在较长的PPT中才会出现，而且主要用于浏览模式的PPT，用于演讲的PPT基本不会使用前言，因为演讲者在演讲过程中可以对PPT进行概括和讲解。

3.3.3 一目了然的目录页

目录页主要是对PPT即将介绍的内容进行大纲提炼，通过目录页可以更清晰地展现内容，让观众对演讲内容有所了解，并做好相应的准备来接受演讲者即将讲述的内容。但是，中规中矩的目录并不能引起观众的兴趣，用户可以通过添加形状、图片等对象来丰富目录页，如下图所示。

3.3.4 让跳转更自然的过渡页

过渡页也称转场页，一般用于内容较多的PPT。过渡页可以时刻提醒演讲者自己和受众即将讲解的内容，但在设计过渡页时，一定要将标题内容突出，这样才能达到为受众提神的作用，如下图所示。

3.3.5 撑起整个PPT的内容页

内容页是用来详细阐述幻灯片主题的，它占据了PPT中大部分的页面。内容页的形式多种多样，既可以是文字、图片数据、图表，也可以是视频、动画、音频，只要能够充分说明PPT所要表明的观点都可以使用，但需要注意一点，章节与内容应该是相辅相成的，章节标题是目录的分段表现，所介绍的内容应该和章节标题相吻合，如下图所示。

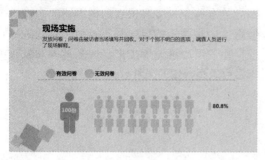

使用开放式封底的PPT，即便演讲者演示完毕，但其讲述或指导工作不一定就结束了，因为开放式封底一般包括问题启发内容，后续紧接着可以进入互动环节，让观众进行讨论，也可以是动手互动，如下图所示。

3.3.6 完美收尾的封底页

封底就是PPT的结束页，用于提醒观众PPT演示结束的页面。封底主要可分为两类：一类是封闭式，另一类是开放式。

一般PPT演示到封底，也意味着演讲者的讲解也即将结束。封闭式封底的内容多使用启示语或谢词，还可以包括LOGO、联络方式等内容，如下图所示。

3.4 如何避免每次从零开始排版

在人力资源管理过程中，经常需要制作各种PPT，而且有些PPT中包含的幻灯片张数还比较多，如果每次制作PPT时，都要对PPT中的每张幻灯片重新设置字体、配色等，不仅麻烦，还会降低工作效率。那么，如何才能提高制作效率，避免每次都从零进行排版呢？下面将对其进行讲解。

3.4.1 用好PPT主题

PPT主题是PPT中提供的一种模板样式，每个主题都有唯一的颜色、字体和效果，通过主题可以快速为PPT中的幻灯片设置风格统一的效果。HR要想提高PPT的制作效率，为PPT应用主题是一个不错的选择。

1. 应用主题

PPT中自带了多种主题，如下图所示。HR可直接选择需要的主题将其应用到PPT中，以便快速批量地改变幻灯片中的配色、字体、图形特效及幻灯片背景等，这对于刚接触PPT的HR来说，是非常实用的。

第3章
HR 利用 PPT 做好工作

温馨提示

默认情况下，选择的主题将应用到所有幻灯片中，如果只需要为单张或多张幻灯片应用主题，则可先选择需要应用主题的幻灯片，在主题上右击，在弹出的快捷菜单中选择【应用于选定幻灯片】命令即可。

2. 更改主题变体

更改主题变体是指对主题的字体、颜色、效果和背景样式等进行更改，当应用的主题的字体、颜色、图形效果或背景样式等不符合当前PPT时，可以在【设计】选项卡【变体】组中的下拉列表中选择相应的选项，在弹出的级联列表中选择相应的选项即可，使主题效果更符合当前PPT的需要。下图所示依次为主题颜色、主题字体、主题效果和主题背景样式。

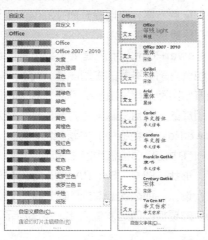

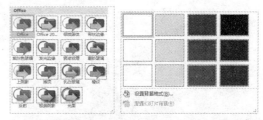

在【背景样式】级联菜单中选择【设置背景格式】选项后，将打开【设置背景格式】任务窗格，在其中可对主题的背景样式进行纯色填充、渐变填充、图片或纹理填充及图案填充等。

纯色填充是指使用一种颜色对幻灯片背景进行填充，如下图所示。

渐变填充是指使用两种或两种以上颜色进行的填充，如下图所示。

图片或纹理填充是指使用图片或提供的纹理样式进行填充，下图所示为使用计算机中保存的图片填充的效果。

| 59

图案填充是指使用PPT提供的各种图案进行填充，如下图所示。

3. 保存当前主题

如果当前PPT中应用的主题效果不是PowerPoint自带的，是制作者自己设计的，那么可将当前PPT中的主题保存在计算机中，保存后的主题将在【主题】中出现一个【自定义】栏，这样以后使用时，直接调用即可，如下图所示。

> **温馨提示**
>
> 需要注意的是，主题必须保存在主题的默认保存位置，如Windows 7的主题默认保存位置为"C:\Users\Administrator\AppData\Roaming\Microsoft\Templates\Document Themes"，如下图所示。

3.4.2 快速更换配色方案

配色的优劣直接决定PPT的整体效果，优秀的配色方案不仅能带来震撼的视觉效果，还能起到突出重点内容的作用。因此，对于没有专业配色知识的HR来说，要想快速配出专业的配色方案，需要掌握一些在PPT中进行配色的方法。

1. 主题颜色与配色方案

经常制作PPT的HR都知道，优秀的主题颜色和配色方案，可以提升PPT的整体效果，让PPT更具视觉冲击力。

PowerPoint为用户提供了数十种配色方案，也就是前面讲解的主题颜色，每一个主题颜色方案实际上都是由一组包含12种颜色的配置所组成的。而且主题配色方案的选取还决定了PowerPoint调色板中的主题颜色，因此，只要在PPT中使用调色板中的主题颜色对幻灯片文字、形状、图表、SmartArt图形等对象的颜色进行设置，那么这些对象的颜色都会因为主题颜色的更换而随之发生变化。下图所示为不同主题颜色的幻灯片效果。

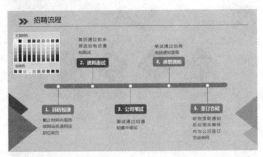

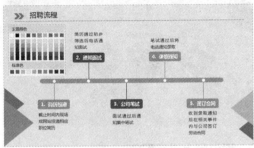

2. 通过RGB设置颜色

对于懂一些配色知识和熟悉颜色值的HR来说，要想十分精准地设置某个颜色，可通过RGB来设置颜色。RGB是通过对红(R)、绿(G)、蓝(B)三个颜色通道的变化，以及它们相互之间的叠加来得到各式各样的颜色。

要使用RGB来对幻灯片中的对象设置精准的颜色，可在设置颜色的下拉列表中选择【其他颜色】选项，打开【颜色】对话框，在【自定义】选项卡中的【红色】【绿色】和【蓝色】数值框中分别输入对应的颜色值，单击【确定】按钮即可，如下图所示。

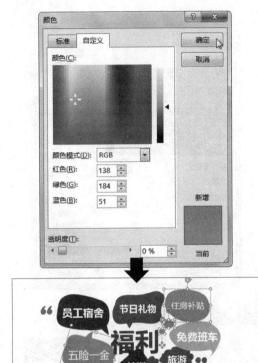

温馨提示

如果不知道所需颜色的颜色值，那么可直接在对话框中的颜色区域中单击需要的颜色，在颜色值数值框中将显示所选颜色的颜色值。

3. 通过HSL设置颜色

当HR需要一组相似的颜色来为幻灯片配色时，可以使用HSL来进行配色。HSL是通过对色相(H)、饱和度(S)、明度(L)三个颜色通道的变化,以及它们相互之间的叠加来得到各式各样的颜色。在PowerPoint中打开【颜色】对话框，在【自定义】选项卡的【颜色模式】下拉列表框中选择【HSL】选项，在【色调】【饱和度】和【亮度】数值框中分别输入对应的值，单击【确定】按钮即可，如下图所示。

4. 使用取色器快速取色

使用PowerPoint 2013及以上版本制作人力资源相关PPT的HR都知道，PPT提供了一个非常实用的颜色吸取工具——"取色器"，它就好比文本的复制粘贴功能，可以在PowerPoint工作界面编辑区中提取颜色，并直接填充在自己希望设置的文本、形状、占位符、文本框等需要调整颜色的位置，该项功能不管是对PPT初学者还是对PPT高手来说，都为配色提供了极大的方便，大大提高了配色进度。下图所示为使用取色器吸取剪纸的颜色，并将其填充到形状中。

5. 通过网上进行配色

配色不仅是幻灯片设计的重要步骤，也是平面设计、网页设计、产品设计等不可忽视的一部分。所以，为了方便在设计过程中配色，很多网站提供了在线配色功能，不仅能提供十分专业的配色建议，还能及时预览配色效果。下图所示为Color Scheme Designer 3高级在线配色器配色网进行在线配色。

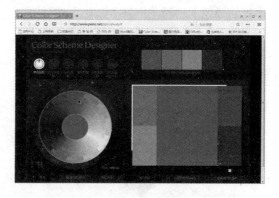

3.4.3 快速调整PPT字体

对于HR来说，需要制作的PPT很多都包

含大量的文字，但如果单独对某个或某段文字的字体进行设置，那么将会大大降低制作效率。所以，在设置PPT字体时，一般都会采用一些比较方便、快捷的方法来快速调整PPT的字体，以及对PPT中的字体进行管理和应用。

1. 通过大纲视图更改字体

如果PPT中幻灯片的文本内容是通过占位符进行输入和编辑的，那么可通过大纲视图来批量设置一张幻灯片或多张幻灯片中的字体。在大纲视图中选择部分文字或选择全部文字，在【开始】选项卡【字体】组中的【字体】下拉列表中选择需要的字体即可，如下图所示。

如果需要为不同版式中的占位符设置不同的字体，则需要在幻灯片母版对应的版式中进行设置。若不知道幻灯片母版中的哪个版式应用于PPT中的哪些幻灯片时，可将鼠标指针移动到幻灯片母版中的任意一个版式上停留，系统就会自动弹出一个信息框，显示这个版式可以被PPT中的哪些幻灯片应用，如下图所示。

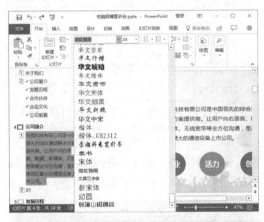

> **温馨提示**
>
> 通过大纲视图除了可对字体进行统一设置外，还可对字体颜色、字号、加粗、倾斜等效果进行统一设置和更改。

2. 通过母版版式设置字体

当需要对幻灯片占位符中文本内容的字体进行统一更改时，可通过幻灯片母版来实现。如果要对所有版式中占位符的字体进行统一修改，可直接在幻灯片母版的第一个母版版式中对标题占位符字体、内容占位符字体或页脚字体进行设置，如下图所示，不需要在单独的版式中进行设置。

3. 通过替换功能直接替换字体

PowerPoint提供了替换字体功能，通过该功能可对幻灯片中指定的字体进行替换，但这种方法替换比较有针对性，一次只能替换一种字体。相对于其他替换字体的方式来说，实用面更广，因为不仅能替换占位符中的字体，还能替换文本框、形状等对象中的字体，具体操作步骤如下。

第1步 打开"光盘\素材文件\第3章\校园招聘宣讲会.pptx"文件，❶单击【开始】选项卡【编辑】组中的【替换】下拉按钮；❷在弹出的下拉列表中选择【替换字体】选项，如下图所示。

第2步 ❶打开【替换字体】对话框，在【替换】下拉列表中选择当前文本正使用的字体【微软雅黑】选项；❷在【替换为】下拉列表框中选择更改后的字体【幼圆】选项；❸单击【替换】按钮，如下图所示。

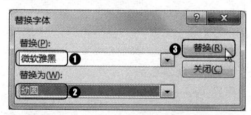

第3步 即可将 PPT 中所有应用【微软雅黑】的字体更改为【幼圆】字体，效果如下图所示。

4. 安装使用新字体

很多HR都知道，对于人力资源方面的PPT，一般都会要求使用较正式的字体。PowerPoint中使用的字体都是安装在Windows操作系统中的，也就是安装操作系统时自动安装的一些比较常用的字体。但这些字体中比较正式且美观的字体并不多，并不能满足PPT的制作需要，这时就可以从网上下载一些需要的字体，将其安装在计算机中，制作PPT时就可以使用安装的新字体了。

安装字体时，在需要安装的字体上双击，在打开的字体对话框中单击【安装】按钮，即可对字体进行安装，如下图所示。

除此之外，还可将需要安装的字体文件复制到计算机的"C:\Windows\Fonts"文件夹下，即可对字体进行安装，如下图所示。

5. 保存PPT时携带字体

如果制作的PPT中使用了系统自带字体之外的其他字体，那么将其保存后发送到其他计算机上进行演示或浏览时，若该计算机没有安装PPT中使用的字体，则PPT中使用该字体的文字在默认情况下，将使用系统默认的其他字体进行代替，原有的字体样式将发生变化。下图所示依次为安装字体和没有没安装字体的效果。

如果希望幻灯片中的字体在未安装原有字体的计算机上也能正常显示原字体的样式，保存时，可以将字体嵌入PPT中，这样在没有安装字体的计算机上也能正常显示。具体操作步骤如下。

第1步 在PowerPoint工作界面中选择【文件】选项卡，在打开的界面左侧选择【选项】选项，如下图所示。

第2步 ❶ 打开【PowerPoint 选项】对话框，

在左侧选择【保存】选项；❷ 在右侧选中【将字体嵌入文件】复选框；❸ 单击【确定】按钮，如下图所示。然后再对PPT进行保存，即可将使用的字体嵌入PPT中。

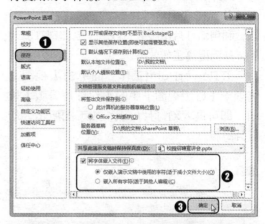

> **温馨提示**
>
> 需要注意的是，选中【仅嵌入演示文稿中使用的字符(适于减小文件大小)】单选按钮时，只能保证幻灯片播放时字体不变形，能正常显示。如果进行修改后，那么将自动替换为计算机上默认的中文字体，而不再是嵌入的字体；选中【嵌入所有字符（适于其他人编辑）】单选按钮，则可以在其他计算机上编辑，编辑后还是会显示嵌入的字体，但文件会较大，每次保存的时间会增加。

3.4.4　学会使用PPT版式

　　PPT版式的内容包括标题、正文、页眉和页脚等，而版式又决定了整个PPT的风格，所以，良好的版式设计能提升PPT的整体效果。

1. 认识母版、版式和占位符

　　要使用PPT版式，首先得了解母版、版式和占位符等的含义，这样才能更好地使用和设计PPT版式。下面将对母版、版式和占位符的相关知识进行讲解。

　　（1）母版。

　　母版包括幻灯片母版、讲义母版和备注母版3种，而幻灯片母版是制作幻灯片中最常用的母版，它一般用于设置默认幻灯片的版式样式，包括背景样式、占位符格式、配色方案等，通过幻灯片母版能快速设置整个PPT的外观效果，而且对幻灯片母版的修改可直接体现在应用幻灯片母版的幻灯片上。所以，利用幻灯片母版能有效减少制作PPT的时间，从而提高工作效率。

在PowerPoint工作界面单击【视图】选项卡【母版视图】中的【幻灯片母版】按钮，即可进入幻灯片母版，如下图所示为幻灯片母版。

（2）版式。

每个PPT至少包含一个幻灯片母版，每个幻灯片母版默认包含11个幻灯片版式，每个版式可以有不同的命名和使用对象。在版式中可以设置内容结构、字体样式、占位符大小和位置等，每一张幻灯片可以根据不同的逻辑和布局来选择不同的版式。

教您一招
删除多余的版式

在幻灯片母版中提供了11种版式，并不是所有的版式在PPT中都能用到，为了方便对版式的管理和编辑，可以将多余的版式删除。其方法是：选择未使用的版式，单击【幻灯片母版】选项卡【编辑母版】组中的【删除】按钮或在版式上右击，在弹出的快捷菜单中选择【删除版式】命令，即可删除当前选择的版式。

（3）占位符。

占位符是版式中默认的用于输入文本或插入图片、形状、表格、图表等对象的容器，规定了幻灯片内容默认放置在幻灯片页面上的位置。占位符也是规范和统一幻灯片版式及格式的重要工具，所以，占位符在PPT中占据着不可替代的位置。

在幻灯片中，占位符主要分为标题占位符、内容占位符和页脚占位符，如下图所示，不同的占位符用于输入不同的内容。

2. 在版式中设置格式

在幻灯片母版的版式中除了前面讲解的可设置字体外，还可对幻灯片背景格式、文本字体格式和段落格式及各种对象进行设置，其设置方法与在普通幻灯片中设置的方法基本相同。下图所示为在幻灯片母版中设置版式前后的效果对比。

第 3 章
HR 利用 PPT 做好工作

3. 统一设置页脚信息

一般情况下，人力资源方面的PPT内容都比较多，包含的幻灯片张数也较多，为了方便统计幻灯片的张数，很多HR在制作幻灯片时，都会为幻灯片添加包含日期和时间、幻灯片编号等页脚信息。

通过幻灯片母版中的页脚占位符，可为PPT中的所有幻灯片生成统一的页脚信息，并且可以让幻灯片页脚中的幻灯片编号随着幻灯片张数和位置的变化自动发生变化。其方法是：在幻灯片母版视图中单击【插入】选项卡【文本】组中的【页眉页脚】按钮，打开【页眉和页脚】对话框，在其中对日期和时间、幻灯片编号、页脚信息等进行设置即可，如下图所示。

4. 应用版式

每个PPT都提供了多种不同的版式，每一张幻灯片都可根据PPT逻辑和布局等情况来选择不同的版式布局。当用户需要更改幻灯片版式布局或为幻灯片应用需要的版式时，

可在普通视图模式下的幻灯片窗格中选择需要应用版式的幻灯片，单击【开始】选项卡【幻灯片】组中的【版式】按钮，在弹出的下拉列表中显示了PPT提供的版式，选择需要的版式，即可应用于所选的幻灯片中，如下图所示。

3.4.5 将喜欢的PPT保存为模板

对于自己或他人制作的PPT，如果觉得整体效果非常不错，可以将其保存为模板，这样方便以后制作相同或类似PPT时使用。具体操作步骤如下。

第1步 打开"光盘\素材文件\第3章\校园招聘宣讲会.pptx"文件，❶选择【文件】选项卡，在打开的页面左侧选择【另存为】选项；❷在中间选择【浏览】选项，如下图所示。

Word/Excel/PPT
在人力资源管理中的应用

第2步 ❶打开【另存为】对话框，在【保存类型】下拉列表框中选择【PowerPoint模板】选项；❷在地址栏中显示模板默认保存的位置，单击【保存】按钮，如下图所示。

温馨提示

模板与主题一样，必须保存在默认的保存位置，否则将不能在【自定义Office模板】中显示保存的模板。

第3步 将PPT保存为模板后，在新建页面的【自定义Office模板】中将显示保存的模板，如下图所示。当需要使用保存的模板制作PPT时，选择需要的模板进行创建，然后对PPT中的内容进行修改即可。

大神支招

通过前面知识的学习，相信读者已经了解了HR学好PPT需要掌握的一些基础理论和排版布局知识。下面结合本章内容，给读者介绍一些工作中的实用经验与技巧，以帮助HR更好地利用PPT完成相关工作。

01：防止PPT文字变形错位的3种方法

🎥 视频文件：光盘\视频文件\第3章\01.mp4

在其他计算机上打开制作好的PPT，有时会发现使用的字体变成了PPT默认的字体，这是因为播放的计算机上没有安装所使用的字体。

为了防止PPT字体丢失导致文字变形错位，除了可以将字体嵌入PPT中外，还可通过将文字转换为图片、文字转换为形状和打包字体3种方法来防止字体丢失。

1. 文字转换为图片

制作好PPT后，如果不再需要对应用系统外字体的文字进行修改，那么可将文字转化为图片，这样在任何计算机上都可以完美显示，但转化为图片后不能再对文字进行修改。具体操作步骤如下。

第1步 打开"光盘\素材文件\第3章\校园招聘宣讲会.pptx"文件，❶选择第1张幻灯片中的"校园招聘"文本；❷单击【开始】选项卡【剪贴板】组中的【复制】按钮，如下图所示。

第2步 ❶单击【粘贴】下拉按钮；❷在弹出的下拉列表中选择【图片】选项，如下图所示。

第3步 即可将复制的文字粘贴为图片，删除幻灯片中多余的占位符，如下图所示。

> **教您一招**
>
> **选择性粘贴**
>
> 选择性粘贴可以将复制或剪切的内容粘贴为不同于内容源的格式，在PPT制作过程中起着重要的作用。选择性粘贴的方法是：先复制或剪切某个对象，在【粘贴】下拉列表中选择【选择性粘贴】选项，打开【选择性粘贴】对话框，在【作为】列表框中显示了剪贴板中的内容可以作为哪些格式粘贴到PPT中，选择需要的格式，单击【确定】按钮即可。

2. 文字转换为形状

与转换为图片一样，将文字转换为形状后能保证PPT中的文字在任何计算机上都不会变形错位，也不能对文字进行修改，但转换后可以像编辑形状一样对文字进行编辑。具体操作步骤如下。

第1步 在打开的"校园招聘宣讲会"演示文稿的第3张幻灯片的"为梦想助跑"文本上绘制一个矩形，如下图所示。

Word/Excel/PPT
在人力资源管理中的应用

第2步 ❶ 依次选择文本框和矩形；❷ 单击【绘图工具-格式】选项卡【插入形状】组中的【合并形状】按钮，❸ 在弹出的下拉列表中选择【相交】选项，如下图所示。

温馨提示

在使用合并形状功能时，一定要注意对象选择的先后顺序，不同的先后顺序，合并后的效果是不一样的。

第3步 即可将形状和文本框合并为一个形状，并且只保留文本框和形状相交的部分，如下图所示。

3. 字体打包

将字体打包是指将PPT中使用到的系统外的字体都找出来，将字体文件和PPT放置在同一个文件夹中，如下图所示。将整个文件夹一起复制到其他计算机中，先安装所有的字体文件，再启动PPT，就不会导致因没有安装字体而导致文字变形错位了，这种方法简单且稳当，但工作量会有所增加。

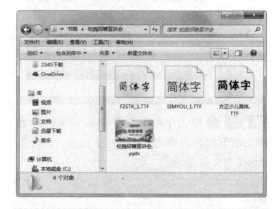

02：3种经典字体搭配

人力资源类PPT大部分都需要在众多人面前进行展示，所以，制作的PPT必须规范、正式，一般情况下，一份PPT中最好不要使用超过3种（标题、正文不同的字体）字体搭配，太多会显得杂乱，不利于阅读和传递信息。

下面介绍一些商务办公过程中比较经典

第 3 章
HR 利用 PPT 做好工作

的字体搭配方案。

1. 微软雅黑（加粗）+微软雅黑（常规）

　　Windows系统自带的微软雅黑字体本身简洁、美观，作为一种无衬线字体，显示效果也非常不错。为了避免PPT文件复制到其他计算机中播放时，出现因字体缺失导致字体变形错位的问题，标题采用微软雅黑加粗字体，正文采用微软雅黑常规字体的搭配方案也是不错的选择，不仅显得正式，也可以节省时间，如下图所示。

　　使用该方案需要对字号大小的美感有较好的把控能力，设计时应在不同的显示比例下多查看、调试，直至合适即可。

2. 方正兰亭黑简体+微软雅黑

　　方正兰亭黑简体+微软雅黑字体搭配方案显示字体端正大方、结构清晰，非常适合人力资源部门向领导汇报工作等较为严肃场合下使用的PPT，既不失严谨，又不过于古板，简洁而清晰，如下图所示。

3. 方正粗倩简体+微软雅黑

　　方正粗倩简体是PPT中比较常用的一种

字体，给人以庄重和大方的感觉，但又不失活泼。这种字体搭配适合比较轻松的话题或比较轻松的场合，如培训类PPT，如下图所示。

03：PPT 四大经典版式

　　版式设计是PPT设计的重要组成部分，是视觉传达的重要手段。好的PPT版式可以清晰有效地传达信息，并能给观众一种身心愉悦的感觉，尽可能让观众从被动的接受PPT内容变为主动去挖掘PPT的内涵。下面介绍几种人力资源类PPT中常见的版式布局，供读者学习和参考。

1. 满版型

　　满版型版面以图像充满整版为效果，主要以图像为诉求，视觉传达直观而强烈。文字配置压置在上下、左右或中部（边部和中心）的图像上，满版型设计给人以大方、舒展的感觉，常用于设计PPT的封面，如下图所示。

2. 中轴型

　　中轴型将整个版面作水平方向或垂直方

向排列，这是一种对称的构成形态。标题、图片、说明文与标题图形放在轴心线或图形的两边，具有良好的平衡感。根据视觉流程的规律，在设计时要把诉求重点放在左上方或右下方。水平排列的版面，给人以稳定、安静、平和与含蓄之感，如下图所示。

左右分割型是将整个版面分割为左右两部分，分别配置文字和图片。左右两部分形成强弱对比时，会造成视觉心理的不平衡。这是视觉习惯（左右对称）上的问题，该分割方式不如上下分割型的视觉流程自然。左右分割型案例如下图所示。

3. 分割型

分割型一般分为上下分割型和左右分割型两种，在制作幻灯片的过程中比较常用。

上下分割型将整个版面分成上下两部分，在上半部或下半部配置图片或色块（可以是单幅或多幅），另一部分则配置文字，图片部分感性而有活力，而文字部分则理性而静止。上下分割型案例如下图所示。

4. 棋盘型

在安排棋盘型版面时，需要将版面全部或部分分割成若干等量的方块形态，互相之间进行明显区别后，再作棋盘式设计，如下图所示。

第 2 篇 实战应用篇

第 4 章 人力资源规划管理

本章导读

人力资源规划是指企业根据其发展战略、经营目标等，对人力资源进行配置，以达到最优状态。人力资源规划并不是一个简单的步骤，而是一个循环性的管理过程，包括人力资源规划制定、实施、评估3个阶段，是人力资源管理过程中首先需要完成的重点环节。本章通过使用Word、Excel和PPT办公软件制作人力资源规划管理过程中所涉及的文档，为HR提供参考，使人力资源规划更加合理。

知识要点

- ❖ 插入符号
- ❖ 移动平均
- ❖ 筛选数据
- ❖ 页眉和页脚
- ❖ 规划求解
- ❖ 排练计时

4.1 使用Word制作人力资源规划方案

案例背景

人力资源规划方案是指根据企业在某段时间内的生产经营目标，HR对企业某段时间内人力资源的需要和供给情况进行分析并制订的计划。需要特别注意的是，人力资源规划是人力资源管理工作的核心，事关全局的关键性规划，要紧紧围绕公司战略规划和发展目标制定。

人力资源规划方案可以让HR有目的、有计划地开展人力资源管理工作，从而实现人力资源与其他资源的合理配置。

本例将通过Word制作人力资源规划方案，制作完成后的效果如下图所示。实例最终效果见"光盘\结果文件\第4章\人力资源规划方案.docx"文件。

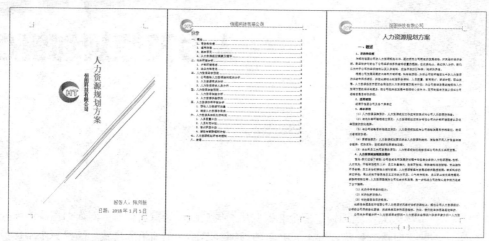

光盘文件	素材文件	光盘\素材文件\第4章\人力资源规划方案.docx、LOGO.png
	结果文件	光盘\结果文件\第4章\人力资源规划方案.docx
	教学视频	光盘\视频文件\第4章\4.1使用Word制作人力资源规划方案.mp4

4.1.1 插入特殊符号

HR在制作某些文档时，可能会遇到需要的符号不能通过键盘输入的情况，这些符号又是必须存在的，缺少它们不能完全体现出文档的结构或内容。这时可以利用Word中提供的符号功能，快速在文档中插入需要的符号。具体操作步骤如下。

第1步 ❶打开"光盘\素材文件\第4章\人力资源规划方案.docx"文件，将鼠标光标定位到第1页的"公司内外环境分析"文本后；❷单击【插入】选项卡【符号】组中的【符号】按钮；❸在弹出的下拉列表中选择【其他符号】选项，如下图所示。

> **温馨提示**
> 【符号】下拉列表中显示的符号是最近使用过的符号，如果该下拉列表中有需要的符号，可直接选择使用。

第4步 ❶将鼠标光标定位到第2页的"建立完善的新品市场开发"文本前,打开【符号】对话框,在【字体】下拉列表框中选择【Wingdings】选项;❷在列表框中选择需要的符号;❸单击【插入】按钮,如下图所示。

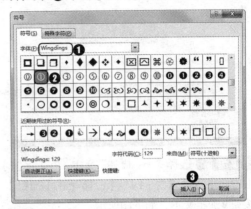

第2步 ❶打开【符号】对话框,在【字体】下拉列表框中选择【Wingdings 3】选项;❷在列表框中选择需要的箭头符号;❸单击【插入】按钮,如下图所示。

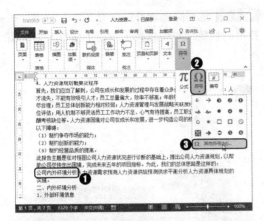

第5步 即可将符号插入鼠标光标处,使用相同的方法继续为文档插入需要的符号,效果如下图所示。

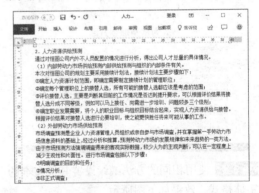

第3步 箭头符号将插入到鼠标光标处,再次定位鼠标光标,单击【插入】按钮插入,使用相同的方法继续插入箭头符号,效果如下图所示。

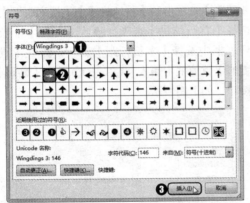

4.1.2 设置字体格式和段落格式

HR在制作人力资源相关文档时需要注意,文本内容输入后,并不意味着文档就制作完了,为了使文档更加规范,还需要对文档的字体格式和段落格式等进行设置。具体操作步骤如下。

第1步 ❶选择"人力资源规划方案"文本,在【开始】选项卡【字体】组中将【字体】设置为【微软雅黑】;❷将字号设置为【二号】;

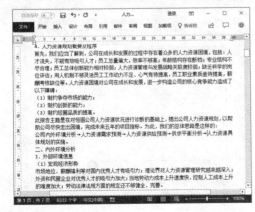

❸单击【段落】组中的【居中】按钮 居中对齐文本，如下图所示。

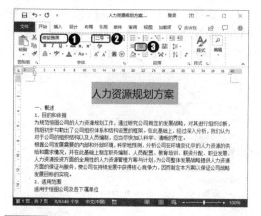

第2步 ❶选择"一、概述"文本，在【字体】组中将字号设置为【四号】；❷单击【加粗】按钮 B 加粗文本，如下图所示。

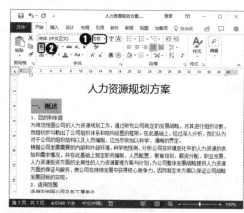

第3步 使用相同的方法继续设置其他文本的字体格式，效果如下图所示。

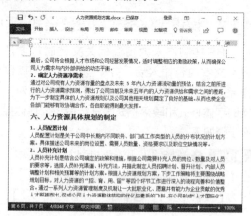

第4步 选择除标题外的所有文本并右击，在弹出的快捷菜单中选择【段落】命令，如下图所示。

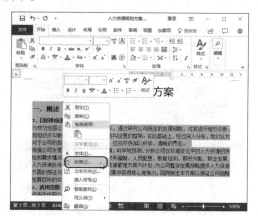

第5步 ❶打开【段落】对话框，在【缩进和间距】选项卡的【特殊格式】下拉列表框中选择【首行缩进】选项；❷在【行距】下拉列表框中选择【多倍行距】选项；❸在【设置值】数值框中输入"1.2"；❹单击【确定】按钮，如下图所示。

第4章
人力资源规划管理

第6步 返回文档编辑区，即可查看到设置首行缩进和设置行距后的效果，如下图所示。

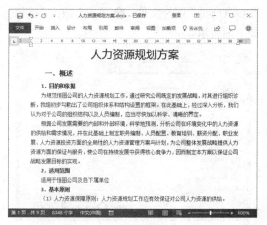

4.1.3 制作文档封面

对于页数较多的人力资源类文档来说，一般都会制作一个封面，这样会显得更加正式和规范。HR在制作时需要注意，封面并不需要设计得特别复杂、绚丽，而是要简洁、有条理，使人一看便明白主题是什么。这是因为人力资源类文档多偏向于制度、方案、合同等文本型文档。具体操作步骤如下。

第1步 ❶ 单击【插入】选项卡【页面】组中的【封面】按钮；❷ 在弹出的下拉列表中选择【切片（浅色）】选项，如下图所示。

第2步 在文档最前面插入封面，在封面的文本框中分别输入相应的文本，如下图所示。

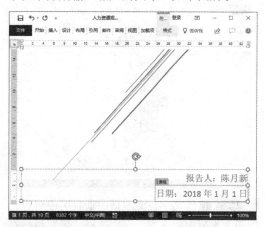

第3步 ❶ 选择封面上方的文本框；❷ 单击【绘图工具 - 格式】选项卡【艺术字样式】组中的【文字方向】下拉按钮；❸ 在弹出的下拉列表中选择【垂直】选项，如下图所示。

第4步 ❶ 将文本框调整到合适的大小，使文本框中的文本垂直排列，然后选择文本框中的"恒图科技有限公司"文本；❷ 单击【段落】组中的【垂直居中】按钮，如下图所示。

> **温馨提示**
>
> 设置文本框中文字的方向后，【段落】组中的对齐方式也将随之发生变化。

第7步 ❶打开【插入图片】对话框，在地址栏中设置插入图片所保存的位置；❷选择"LOGO.png"图片文件；❸单击【插入】按钮，如下图所示。

第5步 ❶使文字在文本框中垂直居中对齐，加粗文本框中的文本，再次选择"恒图科技有限公司"文本，单击【字体】组中的【字体颜色】下拉按钮；❷在弹出的下拉列表中选择【浅灰色,背景2,深色75%】选项，如下图所示。

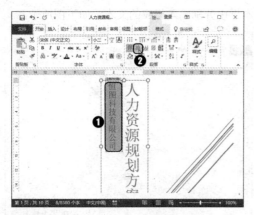

第8步 ❶在鼠标光标处插入图片，选择图片，单击【图片工具-格式】选项卡【排列】组中的【环绕文字】下拉按钮；❷在弹出的下拉列表中选择【浮于文字上方】选项，如下图所示。

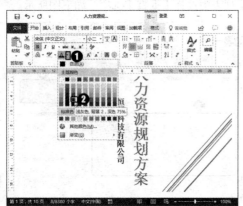

第6步 单击【插入】选项卡【插图】组中的【图片】按钮，如下图所示。

温馨提示

在Word中插入的图片，默认都是以嵌入型排列在文档页面中的。

第9步 图片将浮于文字上方，并自动显示在文档开始位置。选择图片，在【格式】选项卡【大小】组中的【高度】数值框中输入"2.92"，按【Enter】键，【宽度】数值框中的数值将根据【高度】数值框中的值等比例变化，如下图

第4章
人力资源规划管理

所示。

第10步 选择图片,将鼠标指针移动到图片上,按住鼠标左键不放,将其拖动到文本框左侧,拖到合适位置后释放鼠标左键,完成文档封面的制作,效果如下图所示。

4.1.4 为文档添加目录

目录对于长文档来说是必不可少的,通过目录可以了解文档的结构及大致内容,而且通过目录还可快速定位到文档中相应的位置,但是要想准确地插入目录,首先要为文档中那些需要提取出来作为目录的段落设置级别,否则将找不到目录。具体操作步骤如下。

第1步 ❶将鼠标光标定位到"一、概述"段落中;❷打开【段落】对话框,在【缩进和间距】选项卡【大纲级别】下拉列表中选择【1级】选项,如下图所示。

第2步 ❶单击【确定】按钮,返回文档编辑区,将鼠标光标定位到"1.目的和依据"段落中;❷打开【段落】对话框,在【大纲级别】下拉列表中选择【2级】选项,如下图所示。

> **温馨提示**
> 如果设置文档段落格式时是应用的样式,那么提取目录时就不需要设置段落的级别,自动目录会自动识别段落样式。

第3步 ❶使用相同的方法继续设置其他段落的级别,设置完成后将鼠标光标定位到第2页的标题前,单击【引用】选项卡【目录】组中的【目录】按钮;❷在弹出的下拉列表中选择【自动目录1】选项,如下图所示。

4.1.5 添加页眉和页脚

页眉和页脚用于显示文档的附加信息，如LOGO、公司名称、日期和页码等，对于某些人力资源文档来说，添加页眉和页脚可以使文档的内容更加完善，特别是对于各种制度的文档。具体操作步骤如下。

第1步 ❶将鼠标光标定位到第3页的标题前；❷单击【布局】选项卡【页面布局】组中的【分隔符】按钮；❸在弹出的下拉列表中选择【下一页】选项，如下图所示。

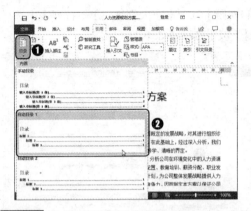

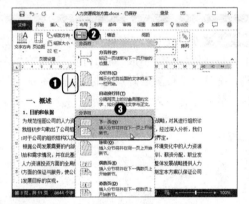

第2步 ❶插入分节符，单击【插入】选项卡【页眉和页脚】组中的【页眉】按钮；❷在弹出的下拉列表中选择【空白】选项，如下图所示。

第4步 ❶即可根据设置的段落级别自动提取文档目录，并显示在鼠标光标处，将鼠标光标定位到标题前；❷单击【布局】选项卡【页面布局】组中的【分隔符】按钮；❸在弹出的下拉列表中选择【分页符】选项，如下图所示。

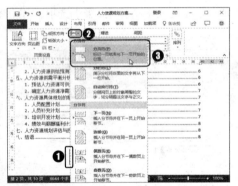

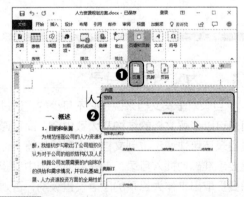

第3步 进入页眉页脚编辑状态，并在页眉处插入选择的页眉样式，选择封面页页眉处的文本，在【页眉和页脚工具-设计】选项卡【选项】组中选中【首页不同】复选框，如下图所示。

第5步 插入分页符，鼠标光标后面的文本将切换到下一页中显示，如下图所示。

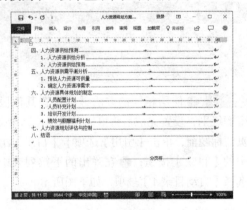

第4章
人力资源规划管理

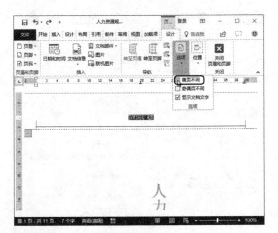

第6步 ❶ 选择目录页页眉处样式的文本，将其更改为"恒图科技有限公司"，并对其格式进行相应的设置；❷ 单击【页眉和页脚工具-设计】选项卡【插入】组中的【图片】按钮，如下图所示。

第4步 即可清除封面页中的页眉样式，如下图所示。

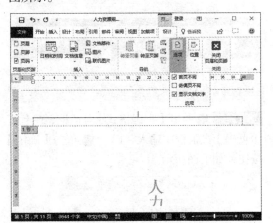

第7步 ❶ 打开【插入图片】对话框，选择"LOGO.png"文件插入，将图片调整到合适的大小后选择图片，单击【排列】组中的【环绕文字】按钮；❷ 在弹出的下拉列表中选择【衬于文字下方】选项，图片将排列在页眉处文字的下方，如下图所示。

第5步 单击【字体】组中的【清除所有格式】按钮，即可删除页眉处的分隔线，如下图所示。

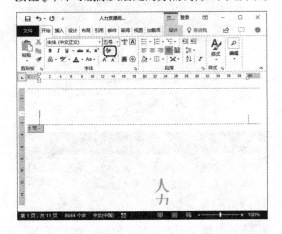

第8步 ❶ 选择图片，将其移动到合适的位置；❷ 单击【页眉和页脚工具-设计】选项卡【导航】组中的【转至页脚】按钮，如下图所示。

Word/Excel/PPT
在人力资源管理中的应用

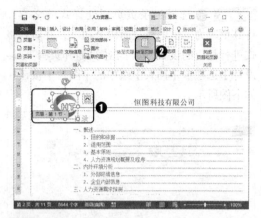

第9步 ❶ 将鼠标光标定位到目录页的页脚处，单击【页眉和页脚工具-设计】选项卡【页眉和页脚】组中的【页码】按钮；❷ 在弹出的下拉列表中选择【页面底端】选项；❸ 在弹出的级联列表中选择【括号2】选项，如下图所示。

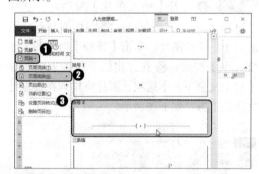

第10步 在文档除封面页外的所有页面页脚处插入选择的页码样式，并对目录页页码的字体格式进行设置，如下图所示。

第11步 ❶ 选择第3页页脚处的页码；❷ 单击【页眉和页脚】组中的【页码】按钮；❸ 在弹出的下拉列表中选择【设置页码格式】选项，如下图所示。

温馨提示

因为在第3页标题前添加了分节符，所以，第2页和第3页的页码并没有衔接上。

第12步 ❶ 打开【页码格式】对话框，在【起始页码】数值框中输入"1"；❷ 单击【确定】按钮，如下图所示。

温馨提示

在【页码格式】对话框的【编号格式】下拉列表框中还可对页码的编号格式进行设置。

第13步 ❶ 页码的起始页码将由原来的"0"

变成"1";❷单击【导航】组中的【链接到前一条页眉】按钮,如下图所示。

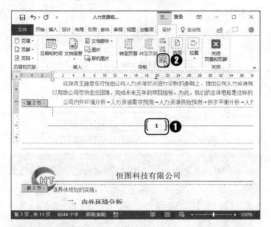

第14步 ❶取消第3页与第2页页眉页脚的链接,将鼠标光标定位到第2页页眉处(也就是目录页页眉处),单击【页眉和页脚】组中的【页脚】按钮;❷在弹出的下拉列表中选择【删除页脚】选项,如下图所示。

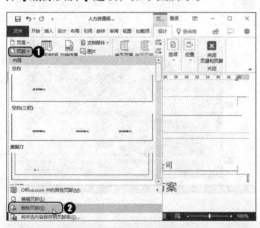

教您一招

设置页眉和页脚距离

在文档页面中插入页眉和页脚后,有时需要重新设置页眉与页面顶端或页脚与页面底端的距离,以更加符合实际需要。其方法是:在【页眉和页脚工具-设计】选项卡【位置】组中的【页面顶端距离】和【页脚底端距离】数值框中输入需要的值,按【Enter】键确认即可。

第15步 删除目录页中的页码,单击【关闭】组中的【关闭页眉和页脚】按钮,如下图所示。

第16步 返回文档编辑区,即可查看到设置的页眉和页脚效果,如下图所示。

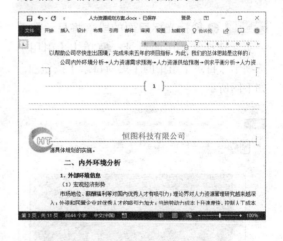

4.1.6 更新目录

目录中的内容并不会随着文档内容的更改或页码的变化而自动更新,所以,HR在制作好文档后,最好对文档中的目录进行更新,以防止文档目录错误。具体操作步骤如下。

第1步 ❶将鼠标光标定位到"有序开展。"文本后;❷单击【插入】选项卡【页面】组中的【分页】按钮,如下图所示。

第3步 ❶打开【更新目录】对话框，选中【更新整个目录】单选按钮；❷单击【确定】按钮，如下图所示。

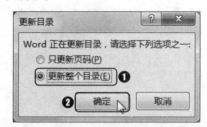

> **温馨提示**
>
> 若在【更新目录】对话框中选中【只更新页码】单选按钮，将只会对目录中的页码进行更新，不会对目录中的文本内容进行更新。

第4步 即可对整个目录进行更新，包括文本和页码，如下图所示。

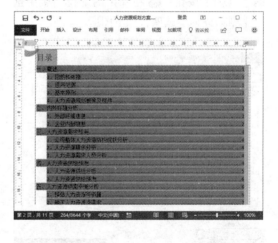

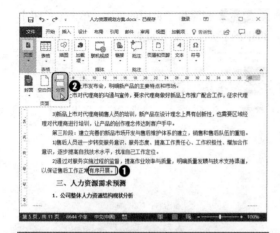

> **温馨提示**
>
> 标题最好不要显示在每页的页末，所以这里才会通过插入分页符将标题显示到下一页中。

第2步 ❶鼠标光标后面的段落将显示在下一页，选择文档中的目录；❷单击【引用】选项卡【目录】组中的【更新目录】按钮，如下图所示。

4.2 使用Excel制作人力资源预测与优化配置

 案例背景

人力资源预测是人力资源规划中最重要的一环，它是根据企业的发展规划和企业的内外条

第4章
人力资源规划管理

件对人力资源的需求进行预测，并根据预测结果进行人员的优化配置，实现企业人岗匹配，有效控制人力成本，提高生产效率，增强企业核心竞争力。HR在对人力资源进行预测时，需要选择适当的预测工具，这样预测结果才更加正确、有效。

Excel中的移动平均和线性规划是预测和优化人员配置常用到的工具，本例将使用Excel预测及优化人力资源配置。制作完成后的效果如下图所示。实例最终效果见"光盘\结果文件\第4章\人力资源预测与优化配置.xlsx"文件。

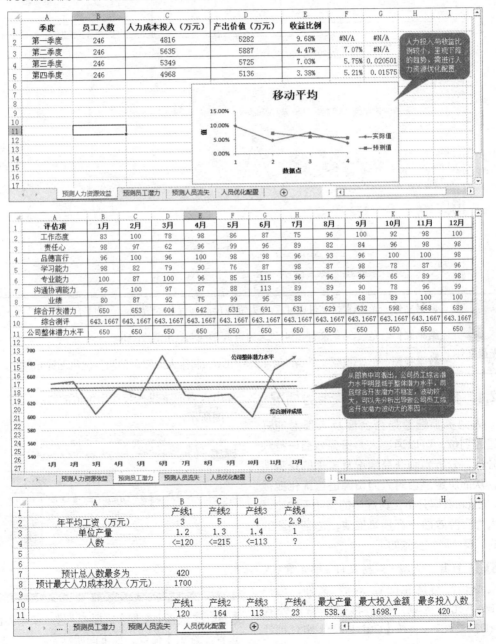

	A	B	C	D	E
1	年份	剩余年份	合同到期可能造成人员流失	退休人员流失	合计
2	2017	0	2	1	3
3	2018	<=1	8	0	8
4	2019	<=2	3	1	4
5	2020	<=3	3	3	6
6	2021	<=4	2	3	5
7	2022	<=5	2	1	3
8	2023	<=6	4	4	8
9	2024	<=7	1	0	1
10	2025	<=8	0	0	0

光盘文件	素材文件	光盘\素材文件\第4章\人力资源预测与优化配置.xlsx、员工合同到期情况.xlsx
	结果文件	光盘\结果文件\第4章\人力资源预测与优化配置.xlsx
	教学视频	光盘\视频文件\第4章\4.2使用Excel制作人力资源预测与优化配置.mp4

4.2.1 预测人力资源效益走势情况

人力资源配置是否合理及人员潜能开发是否到位，可以通过人力资源效益进行预测分析，分析当前获益情况及未来的走势情况，从而决定是否对人力资源进行优化或裁减。Excel数据分析工具库中的移动平均可以对人力资源效益进行预算推演，达到预测的目的。具体操作步骤如下。

第1步 打开"光盘\素材文件\第4章\人力资源预测与优化配置.xlsx"文件，选择E2:E5 单元格区域，在编辑栏中输入公式"=(D2-C2)/C2"，按【Ctrl+Enter】组合键计算出人力成本投入与产出价值的收益比例，如下图所示。

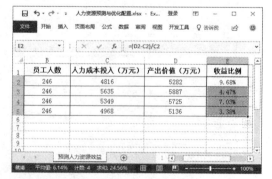

第2步 选择【文件】选项卡，进入菜单界面，选择【选项】命令，如下图所示。

第4章
人力资源规划管理

第3步 ❶ 打开【Excel 选项】对话框，在左侧选择【加载项】选项卡；❷ 单击【转到】按钮，如下图所示。

第4步 ❶ 打开【加载项】对话框，在【可用加载宏】列表框中选中【分析工具库】复选框；❷ 单击【确定】按钮添加分析工具库，如下图所示。

第5步 单击【数据】选项卡【分析】组中的【数据分析】按钮，如下图所示。

第6步 ❶ 打开【数据分析】对话框，在【分析工具】列表框中选择【移动平均】选项；❷ 单击【确定】按钮加载移动平均功能，如下图所示。

第7步 ❶ 打开【移动平均】对话框，在【输入区域】文本框中输入"$E$1: $E$5"；❷ 选中【标志位于第一行】复选框；❸ 在【间隔】文本框中输入"2"；❹ 在【输出区域】文本框中输入"$F$2"；❺ 选中【图表输出】和【标准误差】复选框；❻ 单击【确定】按钮，如下图所示。

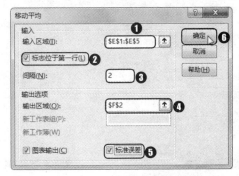

> **温馨提示**
>
> 在设置移动平均的间隔时,间隔不能为0或1,因为移动平均需要至少两个数字(一组数字)进行平均计算,否则,将会被提示超出工作表的边界,如下图所示。

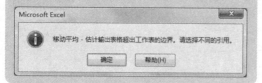

第8步 系统自动创建收益比例的移动走势图表和移动平均数字(F列)及误差数字(G列),如下图所示。

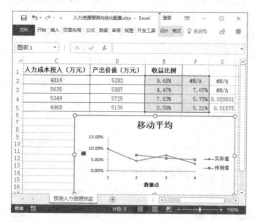

第9步 ❶单击【插入】选项卡【插图】组中的【形状】按钮;❷在弹出的下拉列表中选择【对话气泡:圆角矩形】选项,如下图所示。

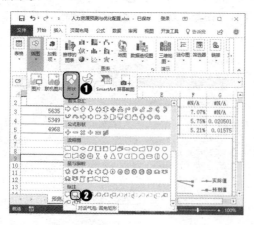

第10步 此时鼠标指针变成+形状,在图表斜上方拖动鼠标绘制形状,并在形状中输入预测结果"人力投入与收益比例较小,呈现下降的趋势,需进行人力资源优化配置",如下图所示。

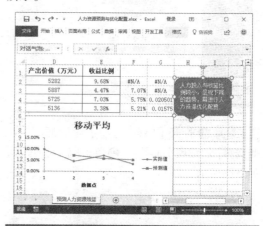

> **温馨提示**
>
> 在形状中输入的文字内容,是基于移动平均图表走势和移动平均数字及误差值综合决定的,不是随意输入的。

第11步 将鼠标指针移动到形状为黄色的控制点上,按住鼠标左键拖动控制点,并调整其位置,如下图所示。

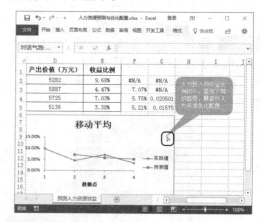

第12步 选择整个形状,在【绘图工具-格式】选项卡【形状样式】列表框中选择【浅色1轮廓,彩色填充-橙色,强调颜色2】选项,对形状进行快速美化,效果如下图所示。

第4章 人力资源规划管理

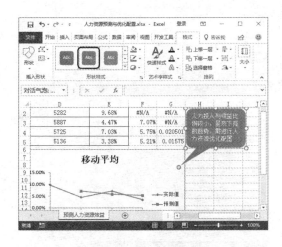

4.2.2 预测员工潜力决定去留

优化人力资源配置，需要将一些没有发展潜力，且综合能力低于公司平均能力的人员裁掉，以打造一个拥有精兵强将的团队。

1. 汇总员工潜力数据

在人力资源中，测评员工潜力的方式有很多种，不同的HR对测评面或测评点选取不同。不过，通常情况下会通过多方面进行综合评估，其中包括工作态度、业绩、学习能力、沟通能力、责任心等。具体操作步骤如下。

第1步 单击工作表标签中的【新建工作表】按钮 ⊕ 新建一张空白工作表，在工作表名称上右击，在弹出的快捷菜单中选择【重命名】命令，如下图所示。

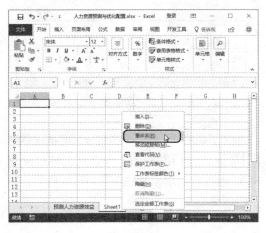

第2步 ❶ 此时工作表名称呈可编辑状态，输入"预测员工潜力"，按【Enter】键确认；❷ 在 A1:A11 单元格区域中输入相应的数据，并选中该单元格区域；❸ 单击【开始】选项卡【单元格】组中的【格式】按钮；❹ 在弹出的下拉列表中选择【自动调整列宽】选项，如下图所示。

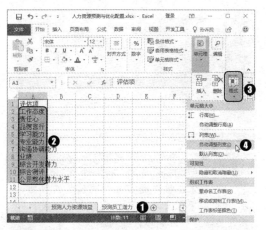

第3步 根据单元格中文本的多少自动调整列宽，在 B1 单元格中输入"1月"，将鼠标指针移动到该单元格右下角，当鼠标指针变成+形状时，按住鼠标左键不放向右拖动，如下图所示。

第4步 ❶ 拖动至 M1 单元格后释放鼠标，自动填充有规律的数据，在 B2:M8 单元格区域中输入数据，选择 A1:M1 单元格区域，单击【开始】选项卡【字体】组中的【加粗】按钮 **B**

加粗文本；❷再选择 A1:M11 单元格区域，单击【开始】选项卡【对齐方式】组中的【居中】按钮，如下图所示。

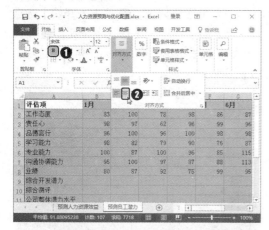

温馨提示

　　员工潜力的测评需要一段较长的时间，不能是只有几天、几个月或是半年，最好是以年为单位。本例以一年为单位。

第5步 ❶将数据居中对齐于单元格中，保持单元格区域的选择状态，单击【字体】组中的【边框】下拉按钮▼；❷在弹出的下拉列表中选择【所有框线】选项，如下图所示。

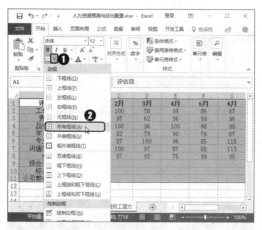

第6步 ❶为选择的单元格区域添加边框，单击【单元格】组中的【格式】按钮；❷在弹出的下拉列表中选择【行高】选项，如下图所示。

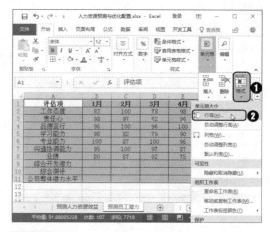

第7步 ❶打开【行高】对话框，在【行高】文本框中输入"18"；❷单击【确定】按钮设置单元格行高，如下图所示。

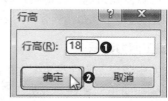

第8步 ❶选择 A9:M9 单元格区域；❷单击【公式】选项卡【函数库】组中的【自动求和】按钮，如下图所示。

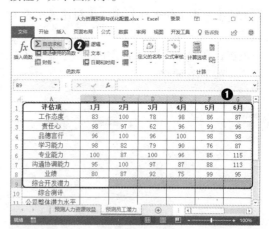

第9步 按【Ctrl+Enter】组合键，即可使用 SUM 函数自动求出所选单元格区域的值，如下图所示。

第4章
人力资源规划管理

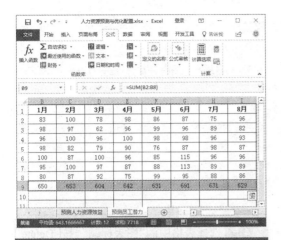

温馨提示

对于连续的同行或同列单元格区域，SUM能自动识别并选择数字单元格区域进行计算。对于结果单元格与参与计算的单元格区域没有在同行或同列，或者有间隔时，则需要手动进行选择。

第10步 选择B10:M10单元格区域，在编辑栏中输入公式"=SUM($B$9:$M$9)/12"，按【Ctrl+Enter】组合键计算出员工一年内的综合潜力测评数据，如下图所示。

第11步 选择B11:M11单元格区域，在B11单元格中输入"650"，如下图所示。

第12步 按【Ctrl+Enter】组合键，即可在所选的单元格区域中输入相同的数据，如下图所示。

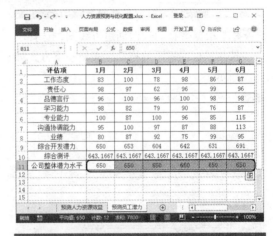

温馨提示

公司整体潜力水平行起辅助作用，是为了后面使用图表进行分析时，与综合测评数据进行对比分析。

2. 分析员工潜力情况

对公司员工各方面的潜力数据进行统计后，为了使数据的展示更加直观，可以借助图表进行展示，特别是潜力随着时间推移发挥的实际情况，然后根据员工的潜力情况决定员工去留。具体操作步骤如下。

第1步 ❶按住【Ctrl】键分别选择A1:M1

| 91

和 A9:M11 单元格区域,单击【插入】选项卡中的【插入折线图或面积图】按钮；❷ 在弹出的下拉列表中选择【折线图】选项,如下图所示。

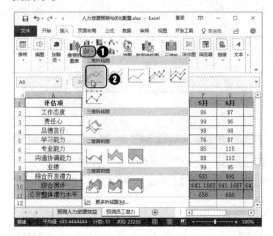

第2步 根据选择的数据创建折线图,选择图表,按住鼠标左键不放拖动至表格左下方,如下图所示。

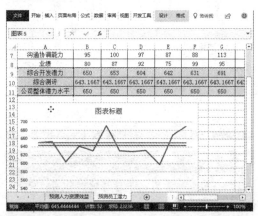

第3步 将鼠标指针移动到右侧中间的圆点控制点上,当鼠标指针变成➕形状时,按住鼠标左键不放向右拖动,调整图表宽度,如下图所示。

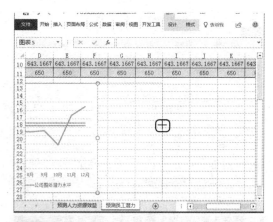

第4步 选择表格中的"图表标题",按【Delete】键删除,再选择图例,按【Delete】键删除,在图表中选中蓝色的数据系列,然后在其上右击,在弹出的快捷菜单中选择【设置数据系列格式】选项,如下图所示。

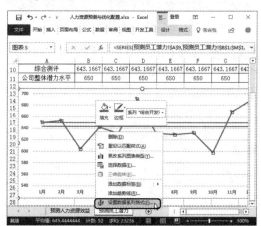

第5步 ❶ 打开【设置数据系列格式】任务窗格,单击【填充与线条】按钮；❷ 单击【箭头末端类型】按钮；❸ 在弹出的下拉列表中选择【燕尾箭头】选项,为数据系列线条末端添加方向箭头,如下图所示。

第4章
人力资源规划管理

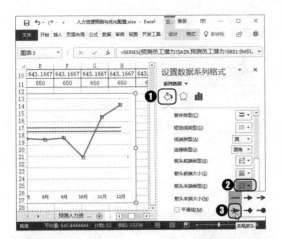

第6步 ❶选择图表中灰色的数据系列；❷在【设置数据系列格式】任务窗格的【宽度】数值框中输入"1.5磅"；❸单击【线条类型】按钮；❹在弹出的下拉列表中选择【方点】选项，如下图所示。

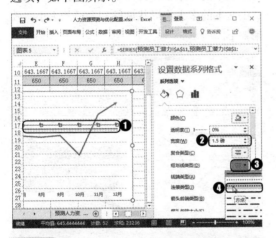

第7步 ❶保持数据系列的选择状态，单击【图表工具-设计】选项卡【图表布局】组中的【添加图表元素】按钮；❷在弹出的下拉列表中选择【数据标签】选项；❸在弹出的级联列表中选择【上方】选项，为数据系列添加数据标签，如下图所示。

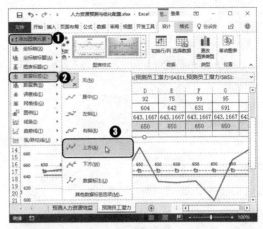

第8步 在第一个数据标签上单击两次，即可选择该数据标签，按【Delete】键删除，继续单击其他数据标签，按【Delete】键删除，只保留右边第2个数据标签，选择数据标签中的文本，将其更改为"公司整体潜力水平"，将鼠标指针移动到数据标签上，按住鼠标左键不放向左上方进行拖动，如下图所示。

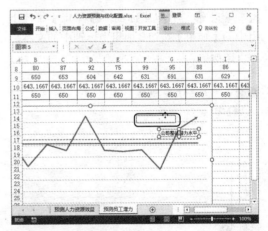

第9步 拖动到合适位置后释放鼠标，使用相同的方法对橙色数据系列的数据标签"综合测评成绩"进行设置，效果如下图所示。

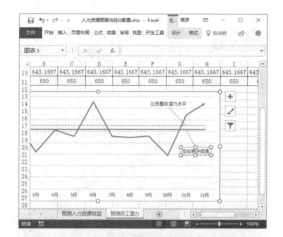

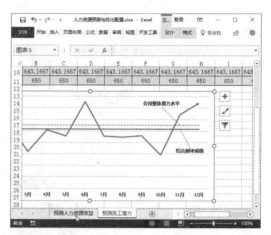

温馨提示

默认情况下，数据标签与数据系列之间是有引导线的，如果数据标签与数据系列相隔较近，引导线就不明显，当数据标签与数据系列相隔较远时，引导线就会显示出来，而且，移动数据标签位置时，引导线也会随之移动。

第10步 ❶选择纵坐标轴；❷单击【字体】组中的【加粗】按钮B加粗坐标轴中的文本，如下图所示。

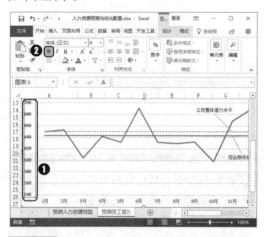

第11步 使用相同的方法加粗显示图表中的其他文本，单击【预测人力资源效益】工作表标签，如下图所示。

第12步 切换到【预测人力资源效益】工作表中，选择形状，按【Ctrl+C】组合键复制形状，切换到【预测员工潜力】工作表中，单击任意一个单元格，按【Ctrl+V】组合键粘贴形状，将形状中的文本更改为需要的文本，并根据形状中文本的多少将形状调整到合适的大小，效果如下图所示。

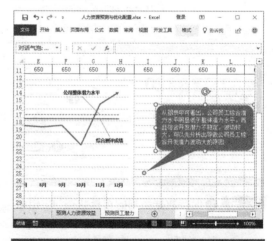

温馨提示

在工作表中调整形状大小的方法与调整图表大小的方法基本相同。

第13步 将鼠标指针移动到形状为黄色的控制点上，按住鼠标左键不放拖动控制点，并调整其位置，如下图所示。

第4章
人力资源规划管理

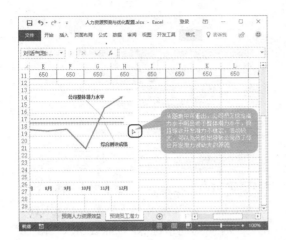

4.2.3 预测人员流失高峰期

人员流动对于用人单位而言，是很常见的人事现象，不过，对于HR而言，必须对人员流失情况进行掌握，特别是需要提前预测可能会出现的人员流失高峰，从而事先做好准备工作，以及人员的招聘、培训工作，为企业引进新的血液，保证公司的正常运营，避免因人员流失给公司造成较大的损失。

1. 统计近8年可能造成人员流失的数据

通过长时间的数据来分析人员流失情况时，主要是通过合同到期和退休造成的人员流失，因为其相对于其他原因造成的人员流失数据更加准确。具体操作步骤如下。

第1步 ❶ 新建一个名称为"预测人员流失"工作表；❷ 在A1:E10单元格区域中输入需要的文本，并对该区域的格式进行设置，选择A2单元格，在编辑栏中输入公式"=YEAR(NOW())"；❸ 按【Enter】键计算出结果，获取当前系统显示的年份，如下图所示。

> **温馨提示**
>
> NOW函数直接获取当前系统的年月日时间。YRAR获取NOW函数获得日期数据中的年。这里也可将NOW换成TODAY，也就是"=YEAR(TODAY)"。

第2步 选择A3:A10单元格区域，在编辑栏中输入公式"=A2+1"，按【Ctrl+Enter】组合键获取动态的相邻年份数据，如下图所示。

第3步 ❶ 打开"光盘\素材文件\第4章\员工合同到期情况.xlsx"文件，切换到【预测人员流失】工作表，选择C2单元格，单击【公式】选项卡【函数库】组中的【其他函数】按钮；❷ 在弹出的下拉列表中选择【统计】选项；❸ 在弹出的级联列表中选择【COUNTIF】

| 95

选项,如下图所示。

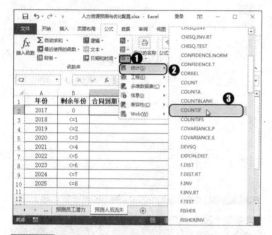

第4步 ❶打开【函数参数】对话框,单击【Range】文本框右侧的【折叠】按钮折叠对话框,在"员工合同到期情况"工作簿中拖动鼠标选择K2:K26单元格区域;❷单击对话框中的【展开】按钮,如下图所示。

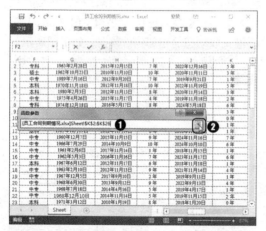

第5步 ❶展开对话框,在【Criteria】文本框中输入"0";❷单击【确定】按钮,如下图所示。

第6步 返回工作表中可查看计算的结果,选择C3单元格,在编辑栏中输入公式"=COUNTIFS([员工合同到期情况.xlsx]Sheet!$K$2:$K$26,"<=1",[员工合同到期情况.xlsx]Sheet!$K$2:$K$26,">0")",如下图所示。

温馨提示

公式"=COUNTIFS([员工合同到期情况.xlsx]Sheet!$K$2:$K$26,"<=1",[员工合同到期情况.xlsx]Sheet!$K$2:$K$26,">0")"表示,对"员工合同到期情况"工作簿【Sheet】工作表K2:K26单元格中满足大于0且小于等于1条件的单元格个数进行统计。

第7步 按【Enter】键计算出结果,使用相同的方法对C列和D列的单元格进行相应的计算,分别统计出各个年份合同到期可能损失的人数与退休人数,如下图所示。

第4章
人力资源规划管理

温馨提示

因为C列和D列公式中的单元格是引用其他工作簿的，所以，打开该工作簿时最好同时打开"员工合同到期情况"工作簿，否则公式中将显示错误值。

第8步 选择E2:E10单元格区域，在编辑栏中输入公式"=C2+D2"，按【Ctrl+Enter】组合键计算出各个年份人员流失总数，如下图所示。

2. 半自动图表展示人员流失趋势

统计好人员流失数据后，就可使用图表对流失数据进行展示。如果想使用一个图表展示各部分的数据，那么可结合筛选数据功能来制作半自动图表展示出人员流失趋势。

具体操作步骤如下。

第1步 ❶ 按住【Ctrl】键，选择 A1:A10 和 C1:E10 单元格区域，按【Ctrl+C】组合键复制，选择 A12 单元格；❷ 单击【开始】选项卡【剪贴板】组中的【粘贴】下拉按钮；❸ 在弹出的下拉列表中选择【选择性粘贴】选项，如下图所示。

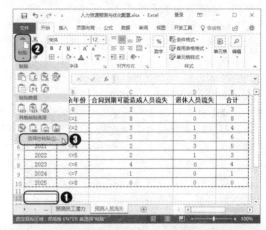

温馨提示

【粘贴】下拉列表中包含了很多粘贴选项，含义各不相同。各粘贴选项的具体含义如下。

● 【粘贴】：表示粘贴源单元格和区域中复制的全部内容，为Excel默认的粘贴方式。

● 【公式】：表示粘贴所有数据，包括公式，不保留格式、批注等内容。

● 【公式和数字格式】：表示粘贴时保留数据内容（包括公式）及原有的数字格式，而去除原来所包含的文本格式（如字体、边框、底纹和对齐方式等格式）。

● 【保留源格式】：表示粘贴保留源单元格或单元格区域中的所有格式，但不包含文本内容。

● 【无边框】：表示粘贴时保留所有的数据、公式、格式、数据有效性等格式，但不包括单元格边框的格式设置。

● 【保留源列宽】：表示粘贴时只保留源单元格区域的列宽设置，不保留任何其他内容。

- 【转置】：表示粘贴时将调换单元格行和列的位置。
- 【值】：表示粘贴时，将粘贴源单元格中的数值、文本及公式运算结果，但不保留公式、格式、批注等内容。
- 【值和数字格式】：表示粘贴时保留数值、文本、公式运算结果及原有的数字格式，但不保留文本格式及公式本身。
- 【值和源格式】：表示粘贴时，将粘贴源单元格的数值和所有格式（包括条件格式）。
- 【格式】：表示只粘贴所有格式（包括条件格式），但不保留任何数值、文本和公式，也不保留批注和数据有效性等内容。
- 【粘贴链接】：表示粘贴时，粘贴的目标区域将生成含引用的公式，并且，链接将指向源单元格区域，保留原有的数字格式，去除其他格式。
- 【图片】：表示以图片形式粘贴被复制的内容，此图片可以随意移动，与源数据没有关联。
- 【链接的图片】：表示以动态图片的方式粘贴被复制的内容，如果源数据区域中的内容发生变化，那么图片也会发生相应的变化。

第2步 ❶ 打开【选择性粘贴】对话框，选中【粘贴】栏中的【数值】单选按钮；❷ 选中【转置】复选框；❸ 单击【确定】按钮，如下图所示。

第3步 即可将复制的数据以选择的格式粘贴到单元格中，保持单元格区域的选择状态，单击【图表】组中的【推荐的图表】按钮，如下图所示。

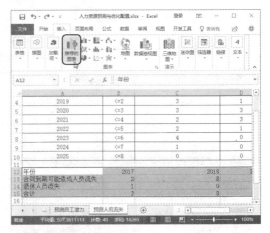

第4步 ❶ 打开【插入图表】对话框，在【推荐的图表】选项卡中选择【折线图】选项；❷ 单击【确定】按钮，如下图所示。

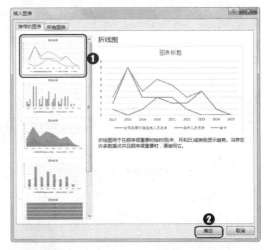

第5步 将图表移到合适位置，在【图表工具-设计】选项卡【图表样式】列表框中选择【样式11】选项，快速美化图表，如下图所示。

> **温馨提示**
>
> 不对图表的标题进行任何修改，是为了让图表自动根据筛选结果显示对应的标题。

第4章
人力资源规划管理

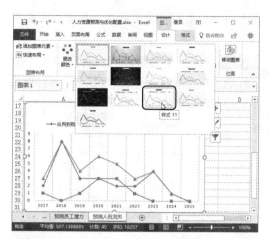

第6步 ❶选择A12单元格；❷单击【数据】选项卡【排序和筛选】组中的【筛选】按钮，如下图所示。

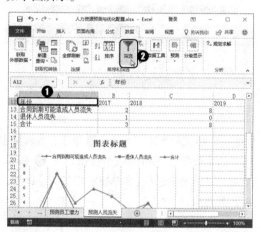

第7步 此时，进入自定义筛选状态，并为字段行中的每个单元格添加一个下拉按钮，选择字段行，单击【对齐方式】组中的【左对齐】按钮，使字段单元格中的数据完全显示出来，如下图所示。

> **温馨提示**
> 由于表字段年份是数字，进入筛选状态添加下拉按钮后，下拉按钮会遮挡部分数据，因此本例才将字段行设置为左对齐。

第8步 ❶单击A12单元格右侧的下拉按钮；❷在弹出的下拉列表中的【名称框】中默认选中所有复选框，取消选中【合计】和【退休人员流失】复选框；❸单击【确定】按钮，如下图所示。

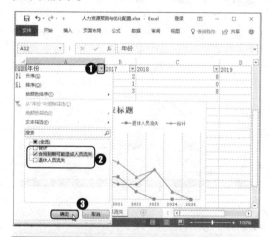

> **教您一招**
> **文本筛选**
> 如果参与筛选的列是文本，那么可按文本对表格中的数据进行筛选。在筛选状态下单击字段单元格右侧的下拉按钮；在弹出的下拉列表中选择【文本筛选】选项，在级联列表中选择筛选条件，在打开的对话框中对筛选条件进行设置即可。

第9步 在图表中将只显示【合同到期可能造成人员流失】数据系列，可以清楚地看出人员流失高峰出现在2018年，如下图所示。

第10步 用同样的方法半动态地单独显示【退休人员流失】图表、【合计】图表及其他多项组合图表，如下图所示。

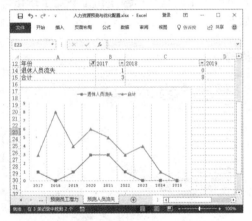

4.2.4 优化配置人力资源

人力资源管理中优化人力资源配置非常重要，它能将固定人力以最优的方式分配到不同的岗位上，产生最优的效应。

在Excel中优化人力资源的配置，特别是在固定人员、固定金额的情况下，使用线性规划功能非常轻松地实现人力资源的优化配置。

1. 构建数据模型

使用线性规划模型对人力资源进行优化配置前，需先建立一个数据模型，模型中需要包括基础数据和公式函数。具体操作步骤如下。

第1步 新建一个名称为"人员优化配置"的工作表，在表格中输入需要的数据，并对单元格的格式进行相应的设置，如下图所示。

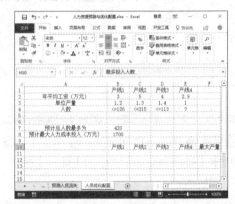

> **温馨提示**
> 使用线性规划对人力资源进行分配，需要很多的前提条件，如最大人力数、最大人力成本投入金额、每个岗位上安排的人数限制等。

第2步 ❶选择F11单元格；❷单击【函数库】组中的【数学与三角函数】按钮；❸在弹出的下拉列表中选择【SUMPRODUCT】选项，如下图所示。

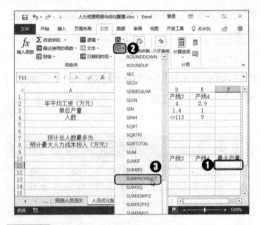

第3步 ❶打开【函数参数】对话框，单击【Array1】文本框右侧的【折叠】按钮，折

叠对话框，拖动鼠标选择B11:E11单元格区域；❷单击【展开】按钮，如下图所示。

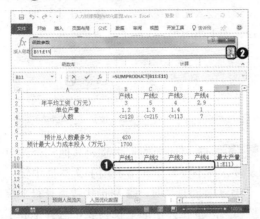

第4步 ❶展开对话框，在【Array2】文本框中输入"B3:E3"；❷单击【确定】按钮，如下图所示。

第5步 选择G11单元格，在编辑栏中输入公式"=SUMPRODUCT(B11:E11,B2:E2)"，按【Enter】键计算出结果，如下图所示。

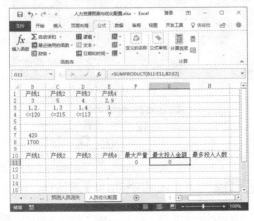

第6步 选择H11单元格，在编辑栏中输入公式"=B11+C11+D11+E11"，按【Enter】键计算出结果，如下图所示。

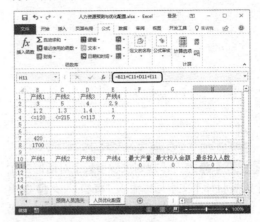

2. 线性规划人力资源配置

线性计算数据模板建立后，就可以加载和调用规划求解工具，来帮助HR自动对人力资源进行最优配置。具体操作步骤如下。

第1步 ❶打开【Excel选项】对话框，选择【加载项】选项，单击【转到】按钮，打开【加载项】对话框，在【可用加载宏】列表框中选中【规划求解加载项】复选框；❷单击【确定】按钮，加载规划求解功能，如下图所示。

第2步 单击【数据】选项卡【分析】组中的【规划求解】按钮，如下图所示。

第3步 ❶打开【规划求解参数】对话框,在【设置目标】文本框中输入"$F$11";❷选中【最大值】单选按钮;❸在【通过更改可变单元格】文本框中输入"$B$11:$E$11";❹单击【添加】按钮,如下图所示。

第4步 ❶打开【添加约束】对话框,在【单元格引用】文本框中输入"$G$11";❷保持默认的小于等于运算符,在【约束】文本框中输入"1700"(预计人力成本最大的投入金额);❸单击【添加】按钮,如下图所示。

第5步 ❶在【单元格引用】文本框中输入"$H$11";❷在【约束】文本框中输入"420"(预计投入的最多人数);❸单击【添加】按钮,如下图所示。

第6步 ❶以同样的方法添加其他几个约束条件,在【设置单元格引用】文本框中输入"$B$11:$E$11"时;❷单击比较运算符下拉按钮 ；❸在弹出的下拉列表中选择【int】选项,在【约束】文本框中自动显示【整数】;❹单击【确定】按钮,如下图所示。

第7步 ❶返回【规划求解参数】对话框中,在【选择求解方法】下拉列表框中选择【单纯线性规划】选项;❷单击【求解】按钮,如下图所示。

第8步 打开【规划求解结果】对话框,单击

第4章
人力资源规划管理

【确定】按钮，如下图所示。

教您一招

生成线性规划报告

要生成一份人员配置的线性规划报告，HR可在【规划求解结果】对话框中选中【制作报告大纲】复选框，单击【确定】按钮，系统自动在新工作表中生成一份运算结果报告，在其中可以明显看到人员配置是否达到极限，以及公式与其他重要信息，如下图所示。

温馨提示

在人力资源优化配置中，若是规划求解结果中部分结果为"0"，需要对相关参数进行调试更改。

第9步 系统自动对4个产线的人数进行最优分配，如下图所示。

4.3 使用PowerPoint制作人力资源状况分析报告PPT

案例背景

人力资源状况分析是指对企业当前人力资源的具体情况进行分析，包括人员数量、人员流动情况和人员结构变化等内容。通过分析不仅可以知道现有的人力资源数量是否达到了标准的人力资源配置，还可以发现人力资源管理过程中存在的问题，以便及时解决。对于HR来说，只有对企业现有的人力资源有充分的了解和运用，人力资源规划才变得有意义。

本例将通过PowerPoint制作人力资源状况分析报告PPT，制作完成后的效果如下图所示。实例最终效果见"光盘\结果文件\第4章\人力资源状况分析报告.pptx"文件。

Word/Excel/PPT
在人力资源管理中的应用

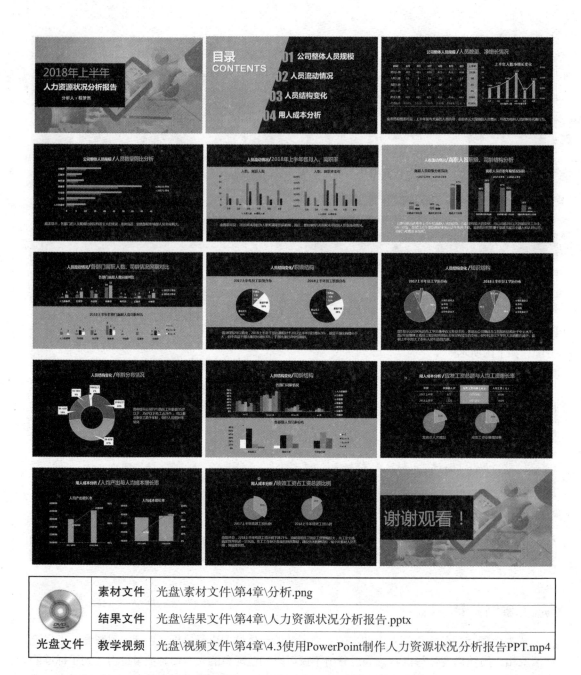

	素材文件	光盘\素材文件\第4章\分析.png
光盘文件	结果文件	光盘\结果文件\第4章\人力资源状况分析报告.pptx
	教学视频	光盘\视频文件\第4章\4.3使用PowerPoint制作人力资源状况分析报告PPT.mp4

4.3.1 设置幻灯片背景格式

为了PPT整体更加统一,一般都会将PPT设置为相同的背景格式,特别是对于比较正规的PPT来说,要特别注意PPT的统一性。

具体操作步骤如下。

第1步 启动 PowerPoint 2016,进入开始屏幕,选择【空白演示文稿】选项,如下图所示。

第4章

人力资源规划管理

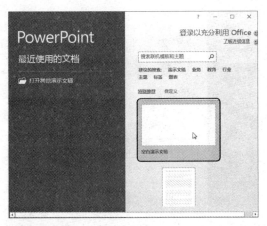

第2步 新建一个空白演示文稿,单击【设计】选项卡【自定义】组中的【设置背景格式】按钮,如下图所示。

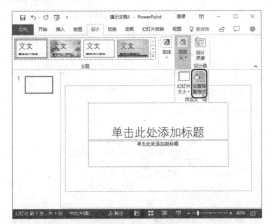

教您一招

根据主题新建演示文稿

在 PowerPoint 2016 开始屏幕中提供了一些主题,如果用户需要创建一个带色彩搭配和布局的演示文稿,则可通过提供的主题进行创建。其方法是:在 PowerPoint 2016 开始屏幕中选择需要的主题选项,在打开的对话框中显示了该主题的多种样式,选择需要的主题样式,单击【创建】按钮,开始对主题进行下载,下载完成后,即可创建该主题的演示文稿。需要注意的是,根据主题创建演示文稿时,需要保证计算机正常连接网络。

第3步 ❶打开【设置背景格式】任务窗格,在【填充】下拉列表中选中【图片或纹理填充】单选按钮;❷单击【插入图片来自】栏中的【文件】按钮,如下图所示。

第4步 ❶打开【插入图片】对话框,在地址栏中选择要插入图片的保存位置;❷选择需要插入的【分析.png】图片文件;❸单击【插入】按钮,如下图所示。

第5步 ❶选择的图片将作为幻灯片的背景,按【Enter】键,新建一张幻灯片,选择该幻灯片;❷在【设置背景格式】任务窗格中默认选中【纯色填充】单选按钮,在【颜色】下拉列表中选择【浅灰色,背景2,深色90%】选项,如下图所示。

| 105

第6步 第2张幻灯片的背景将填充为选择的颜色，关闭【设置背景格式】任务窗格，单击快速访问工具栏中的【保存】按钮，如下图所示。

第8步 ❶打开【另存为】对话框，在地址栏中重新设置演示文稿的保存位置；❷在【文件名】中输入"人力资源状况分析报告"；❸单击【保存】按钮，如下图所示。

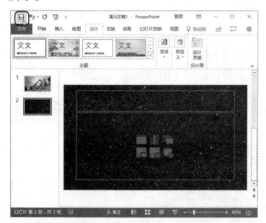

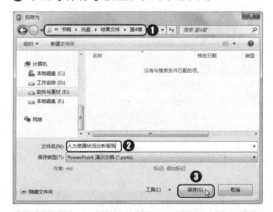

温馨提示

若是第一次保存，那么单击【保存】按钮，会打开【另存为】页面；若已经保存过，那么单击【保存】按钮后，会直接保存到原来的位置，并且以原来的名称进行保存。

第7步 打开【另存为】界面，选择【浏览】选项，如下图所示。

第9步 即可对演示文稿进行保存，保存完成后，自动返回PowerPoint工作界面，可查看到演示文稿的文件名发生了变化，如下图所示。

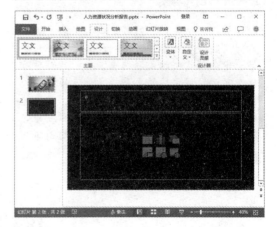

第4章
人力资源规划管理

4.3.2 借助形状制作封面和目录

在封面页和目录页幻灯片中，形状主要起装饰、美化和引导作用，通过形状可以使幻灯片版面更加灵活。具体操作步骤如下。

第1步 ❶选择第1张幻灯片；❷单击【插入】选项卡【插图】组中的【形状】按钮；❸在弹出的下拉列表中选择【矩形】栏中的【矩形】选项，如下图所示。

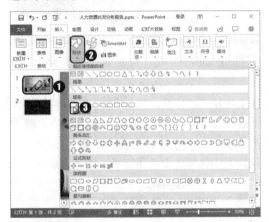

第2步 此时，鼠标指针将变成+形状，在幻灯片左上角按住鼠标左键不放，拖动鼠标绘制一个与幻灯片相同大小的矩形，如下图所示。

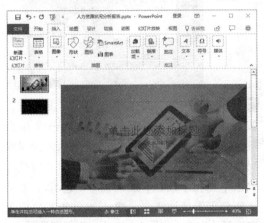

第3步 ❶选择矩形，单击【绘图工具-格式】选项卡【形状样式】组中的【形状填充】下拉按钮▼；❷在弹出的下拉列表中选择【其他填充颜色】选项，如下图所示。

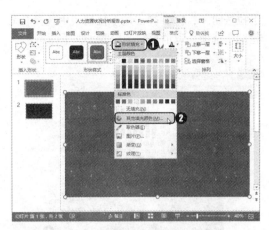

第4步 ❶打开【颜色】对话框，默认选择【自定义】选项卡，在【红色】【绿色】【蓝色】值数值框中分别输入"241""176""22"；❷单击【确定】按钮，如下图所示。

> **温馨提示**
>
> 在【颜色】对话框【自定义】选项卡中设置颜色的值后，还可在【透明度】数值框中对颜色的透明效果进行设置。

第5步 ❶返回幻灯片编辑区，单击【形状样式】组中的【对话框启动器】按钮 ，打开【设置形状格式】任务窗格，在【透明度】数值框中输入"31%"；❷单击【形状轮廓】

| 107 |

下拉按钮 ▼；❸ 在弹出的下拉列表中选择【无轮廓】选项，取消形状的轮廓，如下图所示。

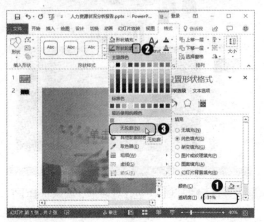

第6步 ❶ 选择矩形，单击【绘图工具-格式】选项卡【排列】组中的【下移一层】下拉按钮 ▼；❷ 在弹出的下拉列表中选择【置于底层】选项，如下图所示。

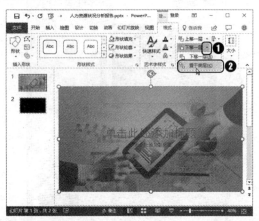

第7步 将形状置于占位符下方，在幻灯片中再绘制一个浅灰色无轮廓的矩形，在矩形上绘制一条直线，为其应用【细线-强调颜色3】样式，如下图所示。

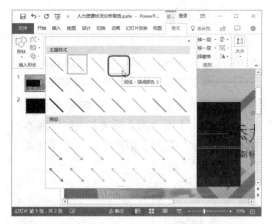

第8步 ❶ 将占位符调整到合适的大小，并输入需要的文本"2018年上半年"，选择"2018年上半年"占位符，在【开始】选项卡【字体】下拉列表框中选择【微软雅黑】选项；❷ 单击【字体颜色】下拉按钮 ▼；❸ 在弹出的下拉列表中选择【金色】选项，如下图所示。

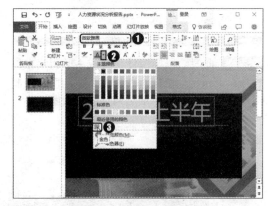

第9步 ❶ 选择"2018年上半年"占位符，按【Ctrl+C】组合键复制，按【Ctrl+V】组合键粘贴，更改占位符中的文本为"人力资源状况分析报告"，选择直线下方的两个占位符，单击【加粗】按钮 B 加粗文本；❷ 单击【字体颜色】下拉按钮 ▼；❸ 在弹出的下拉列表中选择【白色，背景1】选项，如下图所示。

第4章
人力资源规划管理

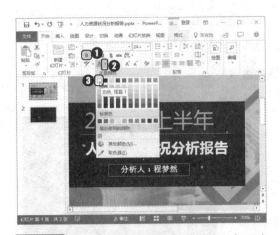

第10步 在第2张幻灯片左边绘制一个"流程图：手动操作"形状，对形状的填充色和轮廓进行设置，在形状上右击，在弹出的快捷菜单中选择【编辑顶点】命令，如下图所示。

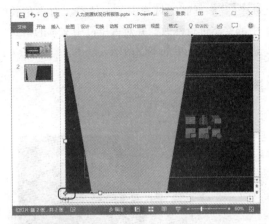

第12步 使用相同的方法对形状右侧两个顶点的位置进行调整，如下图所示。

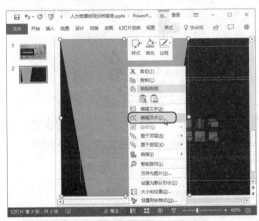

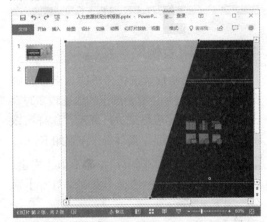

第11步 此时，将显示出形状的顶点，将鼠标指针移动到左侧下方的顶点上，按住鼠标左键不放向左进行拖动，使该顶点与幻灯片左下角的顶点重合，如下图所示。

第13步 在幻灯片其他位置单击，退出形状编辑状态，在占位符中输入相应的文本，并对文本的格式进行相应的设置，如下图所示。

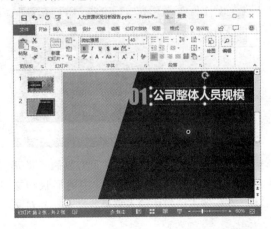

第14步 复制幻灯片中的占位符,对占位符中的文本进行修改,并对占位符中文本的格式进行设置,效果如下图所示。

4.3.3 使用表格展示数据

对人力资源现状进行分析时,会涉及很多数据,当幻灯片中需要展示的数据较多时,HR可以考虑使用表格来进行展示,这样可以使数据显得更加规范。具体操作步骤如下。

第1步 ❶选择第2张幻灯片;❷在其上右击,在弹出的快捷菜单中选择【复制幻灯片】命令,如下图所示。

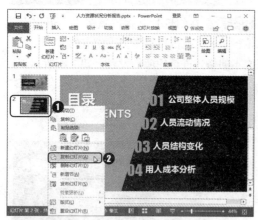

第2步 即可在第2张幻灯片下方复制一张完全相同的幻灯片,删除幻灯片中的形状和文本,在标题占位符中输入需要的文本,并对文本的格式和对齐方式进行设置,单击内容占位符中的【插入表格】图标,如下图所示。

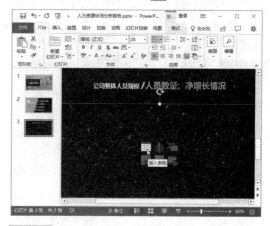

第3步 ❶打开【插入表格】对话框,在【列数】数值框中输入"8";❷在【行数】数值框中输入"7";❸单击【确定】按钮,如下图所示。

第4步 在幻灯片中插入7行8列的表格,在表格单元格中输入相应的文本,如下图所示。

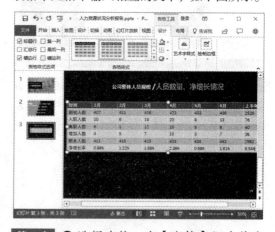

第5步 ❶选择表格,在【字体】组中将字体设置为【微软雅黑】;❷将字号设置为"14";❸单击【对齐方式】组中的【居中】按钮,使文本左右居中于单元格中,如下图所示。

第4章
人力资源规划管理

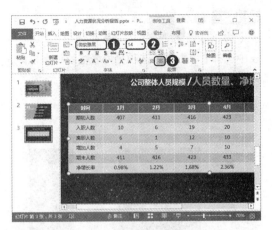

第6步 将鼠标指针移动到表格下方中间的控制点上，按住鼠标左键不放向下拖动，调整表格高度，如下图所示。

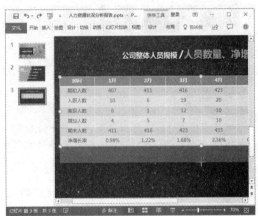

第7步 将鼠标指针移动到第1列和第2列的分隔线上，当鼠标指针变成 ⇔ 形状时，按住鼠标左键不放向左拖动，调整表格列宽，如下图所示。

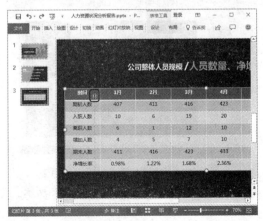

第8步 ❶ 使用相同的方法继续调整其他列宽，选择表格；❷ 单击【表格工具-布局】选项卡【对齐方式】组中的【垂直居中】按钮，使表格中的文本上下居中于单元格中，如下图所示。

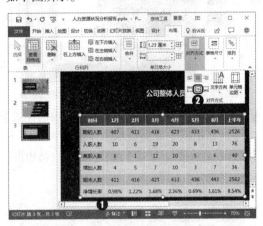

第9步 ❶ 选择表格，单击【表格工具-设计】选项卡【表格样式】组中的【底纹】下拉按钮 ▼；❷ 在弹出的下拉列表中选择【无填充】选项，取消表格底纹填充，如下图所示。

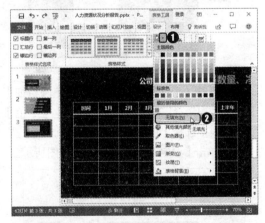

第10步 ❶ 选择表格最后一列，单击【表格工具-设计】选项卡【表格样式】组中的【底纹】下拉按钮 ▼；❷ 在弹出的下拉列表中选择【金色】选项，如下图所示。

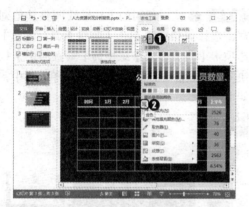

第11步 ❶选择整个表格，单击【表格样式】组中的【边框】下拉按钮 ﹀；❷在弹出的下拉列表中选择【无框线】选项，取消表格边框，如下图所示。

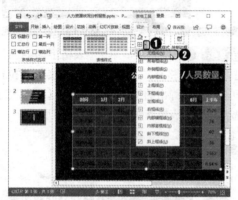

第12步 ❶在【绘制边框】组中的【笔画粗细】下拉列表中选择【2.25磅】选项；❷在【笔颜色】下拉列表中选择【白色，背景1，深色50%】选项；❸单击【绘制表格】按钮，如下图所示。

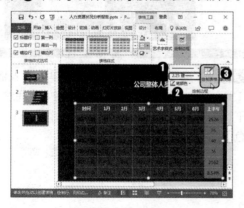

第13步 ❶使鼠标指针恢复到正常状态，单击【边框】下拉按钮 ﹀；❷在弹出的下拉列表中选择【上框线】选项，为表格添加上框线，如下图所示。

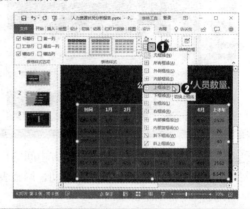

教您一招

设置表格外观效果

PowerPoint 2016中还为表格提供了单元格凹凸效果，以及阴影和映像效果，用户可根据需要为表格添加外观效果。其方法是：选择表格，在【表格样式】组中单击【效果】按钮，在弹出的下拉列表中选择需要的效果，在弹出的级联列表中选择对应的效果即可。

第14步 ❶单击【边框】下拉按钮 ﹀；❷在弹出的下拉列表中选择【下框线】选项，为表格添加下框线，如下图所示。

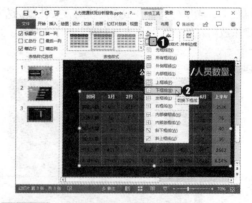

第15步 使用相同的方法为表格添加边框，并对表格中的文本效果进行设置，如下图所示。

第4章 人力资源规划管理

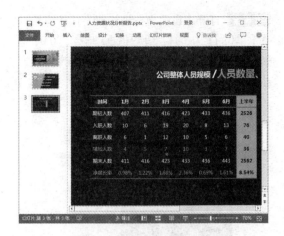

4.3.4 使用图表分析数据

在对人力资源状况进行分析时，不仅要用到表格，还经常会用到图表，因为相对于表格来说，图表可以更加直观地体现数据，让烦琐的数据更加形象，同时也可快速分析出这些数据之间的关系和趋势。具体操作步骤如下。

第1步 ❶选择第3张幻灯片；❷单击【插入】选项卡【插图】组中的【图表】按钮，如下图所示。

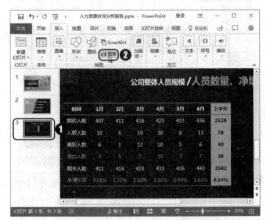

第2步 ❶打开【插入图表】对话框，在左侧选择【组合】选项；❷在右侧列表框中【系列2】对应的【簇状柱形图】下拉列表框中选择【带数据标记的折线图】选项，如下图所示。

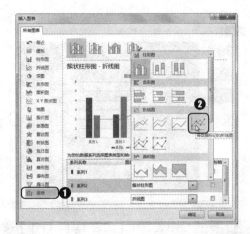

第3步 ❶在列表框中选中系列2对应的【次坐标轴】复选框；❷单击【确定】按钮，如下图所示。

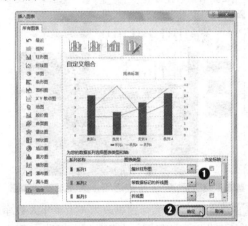

第4步 ❶在幻灯片中插入图表，并打开【Microsoft PowerPoint 中的图表】对话框，在单元格中输入需要在图表中体现的数据；❷输入完成后单击【关闭】按钮×，如下图所示。

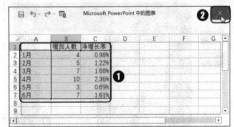

第5步 图表将随之变化。将图表移动到表格右侧，并将其调整到合适的大小，如下图所示。

| 113 |

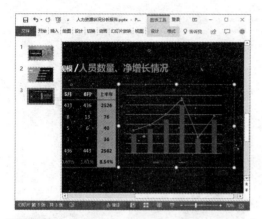

第6步 选择图表，在【图表工具-设计】选项卡【图表样式】组中的下拉列表中选择【样式8】选项，如下图所示。

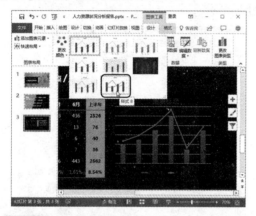

第7步 ❶ 将图表标题更改为"上半年人数净增长变化"，选择图表右侧的纵坐标轴；❷ 在其上右击，在弹出的快捷菜单中选择【设置坐标轴格式】命令，如下图所示。

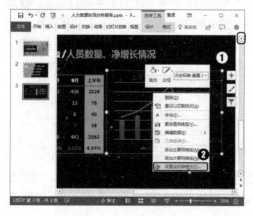

第8步 打开【设置坐标轴格式】任务窗格，在【单位】栏中的【大】数值框中输入"0.01"，按【Enter】键，图表右侧坐标轴中的单位大小将发生变化，如下图所示。

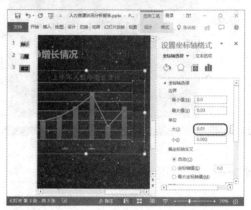

第9步 ❶ 选择图表，单击【图表工具-设计】选项卡【图表布局】组中的【添加图表元素】按钮；❷ 在弹出的下拉列表中选择【网格线】选项；❸ 在弹出的级联列表中选择【主轴主要水平网格线】选项，取消图表的网格线，如下图所示。

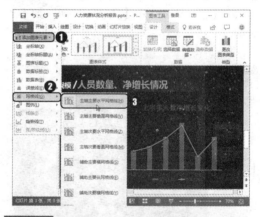

第10步 ❶ 选择柱形图数据系列，单击【图表布局】组中的【添加图表元素】按钮；❷ 在弹出的下拉列表中选择【数据标签】选项；❸ 在弹出的级联列表中选择【轴内侧】选项，如下图所示。

第4章
人力资源规划管理

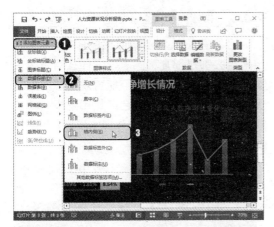

第11步 ❶选择折线图数据系列，单击【图表布局】组中的【添加图表元素】按钮；❷在弹出的下拉列表中选择【数据标签】选项；❸在弹出的级联列表中选择【上方】选项，如下图所示。

> **温馨提示**
>
> 在【数据标签】级联列表中如果没有符合需要的数据标签，那么可选择【其他数据标签选项】选项，在打开的【设置数据标签】任务窗格中根据实际需要对数据标签进行设置。

第12步 ❶选择柱形图数据系列，单击【图表工具-格式】选项卡【形状样式】组中的【形状填充】下拉按钮▾；❷在弹出的下拉列表中选择【金色】选项，填充柱形图数据系列，如下图所示。

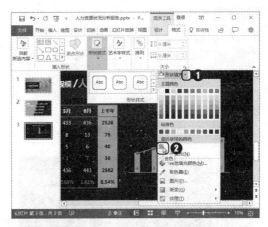

第13步 使用相同的方法设置折线图数据系列填充色和轮廓填充效果，选择图表标题，将字体颜色设置为【白色，背景1】，如下图所示。

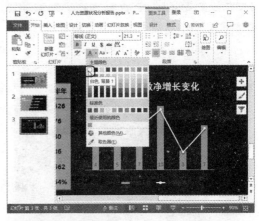

第14步 使用设置占位符中文本的方法对图表中文本的颜色和加粗效果进行设置，效果如下图所示。

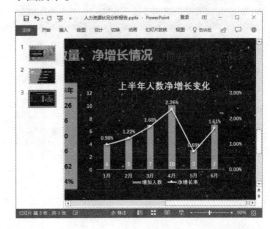

第15步 复制标题占位符，将其粘贴到幻灯片下方，将占位符中的文本更改为得出的结论文本，并对占位符中文本的字体效果进行设置，如下图所示。

第16步 使用前面制作幻灯片的方法制作第4~11张幻灯片，效果如下图所示。

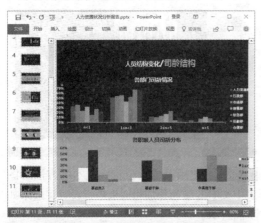

教您一招

快速更改图表的整体布局

添加图表元素只能更改图表某一部分的布局，如果需要更改图表的整体布局，可先选择图表，单击【图表布局】组中的【快速布局】按钮，在弹出的下拉列表中提供了多种图表的布局方式，用户可以根据需要选择布局方式来快速改变图表布局。

4.3.5 制作个性化的图表

经常分析人力资源数据的HR会发现，用来用去都是那几种图表，没什么新意。其实，要想制作出个性化且能直观体现数据的图表很简单，只需要结合形状和图表，便能制作出个性化的图表。具体操作步骤如下。

第1步 根据前面制作幻灯片的方法制作第12张幻灯片中的表格，在幻灯片中按住【Shift】键绘制一个正圆，将正圆填充为【灰色，个性色3】，取消形状轮廓，如下图所示。

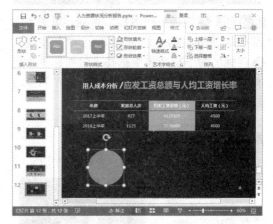

第2步 在幻灯片中插入一个饼图，并在打开的【Microsoft PowerPoint 中的图表】对话框中输入要在图表中体现的数据，如下图所示。

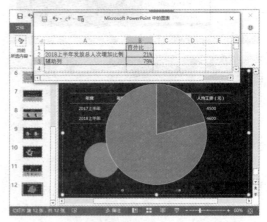

第4章
人力资源规划管理

温馨提示

【Microsoft PowerPoint中的图表】对话框中被蓝色、紫色和红色连接起来的区域会全部展示在图表中，如果该区域中有不需要展示在图表中的部分，那么需要对多颜色连接的区域进行调整。

第3步 在饼图橙色的区域单击两次，选择橙色区域，取消该区域的填充色和轮廓，如下图所示。

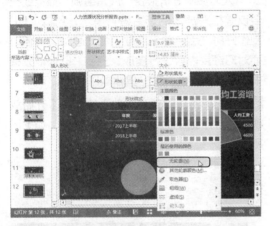

第4步 将图表调整到合适的大小，移动到正圆形状上，删除图表中的图例，在图表标题中输入"发放总人次增加"，按住鼠标左键不放向下拖动图表标题，将其移动到图表最下方，如下图所示。

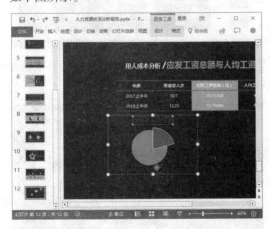

第5步 ❶将图表蓝色区域填充为【金色】；

❷选择图表，在【添加图表元素】下拉列表中选择【数据标签】选项，并在其级联列表中选择【最佳匹配】选项，如下图所示。

第6步 选择【79%】数据标签，按【Delete】键删除，并对图表中数据的字体格式进行相应的设置，然后复制图表和正圆，将其粘贴到右侧，对图表标题进行修改，然后选择图表，单击【图表工具-设计】选项卡【数据】组中的【编辑数据】按钮，如下图所示。

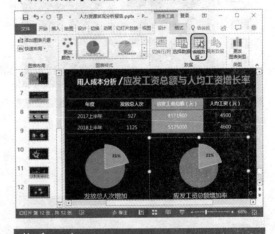

教您一招

在Excel中编辑数据

除了可在【Microsoft PowerPoint中的图表】对话框中对图表数据进行编辑外，还可在Excel中对幻灯片图表中的数据进行编辑。其方法是：选择图表，在【数据】组中单击【编辑数据】下拉按钮▼，在弹出的下拉列

117

表中选择【在Excel中编辑数据】选项，打开Excel窗口，在其中可对数据进行各种编辑操作，如下图所示。

温馨提示

由于Word、Excel和PowerPoint都属于Office办公软件的组件，因此，这三大组件中有很多共性操作，HR在制作人力资源方面的各类文件时，都可灵活应用Word、Excel和PowerPoint软件的相关操作。

4.3.6 放映幻灯片

人力资源分析报告一般是给领导播放或在会议等相对严肃的场合进行演示，所以，HR制作好PPT后，并不需要添加动画效果，但必须对幻灯片内容进行播放、查看，以保证分析报告中内容的准确性。具体操作步骤如下。

第7步 打开【Microsoft PowerPoint 中的图表】对话框，在其中对图表需要体现的数据进行修改即可，如下图所示。

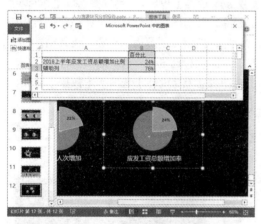

第1步 单击【幻灯片放映】选项卡【开始放映幻灯片】组中的【从头开始】按钮，如下图所示。

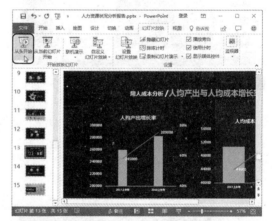

第8步 使用前面制作幻灯片的方法制作第13~15张幻灯片，效果如下图所示。

第2步 进入幻灯片全屏放映状态，并从第1张幻灯片开始放映，如下图所示。

第 3 步 第 1 张幻灯片放映结束后单击，切换到第 2 张幻灯片进行放映，放映到第 3 张幻灯片时右击，在弹出的快捷菜单中选择【放大】命令，如下图所示。

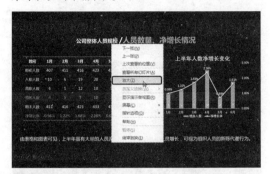

第 4 步 此时，幻灯片将呈灰色显示，只有一个矩形区域显示正常，该区域表示放大显示，按住鼠标左键移动，调整需要放大的区域并单击，如下图所示。

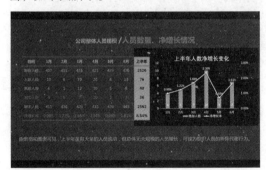

第 5 步 矩形区域将放大显示，并且鼠标指针变成 形状，如下图所示。

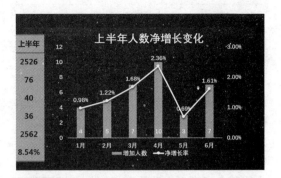

第 6 步 按住鼠标左键不放移动鼠标，可调整放大显示的区域，如下图所示。

时间	1月	2月	3月	4月	5月	6月	上半年
期初人数	407	411	416	423	433	436	2526
入职人数	10	8	19	20	7	13	76
离职人数	6	1	12	10	4	6	40
增加人数	4	5	7	10	3	7	36
期末人数	411	416	423	433	436	443	2562
净增长率	0.98%	1.22%	1.68%	2.36%	0.69%	1.61%	8.54%

第 7 步 查看完成后单击，幻灯片将正常显示，再次单击继续放映其他幻灯片，放映完最后一张幻灯片后右击，在弹出的快捷菜单中选择【结束放映】命令，退出幻灯片放映，返回到普通视图中，如下图所示。

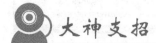

通过前面知识的学习，相信读者已经掌握了人力资源规划文档、表格及 PPT 的制作方法。下面结合本章内容，给读者介绍一些工作中的实用经验与技巧。

Word/Excel/PPT
在人力资源管理中的应用

01：通过大纲窗格设置段落级别

📹 视频文件：光盘\视频文件\第4章\01.mp4

很多HR在制作文档时，可能都不是很清楚段落级别对文档目录的重要性。在Word中要想提取到目录，就必须设置要提取段落文本的段落级别，或者应用样式，否则将不能找到目录。设置段落级别时，除了可通过【段落】对话框设置段落级别外，还可通过大纲窗格进行设置。具体操作步骤如下。

第1步 打开"光盘\素材文件\第4章\人力资源规划方案1.docx"文件，单击【视图】选项卡【视图】组中的【大纲】按钮，如下图所示。

第2步 ❶ 进入大纲视图中，将鼠标光标定位到标题行中；❷ 单击【大纲显示】选项卡【大纲工具】组中的【正文文本】下拉按钮；❸ 在弹出的下拉列表框中选择【1级】选项，如下图所示。

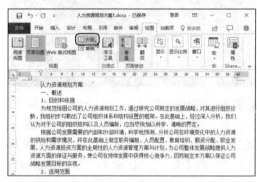

第3步 此时，鼠标光标所在段落的格式和段落级别都将发生变化，如下图所示。

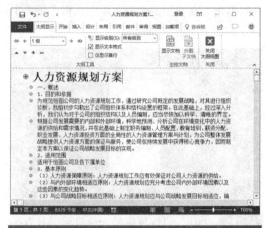

温馨提示

在【大纲工具】组中单击【升级】按钮 ⬅，可使鼠标光标所在的段落上升一个级别；单击【提升至标题1】按钮 ⬅⬅，鼠标光标所在的段落将直接升级到1级；单击【降级】按钮 ➡，可使鼠标光标所在的段落下降一个级别；单击【降级为正文】按钮 ➡➡，鼠标光标所在的段落将直接降级为正文。

第4步 ❶ 将鼠标光标定位到"一、概述"段落中；❷ 在【正文文本】下拉列表框中选择【2级】选项，如下图所示。

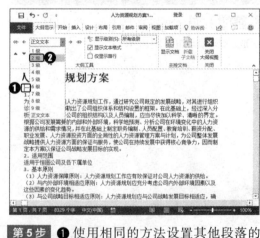

第5步 ❶ 使用相同的方法设置其他段落的级别，设置完成后单击【大纲工具】组中的【显

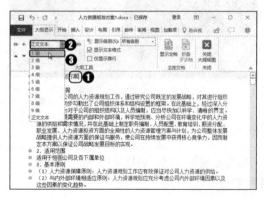

第4章
人力资源规划管理

示级别】下拉按钮；❷在弹出的下拉列表中选择【2级】选项，如下图所示。

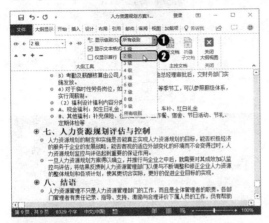

第6步 在大纲视图中将只显示1级和2级段落文本，在【显示级别】下拉列表中选择【3级】选项，如下图所示。

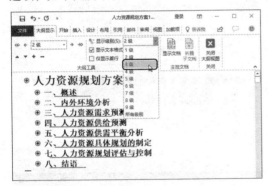

第7步 在大纲视图中将只显示3级及3级以前的段落文本，单击【大纲显示】选项卡【关闭】组中的【关闭大纲视图】按钮，如下图所示。

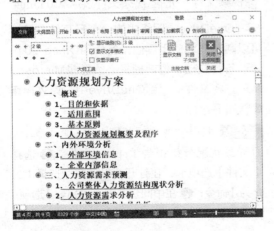

第8步 返回普通视图中，可查看到设置段落级别后段落的格式效果，如下图所示。

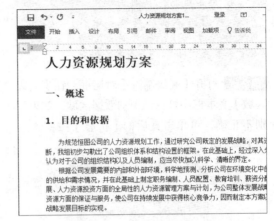

02：让复杂的筛选变得简单化

🎬 视频文件：光盘\视频文件\第4章\02.mp4

HR在对人力资源数据进行筛选时，可能会遇到许多复杂的筛选条件，那么如何筛选出满足复杂条件的数据呢？这时就需要用到Excel的高级筛选功能，让复杂的筛选变得简单，具体操作步骤如下。

第1步 打开"光盘\素材文件\第4章\员工合同到期情况.xlsx"文件，❶在A28:B29单元格区域中输入高级筛选条件；❷单击【数据】选项卡【排序和筛选】组中的【高级】按钮，如下图所示。

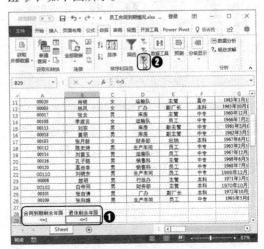

Word/Excel/PPT
在人力资源管理中的应用

> **温馨提示**
>
> 设置高级筛选条件时，"="">"和"<"等符号只能通过键盘输入，而且设置大于等于或小于等于时，要分开输入，如">="或"<="，否则不能识别。

第2步 打开【高级筛选】对话框，在【列表区域】文本框中将自动识别数据区域，如果识别不正确，可单击其后的【折叠】按钮，如下图所示。

第3步 ❶折叠对话框，拖动鼠标在工作表中选择A1:M26单元格区域；❷单击【展开】按钮展开对话框，如下图所示。

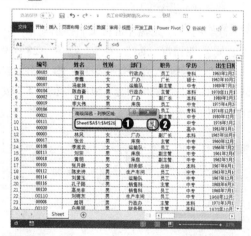

第4步 ❶在【条件区域】输入筛选条件所在的单元格区域"$A$28:$B$29"；❷单击【确定】按钮，如下图所示。

> **温馨提示**
>
> 若在【高级筛选】对话框中选中【将筛选结果复制到其他位置】单选按钮，执行筛选操作后，即可将筛选结果显示在该工作表的其他位置或其他工作表中。

第5步 返回工作表编辑区，即可查看到根据条件筛选出来的数据，如下图所示。

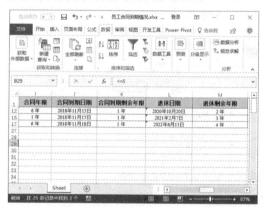

03：OneDrive 实现跨设备移动办公

视频文件：光盘\视频文件\第4章\03.mp4

OneDrive是网络中的一个云存储服务，可以随时随地使用其他设备使用Office 2016处理各种文档，但前提是必须登录Microsoft账户，将文件保存到OneDrive中。具体操作步骤如下。

第1步 打开"光盘\素材文件\第4章\人力资源状况分析报告1.pptx"文件，❶选择【文件】选项卡，在打开的界面左侧选择【另存为】命令；❷在中间选择【OneDrive】选项；

第4章
人力资源规划管理

❸ 在右侧单击【登录】按钮，如下图所示。

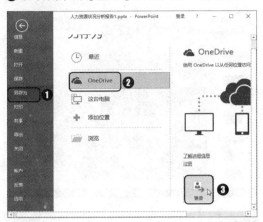

第2步 ❶ 打开【登录】对话框，在文本框中输入Microsoft账户的电子邮箱地址；❷ 单击【下一步】按钮，如下图所示。

第3步 ❶ 打开【输入密码】对话框，在文本框中输入电子邮箱地址对应的密码；❷ 单击【登录】按钮，如下图所示。

第4步 登录到Microsoft账户，并在【另存为】界面中选择【OneDrive - 个人】选项，在右侧设置保存位置和保存名称，这里保持默认设置，单击【保存】按钮，如下图所示。

第5步 即可将演示文稿保存到OneDrive中，只要登录到Microsoft账户，就能查看到，并且可以将其打开进行各种编辑，如下图所示。

温馨提示

Office 2016各组件中的OneDrive、共享等功能需要登录到Microsoft账户后才能使用，所以，在使用这些功能之前，需要先注册Microsoft账号。注册Microsoft账户时，可以通过https://login.live.com/网址进行注册。

04：让幻灯片根据预设的时间自动进行播放

视频文件：光盘\视频文件\第4章\04.mp4

如果制作的PPT需要自动进行放映，那么为了使PPT的演示过程更加顺利，可以通过排练计时来控制PPT中每张幻灯片放映的时间，并且在放映时，可以根据录制的时间自动放映每张幻灯片。具体操作步骤如下。

第1步 打开"光盘\素材文件\第4章\人力资源状况分析报告1.pptx"文件，单击选项卡【设置】组中的【排练计时】按钮，如下图所示。

第2步 进入第1张幻灯片的全屏放映状态，并打开【录制】窗格记录第1张幻灯片的播放时间，如下图所示。

第3步 第1张幻灯片录制完成后单击，进入到第2张幻灯片进行录制，如下图所示。

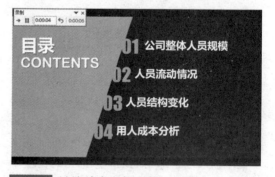

第4步 继续单击鼠标左键，进行下一张幻灯片的录制，直到完成最后一张幻灯片的播放后，按【Esc】键，打开提示对话框，在其中显示了录制的总时间，单击【是】按钮进行保存，如下图所示。

第6步 进入幻灯片浏览视图，在每张幻灯片下方将显示录制的时间，如下图所示。

温馨提示

若在排练计时过程中出现错误，可以单击【录制】窗格中的【重复】按钮，重新开始当前幻灯片的录制；单击【暂停】按钮，可以暂停当前排练计时的录制。

第5步 返回幻灯片编辑区，单击【视图】选项卡【演示文稿视图】组中的【幻灯片浏览】按钮，如下图所示。

教您一招

清除排练计时

当不需要使用幻灯片中录制的排练计时时，可将其删除，以免放映幻灯片时使用排练计时进行放映。其方法是：进入幻灯片浏览视图中，单击【幻灯片放映】选项卡【设置】组中的【录制幻灯片演示】下拉按钮，在弹出的下拉列表中选择【清除】选项，在弹出的级联列表中选择所需的清除命令，如选择【清除当前幻灯片中的计时】或【清除所有幻灯片中的计时】选项，即可清除当前选择幻灯片中的排练计时或所有幻灯片中的排练计时。

第5章
员工招聘管理

本章导读

招聘管理是指企业根据人力资源管理规划和各岗位对人员的需求,及时、有效地补充人力资源的过程,是人力资源管理中非常重要的一个环节。本章通过使用Word、Excel和PPT软件制作招聘管理过程中需要的文档,为HR提供参考,使招聘工作流程更加规范化。

知识要点

- ❖ 形状的使用
- ❖ 插入和编辑图片
- ❖ 幻灯片版式的设计
- ❖ 文本框和艺术字的使用
- ❖ 使用公式计算数据
- ❖ 添加幻灯片切换效果

第 5 章
员工招聘管理

5.1 使用Word制作招聘流程图

 案例背景

招聘是企业进行人力资源管理活动的基础，也是推进企业发展的重要因素之一。所以，规范化的招聘流程管理是保证招聘到优秀人才的前提，为以后的培训、劳动关系等管理活动打好基础。

招聘流程图是企业为了帮助人力资源部了解整个招聘的渠道和方法，规范人员招聘行为，保障人员招聘权益，由人力资源部门制作的一套招聘工作流程，可以有效提高整个招聘进度，并为各部门的紧密协作提供保障条件。

本例将通过Word制作招聘流程图。制作完成后的效果如下图所示。实例最终效果见"光盘\结果文件\第5章\招聘流程图.docx"文件。

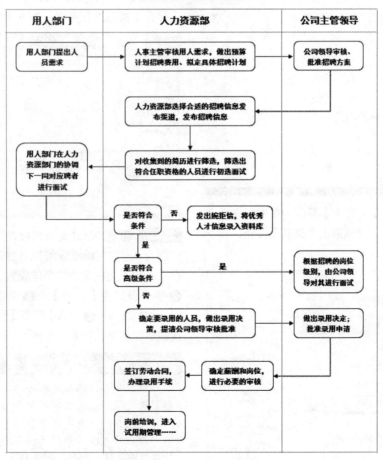

Word/Excel/PPT
在人力资源管理中的应用

光盘文件	结果文件	光盘\结果文件\第5章\招聘流程图.docx
	教学视频	光盘\视频文件\第5章\5.1使用Word制作招聘流程图.mp4

5.1.1 制作招聘流程图标题

HR在制作招聘流程图时,需要为流程图制作一个标题,这样相关人员在查阅时才能清楚这个流程图是做什么用的。具体操作步骤如下。

第1步 启动 Word 2016,在开始屏幕中选择【空白文档】选项,新建一个空白文档,单击快速访问工具栏中的【保存】按钮,如下图所示。

第2步 打开【另存为】界面,在中间选择文档保存的区域,这里单击【浏览】按钮,如下图所示。

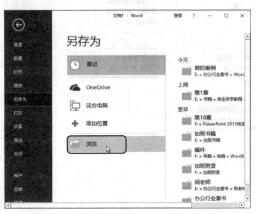

> **温馨提示**
>
> 因为是第一次保存文档,所以单击【保存】按钮后,会进入【另存为】界面,并且可对保存位置、保存名称及保存类型等进行设置。如果文档已经保存过,那么单击【保存】按钮后,会直接以原文档名称和保存位置进行保存。

第3步 ❶ 打开【另存为】对话框,在地址栏中设置文档的保存位置;❷ 在【文件名】文本框中输入保存名称为"招聘流程图";❸ 单击【保存】按钮进行保存,如下图所示。

第4步 ❶ 在 Word 文档鼠标光标处输入文档标题为"外部招聘流程图",选择输入的文本,在【开始】选项卡中将字体设置为【黑体】;❷ 字号设置为【一号】;❸ 单击【加粗】按钮 B 加粗文本;❹ 单击【段落】组中的【居中】按钮,如下图所示。

> **温馨提示**
>
> 招聘分为内部招聘和外部招聘两种,内部招聘是指在企业内部选择合适人才;外部招聘是指在社会或学校中招聘需要的人才。不同的招聘方式其招聘流程不同,但相对于外部招聘来说,内部招聘流程更简单。

第5章
员工招聘管理

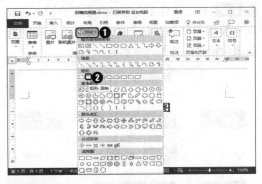

第2步 此时鼠标指针将变成+形状,将鼠标指针移动到在文档页面需要绘制形状的位置,拖动鼠标绘制圆角矩形,如下图所示。

第5步 文档标题将居中对齐,效果如下图所示。

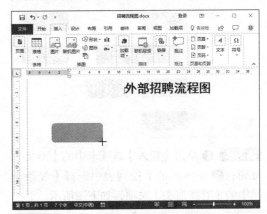

> **教您一招**
>
> **通过【字体】对话框设置字体格式**
>
> 选择需要设置字体格式的文本,单击【字体】组右下角的对话框启动器按钮,打开【字体】对话框,在其中可对字体、字形、字号、字体颜色、下画线和效果等字体格式进行设置。

第3步 使用相同的方法在绘制的圆角矩形右侧绘制一个长圆角矩形,选择第一个圆角矩形,按住【Crtl+Shift】组合键,拖动鼠标向右水平移动的同时将复制选择的圆角矩形,如下图所示。

5.1.2 绘制招聘流程图

HR在制作招聘流程图时,可使用Word提供的形状功能,因为通过形状可以绘制不规则的各类流程图。具体操作步骤如下。

第1步 ❶单击【插入】选项卡【插图】组中的【形状】按钮;❷在弹出的下拉列表中选择【矩形】栏中的【矩形:圆角】选项,如下图所示。

第4步 通过按住【Crtl+Shift】组合键水平或垂直移动和复制形状的方法绘制流程图需要的圆角矩形，如下图所示。

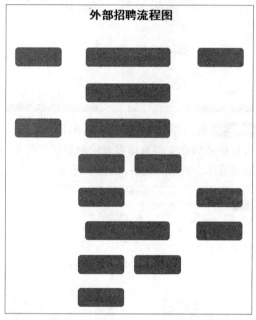

第5步 ❶单击【插入】选项卡中的【形状】按钮；❷在弹出的下拉列表中选择【线条】栏中的【直线箭头】选项，如下图所示。

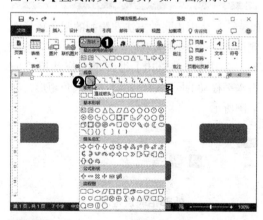

第6步 按住【Ctrl】键，拖动鼠标在第一个圆角矩形和第二个圆角矩形中绘制一个直线箭头，如下图所示。

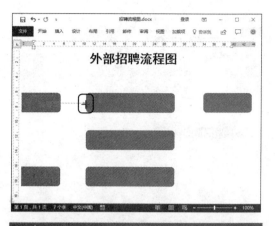

温馨提示

在Word中绘制形状时，按住【Ctrl】键拖动鼠标绘制，可以使鼠标所在位置作为图形的中心点，按住【Shift】键拖动鼠标进行绘制则可以绘制出固定宽度比的形状，如绘制正方形、正圆形和直线等。

第7步 使用相同的方法继续在需要绘制直线箭头的形状之间绘制直线箭头，在【形状】下拉列表中选择【连接符：肘形箭头】选项，拖动鼠标在形状中绘制肘形箭头，如下图所示。

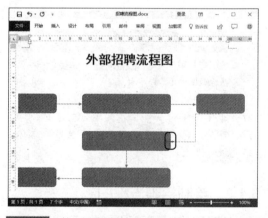

第8步 使用相同的方法继续在文档中绘制需要的肘形箭头和需要的直线，如下图所示。

第5章
员工招聘管理

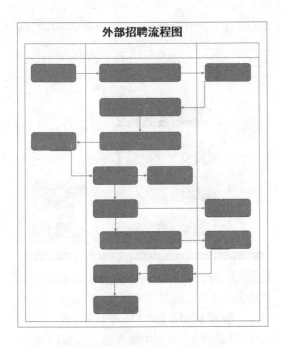

5.1.3 编辑招聘流程图

形状绘制好后,并不表示招聘流程图就制作好了,还需要在形状中输入描述文本来进行说明,并对文本的格式进行设置,以及对形状的大小进行调整,使绘制的流程图能清晰明白地阐明招聘的整个过程。具体操作步骤如下。

第1步 ❶选择第一个圆角矩形并右击; ❷在弹出的快捷菜单中选择【添加文字】命令,如下图所示。

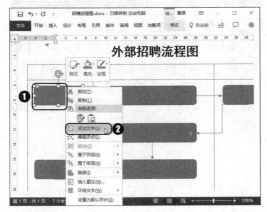

第2步 此时,鼠标光标将定位在第一个圆角矩形中,输入"用人部门提出人员需求"文本。然后使用相同的方法继续在其他圆角矩形中输入需要的文本,如下图所示。

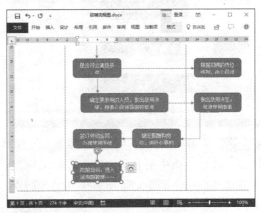

第3步 ❶按【Shift】键依次单击文档中的所有圆角矩形,将其选中,在【开始】选项卡中将圆角矩形中的文本字体设置为【黑体】; ❷单击【加粗】按钮 B 加粗文本; ❸单击【字体颜色】右侧的下拉按钮 ▼; ❹在弹出的下拉列表中选择【黑色,文字1】选项,如下图所示。

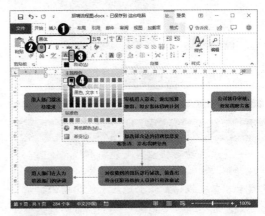

第4步 选择一条肘形箭头,将鼠标指针移动到肘形箭头黄色的控制点 ◎ 上,按住鼠标左键不放向右拖动,使肘形箭头的前两条直线变成一条直线,如下图所示。

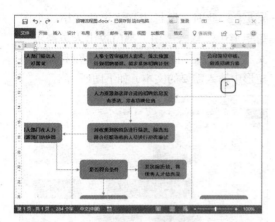

第5步 使用相同的方法继续调整其他肘形箭头，选择文档中所有圆角矩形，将鼠标指针移动到第一个圆角矩形下方中间的控制点上，当鼠标指针变成形状时，按住鼠标左键向下拖动，调整所有圆角矩形的高度，如下图所示。

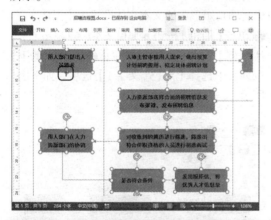

温馨提示

通过拖动形状控制点调整形状大小时，拖动形状四角的控制点，可同时调整形状高度和宽度；拖动形状上边或下边中间的控制点，只能调整形状高度；拖动形状左边或右边的控制点，只能调整形状宽度。

第6步 使用相同的方法继续调整其他部分圆角矩形的高度和宽度，使圆角矩形中所有的文本能全部显示出来。选择需要调整位置的形状直线箭头和圆角矩形，将鼠标指针移动到选择

的对象上，按住鼠标左键不放进行拖动调整位置，如下图所示。

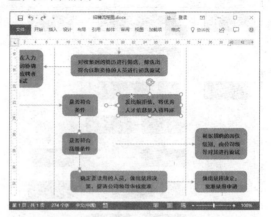

第7步 ❶使用相同的方法继续调整其他直线箭头的位置，选择需要设置形状大小的直线箭头；❷在【绘图工具-格式】选项卡【大小】组中的【宽度】数值框中输入"1.3"，按【Enter】键确认，以调整直线箭头长短，如下图所示。

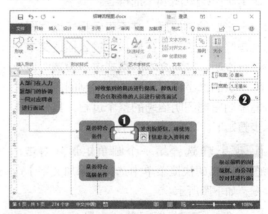

第8步 ❶继续调整其他直线箭头的长短，然后选择所有直线箭头和肘形箭头，单击【绘图工具-格式】选项卡【排列】组中的【后移一层】下拉按钮；❷在弹出的下拉列表中选择【置于底层】选项，将所选对象置于圆角矩形下方，如下图所示。

第5章
员工招聘管理

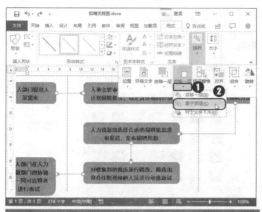

温馨提示

将直线箭头和肘形箭头置于圆角矩形底层是为了方便后面美化形状的操作,如果不将箭头设置为置于底层,当圆角矩形填充色设置为与箭头颜色不同时,与圆角矩形重叠的线条将显示出来,这样不美观。

5.1.4 借助文本框输入招聘流程文本

要想体现出招聘流程中哪些部分需要哪些相关人员或部门进行执行,那么需要借助文本框在招聘流程图中输入相应的文本内容。具体操作步骤如下。

第1步 ❶单击【插入】选项卡【文本】组中的【文本框】按钮;❷在弹出的下拉列表中选择【绘制横排文本框】选项,如下图所示。

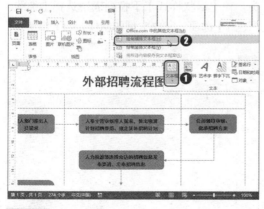

第2步 此时鼠标指针将变成+形状,将鼠标指针移动到文档页面需要绘制文本框的位置,拖动鼠标绘制横排文本框,如下图所示。

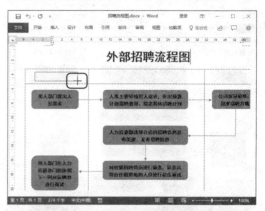

温馨提示

在Word中可绘制的文本框有横排文本框和竖排文本框两种,横排文本框中输入的文本将以水平方式显示;而竖排文本框中输入的文本将以垂直方式显示。

第3步 ❶在绘制的文本框中输入"用人部门"文本,在【开始】选项卡中将文本框中文本的字体设置为【黑体】,字号设置为【四号】;❷单击【加粗】按钮 B 加粗文本,像调整形状大小一样调整文本框的大小,使文本框中的文本完全显示出来,如下图所示。

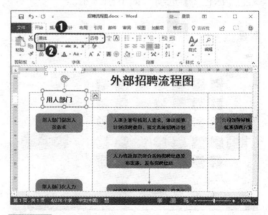

第4步 选择【用人部门】文本框,按住【Ctrl】键拖动文本框,在移动文本框的同时复制一个文本框,将文本框中的文本更改为"人力资源部",然后使用相同的方法继续复制文本框,

以及对文本框中的文本和部分文本格式进行修改，并对文本框的大小进行调整，如下图所示。

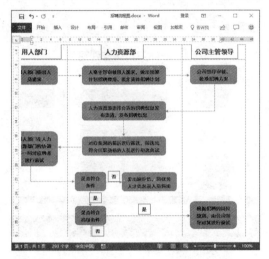

5.1.5 美化招聘流程图

制作并编辑好招聘流程图后，还需要对招聘流程图的整体效果进行设置，使招聘流程图更加直观、规范。具体操作步骤如下。

第1步 选择文档中的所有文本框，单击【绘图工具-格式】选项卡【形状样式】组中的【其他】按钮▼，在弹出的下拉列表中选择【透明-黑色,深色1】选项，如下图所示。

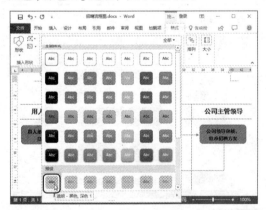

第2步 选择文档中的所有圆角矩形，单击【形状样式】组中的【其他】按钮▼，在弹出的下拉列表中选择【彩色轮廓-黑色,深色1】选项，如下图所示。

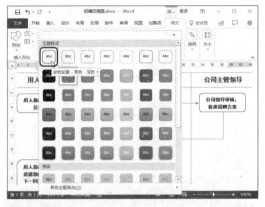

第3步 ❶ 选择文档中的所有直线，单击【形状样式】组中的【形状轮廓】下拉按钮▼；❷ 在弹出的下拉列表中选择【白色,背景1,深色35%】选项，如下图所示。

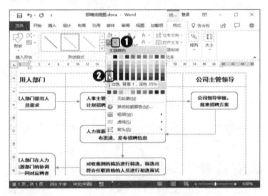

第4步 选择文档中的所有直线箭头和肘形箭头，在【形状样式】下拉列表中选择【细线-深色1】选项，完成本例的制作，如下图所示。

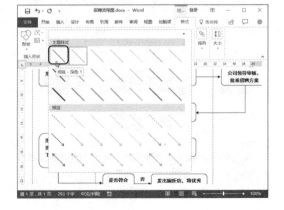

第 5 章
员工招聘管理

5.2 使用Word制作招聘海报

 案例背景

企业招聘人才的方式很多，如内部推荐、外部推荐、招聘网站、报纸媒体、现场招聘会、高校招聘会、猎头及中介机构等，当需要通过现场招聘或高校招聘时，很多企业会要求HR做一个招聘的宣传海报，这样在招聘人才时，应聘人员可直接通过招聘海报获取招聘的信息，信息从而得到更多应聘人员的关注。

本例将使用Word制作校园招聘会需要的招聘海报。制作完成后的效果如下图所示。实例最终效果见"光盘\结果文件\第5章\招聘海报.docx"文件。

光盘文件	素材文件	光盘\素材文件\第5章\跳跃.png、二维码.png
	结果文件	光盘\结果文件\第5章\招聘海报.docx
	教学视频	光盘\视频文件\第5章\5.2使用Word制作招聘海报.mp4

5.2.1 设置招聘海报页面颜色

招聘海报的页面大小和效果并不是固定不变的，不同的招聘海报对页面要求不一样，HR在制作招聘海报时，可以根据内容的多少和需求来设置招聘海报的页面效果。具体操作步骤如下。

第1步 ❶启动Word 2016，新建一个空白文档，将其保存为"招聘海报"；❷单击【设计】选项卡【页面背景】组中的【页面颜色】按钮；❸在弹出的下拉列表中选择【其他颜色】选项，如下图所示。

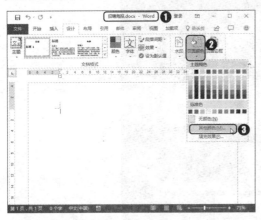

第2步 ❶打开【颜色】对话框，选择【自定义】选项卡；❷在【红色】【绿色】和【蓝色】数值框中分别输入"0""94"和"168"；❸单击【确定】按钮，如下图所示。

第3步 返回文档编辑区，查看设置页面颜色后的效果，如下图所示。

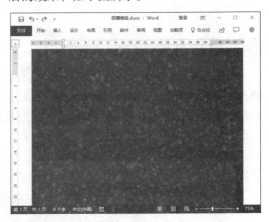

5.2.2 插入和编辑图片

制作招聘海报时，图片是必不可少的，通过图片不仅可对文字内容进行说明，还可使招聘海报的整体效果更加美观。具体操作步骤如下。

第1步 单击【插入】选项卡【插图】组中的【图片】按钮，如下图所示。

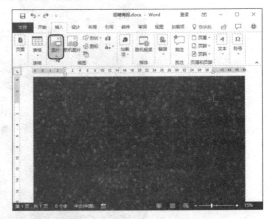

第2步 ❶打开【插入图片】对话框，在地址栏中设置图片所保存的位置；❷选择【跳跃.png】图片；❸单击【插入】按钮，如下图所示。

第5章
员工招聘管理

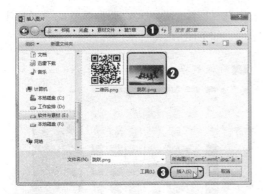

第3步 ❶ 选择插入的图片，单击【图片工具-格式】选项卡【排列】组中的【环绕文字】按钮；❷ 在弹出的下拉列表中选择【浮于文字上方】选项，选择的图片将浮于文档中文字的上面，如下图所示。

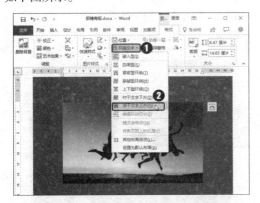

第4步 ❶ 单击【大小】组中的【裁剪】按钮；❷ 此时图片四周将出现裁剪框，将鼠标指针移动到裁剪框右侧中间的裁剪点上，按住鼠标左键不放向左拖动，裁剪图片右侧多余的部分，如下图所示。

第5步 使用相同的方法裁剪图片上方多余的部分，裁剪完成后，再次单击【裁剪】按钮退出裁剪操作，如下图所示。

第6步 将鼠标指针移动到图片上，按住鼠标左键不放，将其拖动到左上角，使图片左侧和上方与文档页面左侧和上方重合，然后将鼠标指针移动到图片右下角的控制点上，按住鼠标左键不放向右下拖动，调整图片大小，如下图所示。

5.2.3 使用对象辅助输入招聘信息

招聘海报的排版比较灵活，HR在制作招聘海报时，一般都需要借助形状来装饰文档页面，使用艺术字来制作标题，或借助形状和文本框来辅助输入文本信息，以使招聘海报的页面效果更加丰富。

Word/Excel/PPT
在人力资源管理中的应用

1. 在图片上添加形状和文本框

首先在图片上绘制一个斜纹形状,再插入一个横排文本框,将其与斜纹形状部分重叠,使形状与文本框的排列更具艺术感。具体操作步骤如下。

第1步 在图片左侧绘制一个斜纹形状,选择绘制的形状,单击【绘图工具-格式】选项卡【形状样式】组中的【其他】按钮,在弹出的下拉列表中选择【半透明-灰色,强调颜色3,无轮廓】选项,如下图所示。

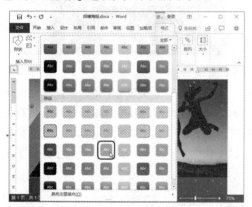

第2步 ❶在页面中绘制一个横排文本框,输入文字"WE NEED YOU",将字体设置为【Arial Unicode MS】,字号设置为【32】;❷单击【加粗】按钮B;❸单击【文本效果和版式】按钮A;❹在弹出的下拉列表中选择【阴影】选项;❺在弹出的级联列表中选择【偏移:右下】选项,如下图所示。

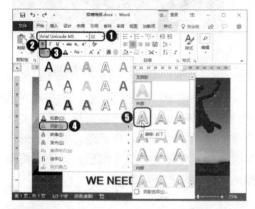

第3步 选择文本框,在【形状样式】下拉列

表中选择【半透明-金色,强调颜色4,无轮廓】选项,如下图所示。

第4步 保持文本框的选择状态,单击【绘图工具-格式】选项卡【大小】组右下角的对话框启动器按钮,如下图所示。

第5步 ❶打开【布局】对话框,在【大小】选项卡【旋转】选项区域中的【旋转】数值框中输入文本框的旋转角度"311°";❷单击【确定】按钮,如下图所示。

> **教您一招**
>
> **通过【布局】对话框等比例调整图片大小**
>
> 在【布局】对话框【大小】选项卡【缩放】选项区域中的【宽度】和【高度】数值框中输入相应的值,可设置图片的高度和宽度,如果需要等比例调整图片的高度和宽度,那么需要先选中【锁定纵横比】复选框,再设置图片的高度和宽度,这样图片高度和宽度的比例将一致,图片不会变形。

第5章
员工招聘管理

第6步 选择文本框，将其移动到斜纹形状上方，使部分与形状重合，如下图所示。

2. 使用艺术字制作招聘海报标题

艺术字可以突出显示文本内容，增加一些艺术特性，所以，HR在制作宣传单、海报等非正式的文档时，可以使用艺术字来制作标题。具体操作步骤如下。

第1步 ❶单击【插入】选项卡【文本】组中的【艺术字】按钮；❷在弹出的下拉列表中选择【填充:黑色,文本色1;边框:白色,背景色1;清晰阴影:蓝色,主题色5】选项，如下图所示。

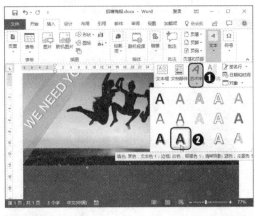

第2步 在文档页面中插入一个艺术字文本框，在其中输入"2018年校园招聘会"，将字体设置为【李旭科毛笔行书】，字号设置为【70】，如下图所示。

> **教您一招**
>
> **快速输入字体和字号**
>
> 如果知道要将文本设置为什么字体或字号，那么可直接选择【字体】下拉列表中的字体或【字号】下拉列表中的字号，然后直接输入需要的字体或字号，按【Enter】键确认即可。

第3步 ❶将艺术字文本框调整到合适的位置，单击【绘图工具-格式】选项卡【艺术字样式】组中的【文本填充】下拉按钮▼；❷在弹出的下拉列表中选择【标准色】栏中的【紫色】选项，如下图所示。

3. 借助形状输入招聘信息

通过形状来输入招聘信息，可以借助形状将不同的职位以不同的版块展现出来，使招聘海报效果更有层次感。具体操作步骤如下。

第1步 ❶在艺术字文本框处绘制一个【箭头：五边形】形状，选择形状；❷单击【绘图工具-格式】选项【排列】组中的【后移一层】下拉按钮 ；❸在弹出的下拉列表中选择【衬于文字下方】选项，如下图所示。

第2步 所选形状将放置于艺术字下方，将鼠标指针移动到形状右侧上方黄色的控制点上，向左拖动调整形状的箭头位置，如下图所示。

第3步 ❶取消形状的轮廓，绘制一个矩形，打开颜色对话框，选择【自定义】选项卡，在【红色】【绿色】【蓝色】数值框中分别输入"245""101""41"；❷单击【确定】按钮，如下图所示。

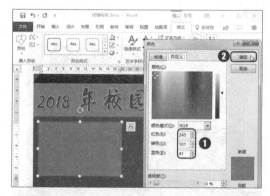

第4步 ❶取消形状的轮廓，单击【形状样式】组中的【形状效果】按钮 ；❷在弹出的下拉列表中选择【阴影】选项；❸在弹出的级联列表中选择【偏移：下】选项，如下图所示。

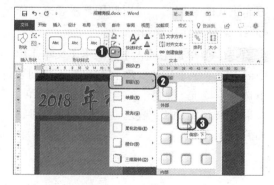

第5步 ❶在形状中输入需要的文本，并对文本的字体格式进行相应的设置，将鼠标光标定位到【市场营销】文本前，单击【段落】组中的【项目符号】右侧的下拉按钮；❷在弹出的下拉列表中选择需要的项目符号，如下图所示。

第6步 选择橙色矩形，按住【Ctrl+Shift】组合键，水平移动和复制矩形，对矩形中的文本和形状大小进行修改，将填充色更改为【黄色】，如下图所示。

第7步 使用相同的方法继续复制和修改形状，将第3个矩形颜色设置为【绿色（RGB：160,198,0）】，第4个矩形颜色设置为【紫色】，第5个矩形颜色设置为【蓝色（RGB：77,173,255）】，第6个矩形颜色设置为【白色，背景1】，效果如下图所示。

4. 借助文本框输入公司信息

制作招聘海报时，公司的一些基本信息是必不可少的，如公司名称、地址、电话、联系人、电子邮箱等。借助文本框可以在文档页面中灵活排列这些信息。具体操作步骤如下。

第1步 在页面下方插入【二维码.png】图片，将环绕方式设置为【浮于文字上方】，再将图片调整到合适的大小和位置，如下图所示。

教您一招

快速对齐多个对象

当需要将多个选择对象按照一定的规则进行对齐时，可先选择需要进行对齐操作的多个对象，单击【排列】组中的【对齐】按钮，在弹出的下拉列表中提供了【左对齐】【右对齐】【顶端对齐】【底端对齐】【垂直居中】和【水平居中】等多种对齐方式，用户可根据实际情况选择需要的对齐方式。

第2步 在二维码图片下方绘制一个横排文本框，在文本框中输入"扫一扫，加入我们"文本，在【字体】组中对字体格式进行设置，然后取消文本框的填充色和轮廓，如下图所示。

第3步 使用相同的方法继续绘制文本框，并在文本框中输入相应的文本，对文本和文本框中的格式进行相应的设置，效果如下图所示。

5. 使用线条装饰文本

招聘海报下方包含了公司二维码和公司基本信息两部分，为了使这两部分的区分更加明显，可以使用线条来进行装饰。具体操作步骤如下。

第1步 在【形状】下拉列表中选择【直线】选项，然后按住【Shift】键拖动鼠标，在二维码图片和矩形形状之间绘制一条直线，如下图所示。

第2步 ❶选择绘制的直线，单击【形状样式】组中的【形状轮廓】下拉按钮；❷在弹出的下拉列表中选择【粗细】选项；❸在弹出的级联列表中选择【1.5磅】选项，如下图所示。

第3步 ❶保持直线的选择状态，在【形状轮廓】下拉列表中选择【虚线】选项；❷在弹出的级联列表中选择【短画线】选项，如下图所示。

第5章
员工招聘管理

第4步 选择直线，按住【Ctrl+Shift】组合键，向下水平移动和复制直线，然后对直线位置稍作调整，如下图所示。

> **教您一招**
>
> **拖动鼠标进行旋转**
>
> 除了可通过选择【旋转】选项或输入旋转角度来设置对象的旋转外，还可通过拖动鼠标进行旋转。其方法为：选择需要旋转的对象，将鼠标指针移动到 ⟲ 控制点上，当鼠标指针变成 ⟲ 形状时，按住鼠标左键不放进行拖动，可随意调整对象的旋转角度。

第6步 在【绘图工具-格式】选项卡【大小】组中将直线的【宽度】设置为"4.9"，然后将直线移动到合适的位置，完成本例的制作，如下图所示。

第5步 ❶ 再水平移动和复制直线，单击【排列】组中的【旋转】按钮；❷ 在弹出的下拉列表中选择【向左旋转90°】选项，使直线垂直排列，如下图所示。

> **温馨提示**
>
> 旋转直线后，直线原来的宽度和高度性质不会发生变化，所以，这里调整直线高度时，实际上是对直线原来的宽度进行调整，而不是对高度进行调整。

5.3 使用Excel制作招聘费用预算表

📋 案例背景

企业招聘人才时，并不是简单地在用人部门提交招聘申请得到批准后就可以开始招聘，人力资源部门还需要对招聘过程中涉及的招聘费用进行预算，得到相关领导审批后，财务部门才会预支招聘费用。常规的招聘费用包括招聘海报及广告制作费、招聘信息发布费、招聘场地租用费、食宿费、交通费、招聘资料复印打印费等。

由于招聘费用预算表中涉及计算和数字格式，因此，本例将使用Excel制作招聘费用预算表。制作完成后的效果如下图所示。实例最终效果见"光盘\结果文件\第5章\招聘费用预算表.xlsx"文件。

招聘费用预算表

招聘时间		招聘地点	
招聘部门		招聘负责人	
招聘岗位			
市场营销	5人	助理会计	2人
销售客服	10人	网络维护	1人
发行人员	3人		
合计			21人
招聘费用预算			
序号	招聘费用项目		预算金额（元）
1	招聘海报及广告制作费		1200.00
2	招聘信息发布费		600.00
3	招聘场地租用费		1800.00
4	食宿费		200.00
5	交通费		100.00
6	招聘资料复印打印费		80.00
7	其他		200.00
合计			4180.00

人力资源总监意见（签字）：

总经理意见（签字）：

光盘文件	结果文件	光盘\结果文件\第5章\招聘费用预算表.xlsx
	教学视频	光盘\视频文件\第5章\5.3使用Excel制作招聘费用预算表.mp4

5.3.1 创建招聘费用预算表

HR在制作招聘费用预算表时,首先需要知道要招聘的职位、招聘过程中涉及的招聘费用项目,在Excel中列出这些内容,这样制作招聘费用预算表时才会更加顺利。具体操作步骤如下。

第1步 ❶启动 Excel 2016,在开始屏幕中选择【空白工作簿】选项,新建一个空白工作簿,将其保存为"招聘费用预算表";❷在【Sheet1】工作表标签上右击,在弹出的快捷菜单中选择【重命名】命令,如下图所示。

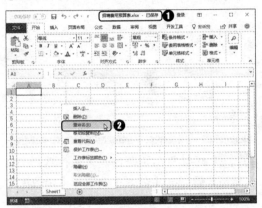

第2步 此时,工作表名称为可编辑状态,输入"2018年1月",按【Enter】键确认,选择A1单元格,输入"招聘费用预算表",如下图所示。

第3步 使用相同的方法继续在工作表单元格中输入相应的文本内容,如下图所示。

第4步 选择A11单元格,输入数字"1",将鼠标指针移动到A11单元格右下角,当鼠标指针变成+形状时,按住鼠标左键不放,向下拖动至A17单元格,如下图所示。

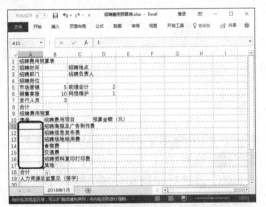

> **温馨提示**
>
> 填充数据时,"+"被称为"填充柄",通过填充柄填充数据时,默认是填充相同的数据,如果要填充序列、仅填充格式、不带格式填充等时,则需要对【自动填充】选项进行设置。

第5步 ❶A12至A17单元格中将填充与A11单元格中相同的数字,单击【自动填充选项】按钮;❷在弹出的下拉菜单中选择【填充序列】命令,如下图所示。

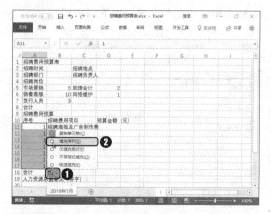

第6步 系统自动将填充的相同数据更改为填充的序列数据，如下图所示。

第7步 选择D11单元格，输入预算金额"1200"，然后使用相同的方法在D12:D17单元格区域中输入相应的预算金额，如下图所示。

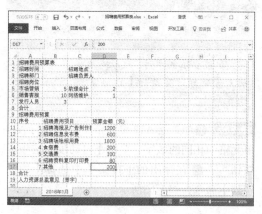

5.3.2 计算招聘人数和招聘费用

对招聘人数和招聘费用进行计算，可以使审核人员快速了解总共需要招聘的人数和总共需要花费的招聘费用，以便分析出预算的招聘费用是否合理。具体操作步骤如下。

第1步 ❶选择D8单元格，在编辑栏中输入计算公式"=B5+D5+B6+D6+B7"；❷单击【输入】按钮 ✓，如下图所示。

第2步 ❶计算出招聘的总人数，选择D18单元格；❷单击【公式】选项卡【函数库】组中的【插入函数】按钮，如下图所示。

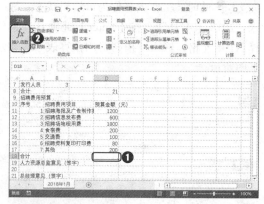

第3步 ❶打开【插入函数】对话框，在【选择函数】列表框中选择【SUM】选项；❷单击【确定】按钮，如下图所示。

5.3.3 设置招聘费用预算表格式

在招聘费用预算表中输入所有文本内容和数据后，还需要对招聘费用预算表进行设置，使制作的表格更加规范。

1. 合并单元格

合并单元格就是将多个连续的单元格合并为一个单元格。具体操作步骤如下。

第1步 ❶选择 A1:D1 单元格区域；❷ 单击【开始】选项卡【对齐方式】组中的【合并后居中】按钮，如下图所示。

第2步 将选择的单元格区域合并为一个单元格，将单元格中的文本内容居中对齐，使用相同的方法继续合并其他单元格，如下图所示。

第4步 打开【函数参数】对话框，在【Number1】数值框中将自动显示识别出的计算区域，这里保持默认不变，单击【确定】按钮，如下图所示。

第3步 ❶选择 B10:C17 单元格区域；❷ 单击【开始】选项卡【对齐方式】组中的【合并后居中】下拉按钮 ▼；❸ 在弹出的下拉列表

第5步 返回工作表编辑区，可查看到计算的结果，如下图所示。

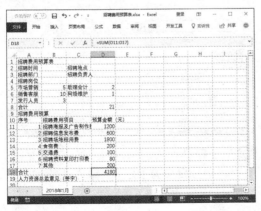

中选择【跨越合并】选项，如下图所示。

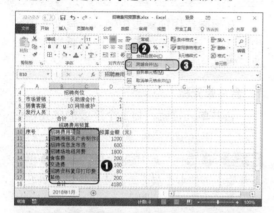

温馨提示

【跨越合并】选项是指将相同行中的多个单元格合并为一个较大的单元格。

第4步 ❶同时对多行中的单元格进行合并操作，选择 A19:D20 单元格区域；❷单击【合并后居中】下拉按钮▼；❸在弹出的下拉列表中选择【合并单元格】选项，如下图所示。

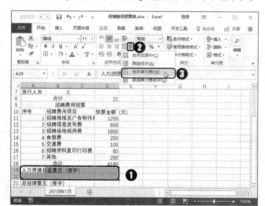

第5步 将多选单元格区域合并为一个单元格，使用相同的方法合并 A21:D22 单元格区域，如下图所示。

教您一招

取消单元格合并

如果要取消单元格的合并，那么先选择已经合并的单元格，在【合并后居中】下拉列表中选择【取消单元格合并】选项，将取消单元格的合并操作。

2. 设置单元格中文本的格式

要想制作规范的招聘费用预算表，就必须对单元格中文本的字体格式和对齐方式进行设置。具体操作步骤如下。

第1步 ❶选择 A1 单元格；❷在【开始】选项卡【字体】组中将字体设置为【华文中宋】；❸字号设置为【18】，如下图所示。

第2步 ❶选择 A4 和 A9 单元格，在【字体】组中将字号设置为【12】；❷单击【加粗】按钮 **B** 加粗文本，如下图所示。

3. 设置数字格式

在招聘费用预算表单元格中输入数据后，Excel会自动识别数据类型并应用相应的数字格式，当自动识别的数据格式不能满足需要时，就需要制作人员对数字格式进行设置。具体操作步骤如下。

第1步 ❶选择招聘人数单元格区域；❷单击【开始】选项卡【数字】组右下角的对话框启动按钮，如下图所示。

第3步 选择需要设置相同对齐方式的单元格区域，单击【对齐方式】组中的【居中】按钮，如下图所示。

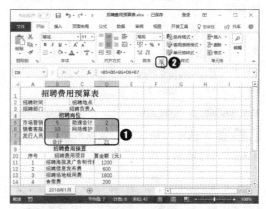

第2步 ❶打开【设置单元格格式】对话框，默认选择【数字】选项卡，在【分类】列表框中选择【自定义】选项；❷在【类型】文本框中显示【G/通用格式】文本，在文本后面输入单位"人"；❸单击【确定】按钮，如下图所示。

第4步 使所选单元格中的文本居中对齐于单元格中，如下图所示。

| 149 |

第3步 ❶在所选单元格中的数字后面添加单位"人",选择D11:D18单元格区域;❷单击【数字】组中【数字格式】下拉列表右侧的下拉按钮▼;❸在弹出的下拉列表中选择【数字】选项,如下图所示。

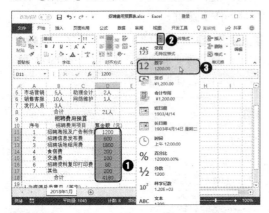

第4步 所选单元格区域中数据的格式将以数值格式进行显示,如下图所示。

4. 调整单元格行高和列宽

Excel中单元格的行高和列宽都是默认大小,当单元格中输入的内容较多时,由于受到行高和列宽限制,单元格中的内容将不能完全显示,要想使单元格中的内容全部显示出来,就需要对默认的单元格的行高或列宽进行调整。具体操作步骤如下。

第1步 ❶选择A1:D22单元格区域;❷单击【开始】选项卡【单元格】组中的【格式】按钮;❸在弹出的下拉列表中选择【行高】选项,如下图所示。

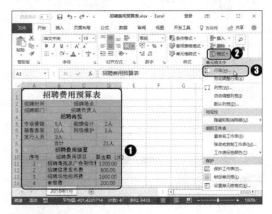

第2步 ❶打开【行高】对话框,在【行高】数值框中输入行高值"30";❷单击【确定】按钮,如下图所示。

第3步 ❶保持单元格区域的选择状态,单击【单元格】组中的【格式】按钮;❷在弹出的下拉列表中选择【列宽】选项,如下图所示。

第4步 ❶打开【列宽】对话框,在【列宽】数值框中输入"20";❷单击【确定】按钮,如下图所示。

第5章
员工招聘管理

第5步 返回编辑区，查看设置行高和列宽后的效果，如下图所示。

5. 添加边框和取消网格线

默认情况下，Excel中单元格的网格线边框是不会被打印的，如果需要对表格进行打印，那么需要为表格添加边框，取消网格线的显示，使表格中的数据更加清晰、直观。具体操作步骤如下。

第1步 ❶选择A2:D22单元格区域，单击【字体】组中的【边框】下拉按钮 ▼；❷在弹出的下拉列表中选择【所有框线】选项，如下图所示。

第2步 将会为所选单元格区域添加默认的边框线，如下图所示。

第3步 在【视图】选项卡【显示】组中取消选中【网格线】复选框，即可取消网格线的显示，如下图所示。

> **教您一招**
>
> **添加自定义的边框**
>
> 除了可在【边框】下拉列表中选择需要的边框线外，还可根据需要自定义边框的线条样式、颜色等。其方法为：打开【设置单元格格式】对话框，选择【边框】选项卡，在【样式】列表框中选择需要的边框样式，在【颜色】下拉列表框中选择边框颜色，单击【预置】选项区域中的按钮设置边框应用的位置，然后单击【确定】按钮即可。

5.4 使用Excel制作招聘情况分析表

案例背景

企业在某一个阶段完成招聘工作后，HR还需要根据招聘数据对这个阶段招聘的人数进行统计，对招聘的完成率进行分析，以便分析出该阶段内招聘的整体情况，在下次招聘时，可根据这次的招聘情况解决招聘工作中遇到的问题，以帮助企业在规定时间内招聘到合适的人才。

本例将使用Excel制作招聘情况分析表，对2018年上半年的招聘情况进行分析。制作完成后的效果如下图所示。实例最终效果见"光盘\结果文件\第5章\招聘情况分析表.xlsx"文件。

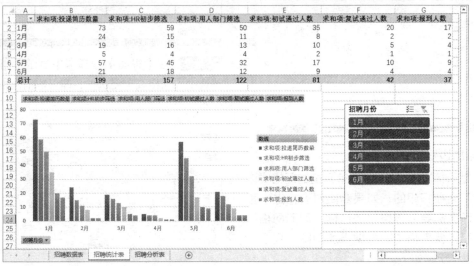

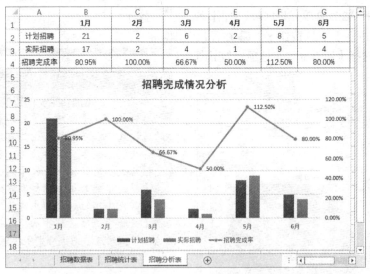

第5章
员工招聘管理

	素材文件	光盘\素材文件\第5章\招聘情况分析表.xlsx
光盘文件	结果文件	光盘\结果文件\第5章\招聘情况分析表.xlsx
	教学视频	光盘\视频文件\第5章\5.4使用Excel制作招聘情况分析表.mp4

5.4.1 使用数据透视表统计招聘情况

HR在对某半年招聘情况进行分析时,往往需要统计出每月的招聘情况。可以使用数据透视表快速统计出某一时间内的招聘情况。具体操作步骤如下。

第1步 ❶ 打开"光盘\素材文件\第5章\招聘情况分析表.xlsx"文件,选择 A1:K20 单元格区域;❷ 单击【插入】选项卡【表格】组中的【数据透视表】按钮,如下图所示。

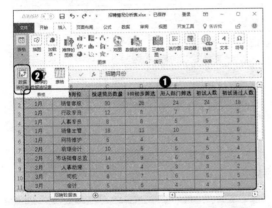

第2步 ❶ 打开【创建数据透视表】对话框,在【表/区域】文本框中确认数据透视表引用的数据区域;❷ 选中【新工作表】单选按钮;❸ 单击【确定】按钮,如下图所示。

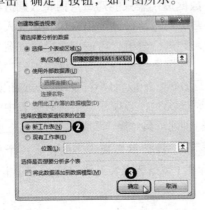

第3步 新建一个【Sheet1】工作表,并在该工作表中创建一个空白数据透视表,如下图所示。

> **教您一招**
>
> **在当前工作表中创建数据透视表**
>
> 如果要在当前选择的工作表中创建数据透视表,那么可在【创建数据透视表】对话框中选中【现有工作表】单选按钮,在【位置】文本框中输入数据透视表所放置的单元格,单击【确定】按钮进行创建。

第4步 在【数据透视表字段】任务窗格中的列表框中显示数据源中的表字段,依次选中【招聘月份】【投递简历数量】【HR初步筛选】【用人部门筛选】【初试通过人数】【复试通过人数】和【报到人数】复选框创建数据透视表,如下图所示。

> **温馨提示**
>
> 在【数据透视表字段】任务窗格中字段选中的先后顺序表示在数据透视表中显示的先后顺序,所以,在选中表字段时,一定要按需要显示的先后顺序来进行选择。

153

第5步 ❶将工作表名称命名为"招聘统计表";❷单击【数据透视表工具-分析】选项卡【操作】组中的【移动数据透视表】按钮,如下图所示。

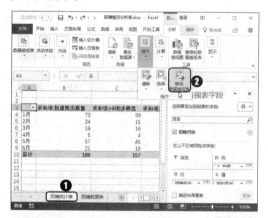

第6步 打开【移动数据透视表】对话框,保持选中【现有工作表】单选按钮,单击【位置】文本框右侧的【折叠】按钮,如下图所示。

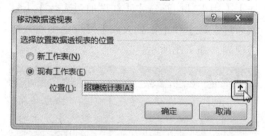

第7步 ❶折叠【移动数据透视表】对话框,在【招聘统计表】工作表中选择A1单元格,在【位置】文本框中显示移动的位置;❷单

击【展开】按钮,如下图所示。

第8步 展开【移动数据透视表】对话框,单击【确定】按钮,即可将数据透视表移动到A1单元格,如下图所示。

5.4.2 创建数据透视图分析每月招聘情况

数据透视表只能对每月招聘数据进行统计,要想对每月投递简历人数、筛选人数、报到人数进行分析,可使用数据透视图进行分析。数据透视图只能对数据透视表中的数据进行分析,所以,HR在使用数据透视图分析招聘情况时,必须根据招聘数据表中的数据进行创建。具体操作步骤如下。

第1步 选择数据透视表中的任意一个单元格,单击【数据透视表工具-分析】选项卡【工具】组中的【数据透视图】按钮，如下图所示。

第2步 ❶打开【插入图表】对话框，在左侧选择【柱形图】选项；❷在右侧选择【簇状柱形图】选项；❸单击【确定】按钮，如下图所示。

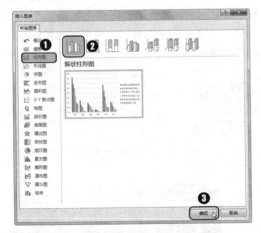

第3步 将根据数据透视表中的数据创建一个柱形透视图，如下图所示。

第4步 选择数据透视图，单击【数据透视图工具-分析】选项卡【筛选】组中的【插入切片器】按钮，如下图所示。

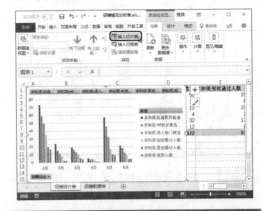

温馨提示

使用切片器可以直观地筛选数据，当只需要对数据透视表或数据透视图中的某部分数据进行查看或分析，可以使用切片器将其筛选出来。

第5步 ❶打开【插入切片器】对话框，选中需要筛选出来的字段，这里选中【招聘月份】复选框；❷单击【确定】按钮，如下图所示。

第6步 在工作表中根据所选字段创建切片

器，单击切片器中的【1月】，如下图所示。

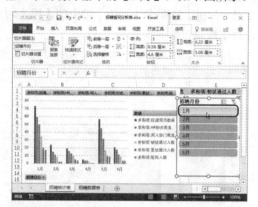

第7步 数据透视表和数据透视图中将都只显示1月的招聘数据，如下图所示。

第8步 选择数据透视图，将其移动到数据透视表下方，并调整到合适的大小，然后再将切片器移动到数据透视图右侧，如下图所示。

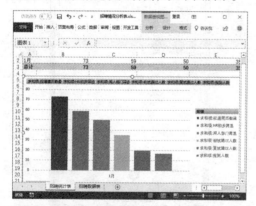

第9步 选择数据透视图，在【数据透视图工具-设计】选项卡【图表样式】组中的下拉列表框中选择【样式6】选项，如下图所示。

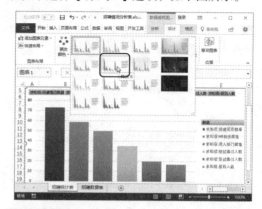

第10步 ❶保持数据透视图的选择状态，单击【数据透视图工具-设计】选项卡【图表布局】组中的【添加图表元素】按钮；❷在弹出的下拉列表中选择【数据标签】选项；❸在弹出的级联菜单中选择【数据标签外】选项，为透视图中的数据系列添加数据标签，如下图所示。

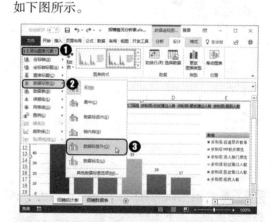

> **温馨提示**
>
> 数据透视图也属于图表，所以，数据透视图的编辑与美化操作和图表的操作是基本相同的。

第11步 选择工作表中的切片器；❶单击【切片器工具-选项】选项卡【切片器样式】组中的【快速样式】按钮；❷在弹出的下拉列表中选择【浅蓝,切片器样式深色1】选项，如下图所示。

第5章
员工招聘管理

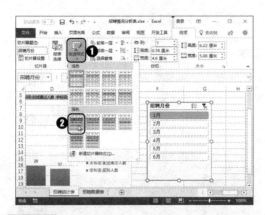

第12步 为切片器应用选择的样式，将鼠标指针移动到【招聘统计表】工作表标签上，按住鼠标左键不放拖动鼠标至【招聘数据表】工作表标签后，如下图所示。

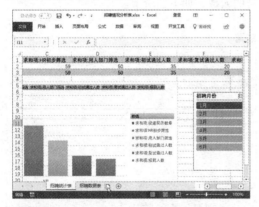

第13步 释放鼠标，即可将【招聘统计表】工作表移动到【招聘数据表】工作表后，如下图所示。

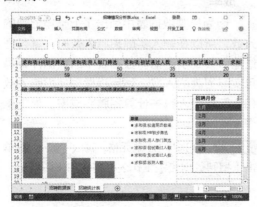

5.4.3 制作招聘分析表

招聘分析表与招聘数据表中的部分结构相似，所以，HR在制作招聘分析表时，可以通过复制招聘数据表进行修改完成，以提高工作效率。

1. 复制工作表

复制工作表是指新建一个与当前工作表完全一样的工作表，对于制作相同结构或部分结构相同的工作表来说，可以减少很多工作表的编辑步骤，提高工作效率。具体操作步骤如下。

第1步 ❶ 切换到【招聘数据表】工作表中，单击【开始】选项卡【单元格】组中的【格式】按钮；❷ 在弹出的下拉列表中选择【移动或复制工作表】选项，如下图所示。

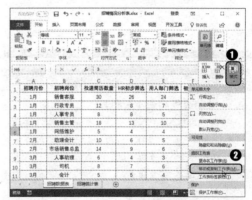

第2步 ❶ 打开【移动或复制工作表】对话框，在【下列选定工作表之前】列表框中选择【（移至最后）】选项；❷ 选中【建立副本】复选框；❸ 单击【确定】按钮，如下图所示。

Word/Excel/PPT
在人力资源管理中的应用

> **温馨提示**
>
> 在【移动或复制工作表】对话框中如果不选中【建立副本】复选框，则表示移动工作表位置，但不会复制工作表。

第3步 在所有工作表后复制一个名为"招聘数据表（2）"的工作表，将其重命名为"招聘分析表"，如下图所示。

> **教您一招**
>
> **移动或复制工作表到其他工作簿中**
>
> 在Excel 2016中，除了可在同一工作簿中进行移动或复制操作外，还可将当前工作簿中的工作表移动或复制到其他工作簿中。其方法为：选择需要复制或移动的工作表，打开【移动或复制工作表】对话框，在【工作簿】下拉列表框中选择目标工作簿，然后再选择移动或复制的位置。

2. 编辑复制的工作表

要想使复制的工作表变成需要的工作表，需要对工作表中的数据进行修改，并对多余的数据格式进行清除，使工作表符合当前需要。具体操作步骤如下。

第1步 ❶ 对 A1:G4 单元格区域中的数据进行修改和删除操作，然后选择不需要的单元格区域，单击【开始】选项卡【编辑】组中的【清除】按钮；❷ 在弹出的下拉列表中选择【全部清除】命令，如下图所示。

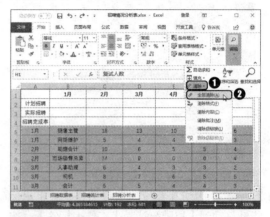

第2步 清除所选单元格区域中的内容和格式，在 B2:G2 单元格区域中输入每月计划招聘的人数，如下图所示。

3. 使用公式计算实际招聘人数和招聘完成率

因为招聘数据表中列出了上半年招聘的人数，所以在输入实际招聘人数时，就可通过输入公式引用招聘数据表中的数据计算每月实际招聘的人数，然后根据预计招聘人数和实际招聘人数来计算招聘完成率。具体操作步骤如下。

第1步 ❶ 选择 B3 单元格，输入"="；❷ 单击【招聘数据表】工作表标签，如下图所示。

第2步 切换到【招聘数据表】工作表中，单击 K2 单元格，然后输入"+"，继续单击需要计算的单元格，直到 1 月份的所有报到人数都参与了计算，如下图所示。

第3步 按【Enter】键，切换到【招聘分析表】工作表中，计算出 1 月份实际招聘的人数，如下图所示。

第4步 使用相同的方法计算其他月份实际招聘的人数，如下图所示。

第5步 ❶ 选择 B4:G4 单元格区域；❷ 在编辑栏中输入公式"=B3/B2*100%"，如下图所示。

第6步 ❶ 按【Ctrl+Enter】组合键，计算出 B4:G4 单元格区域，保持单元格区域的选择状态，单击【数字】组中的【数字格式】下拉按钮▼；❷ 在弹出的下拉列表中选择【百分比】选项，如下图所示。

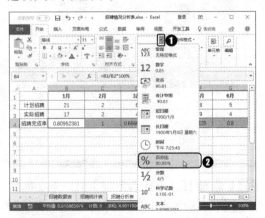

第7步 所选单元格区域中的数据将以百分比形式进行显示，如下图所示。

5.4.4 使用组合图对招聘情况进行分析

使用组合图对招聘情况进行分析，可以快速查看到实际完成招聘人数和计划完成招聘人数之间的差距，以及招聘的完成情况。具体操作步骤如下。

第1步 ❶ 选择 A1:G4 单元格区域；❷ 单击【插入】选项卡【图表】组中的【推荐的图表】按钮，如下图所示。

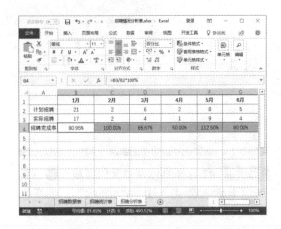

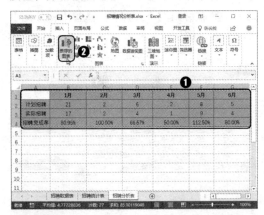

第2步 ❶ 打开【插入图表】对话框，默认选择【推荐的图表】选项卡，在左侧显示了符合所选数据的图表，这里选择第 1 个组合图表；❷ 单击【确定】按钮，如下图所示。

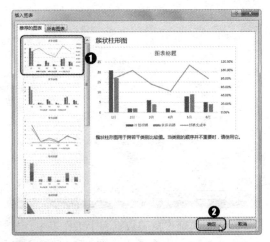

第3步 返回工作表编辑区中，可查看创建的组合图表，如下图所示。

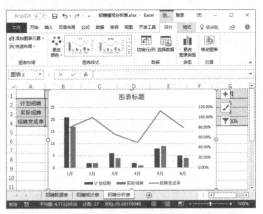

第4步 将组合图表移动到表格下方，再将图表调整到合适的大小，将图表标题更改为"招聘完成情况分析"，如下图所示。

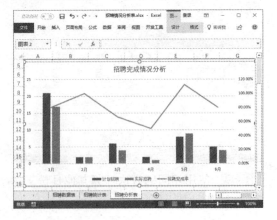

第5章
员工招聘管理

第5步 选择图表，单击【图表工具-设计】选项卡【类型】组中的【更改图表类型】按钮，如下图所示。

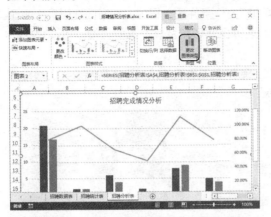

第6步 ❶打开【更改图表类型】对话框，在【所有图表】选项卡【为您的数据系列选择图表类型和轴】列表框中单击【折线图】下拉按钮；❷在弹出的下拉列表框中选择【带数据标记的折线图】选项，如下图所示。

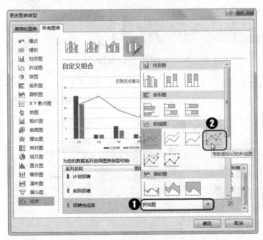

第7步 单击【确定】按钮，可查看更改组合图中折线图后的效果，保持图表的选择状态，为其应用【样式4】图表样式，如下图所示。

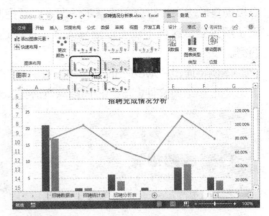

第8步 ❶选择图表中的折线图数据系列，单击【图表布局】组中的【添加图表元素】按钮；❷在弹出的下拉列表中选择【数据标签】选项；❸在弹出的级联列表中选择【右侧】选项，为折线图数据系列添加数据标签，如下图所示。

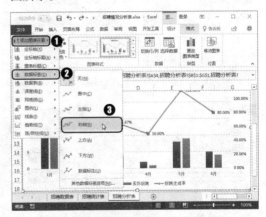

5.5 使用PowerPoint制作校园招聘宣讲会PPT

案例背景

高校可谓是一个"人才济济，藏龙卧虎"的储备库，企业在招聘年轻后备人才时，很多企

| 161 |

业都会选择校园招聘。通过校园招聘，不仅能够招募到优秀的人才，同时还可以在众多低年级学子心目中树立起良好的企业形象，从而在未来的人才竞争中打下基础。

校园宣讲会是企业针对高校招聘组织的专门的讲座，通过企业高层、人力资源负责人到高校现身说法来传达公司的基本情况，以及招聘的职位、条件和流程等，面对面地引导学生全面了解企业，这样不仅可以招募人才，还能达到宣传企业形象及其产品的目的，可谓是一举两得。

本例将通过PowerPoint制作校园宣讲会PPT。制作完成后的效果如下图所示。实例最终效果见"光盘\结果文件\第5章\校园招聘宣讲会.pptx"文件。

第5章
员工招聘管理

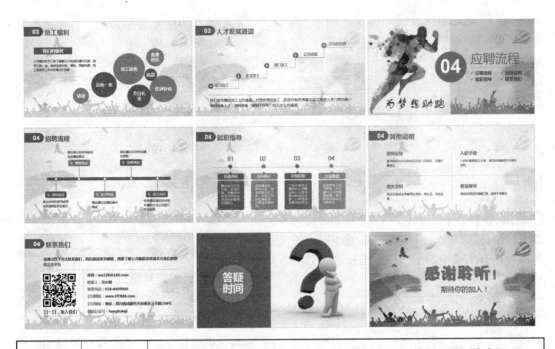

光盘文件	素材文件	光盘\素材文件\第5章\办公环境.jpg、背景.png、二维码.png、活动室.jpg、建筑.png、食堂.jpg、图标.png、图片1.png、问号.jpg、运动.png
	结果文件	光盘\结果文件\第5章\校园招聘宣讲会.pptx
	教学视频	光盘\视频文件\第5章\5.5使用PowerPoint制作校园招聘宣讲会PPT.mp4

5.5.1 通过幻灯片母版设计幻灯片版式

通过幻灯片母版可以让整个PPT拥有统一的效果。由于校园招聘宣讲会PPT中的内容较多，为了区分不同的内容，可以为PPT设计不同的幻灯片版式。

1. 设计标题幻灯片版式

校园招聘宣讲会PPT的受众群体是学生，年轻而充满活力。所以，在设计标题幻灯片版式时，一定要注意背景图片和颜色的搭配，不要选择比较深沉的颜色，如黑色。最好选用亮丽一点的颜色，图片也是如此。具体操作步骤如下。

第1步 ❶启动PowerPoint 2016，新建一个空白演示文稿，将其以"校园招聘宣讲会"为名进行保存；❷单击【视图】选项卡【母版视图】组中的【幻灯片母版】按钮，如下图所示。

第2步 ❶进入幻灯片母版视图，在幻灯片窗格中选择【标题幻灯片】版式；❷单击【幻灯片母版】选项卡【背景】组中的【背景样式】按钮；❸在弹出的下拉列表中选择【设置背景格式】选项，如下图所示。

Word/Excel/PPT
在人力资源管理中的应用

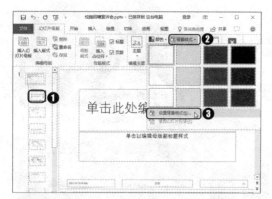

第3步 ❶打开【设置背景格式】任务窗格，选中【图片或纹理填充】单选按钮；❷单击【插入图片来自】栏中的【文件】按钮，如下图所示。

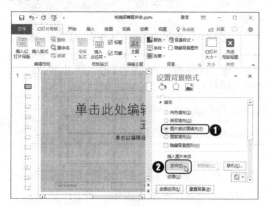

第4步 ❶打开【插入图片】对话框，在地址栏中选择图片的保存位置；❷选择需要插入的图片"背景.png"；❸单击【插入】按钮，如下图所示。

第5步 选择的图片将作为幻灯片版式的背景，如下图所示。

2. 设计内容页幻灯片版式

要想让所有招聘宣讲会PPT中内容页的整体版式都相同，那么不仅需要对内容页版式的背景进行设计，还需要对其他相同的部分及占位符格式进行设置。具体操作步骤如下。

第1步 ❶选择【标题和内容】版式；❷在【设置背景格式】任务窗格中选中【图片或纹理填充】单选按钮，就可填充为与标题幻灯片版式相同的背景；❸在【透明度】数值框中输入"83%"，按【Enter】键确认，如下图所示。

第2步 ❶单击【插入】选项卡【插图】组中的【形状】按钮；❷在弹出的下拉列表中选择【矩形】栏中的【矩形】选项，如下图所示。

第5章
员工招聘管理

第3步 此时鼠标指针将变成+形状，拖动鼠标绘制一个矩形，然后使用相同的方法在矩形右侧绘制一个正圆，如下图所示。

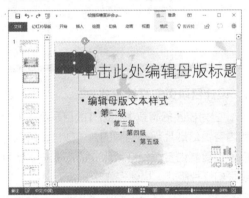

第4步 ❶ 选择矩形和正圆，单击【绘图工具-格式】选项卡【插入形状】组中的【合并形状】按钮 ◎；❷ 在弹出的下拉列表中选择【联合】选项，将所选的两个形状合并为一个新的形状，如下图所示。

> **温馨提示**
>
> 【合并形状】选项下拉列表中的【联合】选项，表示将多个相互重叠或分离的形状结合生成一个新的形状；【组合】选项表示将多个相互重叠或分离的形状结合生成一个新的形状，但形状的重合部分将被剪除；【拆分】选项表示将多个形状重合或未重合的部分拆分为多个形状；【相交】选项表示将多个形状未重叠的部分剪除，重叠的部分将被保留；【剪除】选项表示将被剪除的形状覆盖或被其他对象覆盖的部分清除所产生新的对象。

第5步 ❶ 选择合并的形状；❷ 单击【绘图工具-格式】选项卡【形状样式】组中的【形状填充】下拉按钮 ▼；❸ 在弹出的下拉列表中选择【其他填充颜色】选项，如下图所示。

第6步 ❶ 打开【颜色】对话框，在【自定义】选项卡中的颜色数值框中输入RGB颜色值"244,62,79"；❷ 单击【确定】按钮，如下图所示。

| 165 |

第7步 ❶选择标题占位符,将其调整到合适的位置,在【开始】选项卡【字体】组中将字体设置为【微软雅黑】,字号设置为【36】;❷单击【加粗】按钮加粗文本;❸单击【字体颜色】下拉按钮 ;❹在弹出的下拉列表中选择【白色,背景1,深色50%】选项,如下图所示。

第9步 ❶拖动鼠标在合并形状上绘制一个文本占位符,删除占位符中所有的内容,输入"01",在【字体】组中将字体设置为【Arial】,字号设置为【36】;❷单击【加粗】按钮加粗文本;❸单击【字体颜色】下拉按钮 ;❹在弹出的下拉列表中选择【白色,背景1】选项,如下图所示。

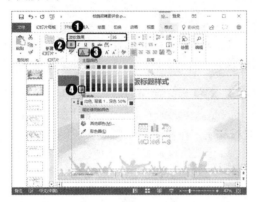

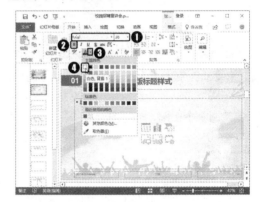

第8步 ❶单击【幻灯片母版】选项卡【母版版式】组中的【插入占位符】按钮;❷在弹出的下拉列表中选择【文本】选项,如下图所示。

3. 设计目录页幻灯片版式

因为校园招聘宣讲会PPT的目录页将采用和内容页幻灯片版式相同的背景效果,所以可以通过复制内容页幻灯片版式的方式来设计目录页幻灯片版式。具体操作步骤如下。

第1步 选择标题和内容版式并右击,在弹出的快捷菜单中选择【复制版式】命令,如下图所示。

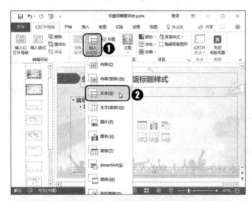

温馨提示

在幻灯片母版中,通过插入占位符的方式插入占位符后,在普通视图中,可以对占位符中的内容进行修改。如果在幻灯片母版中,通过复制幻灯片版式中已有的占位符或插入文本框的方式插入,那么,在普通视图中,不能对复制占位符或插入的文本框中的文本进行修改。

第2步 复制标题和内容页版式,选择复制的版式,删除版式中的所有占位符和形状,单击【幻灯片母版】选项卡【编辑母版】组中的【重

命名】按钮，如下图所示。

组中的【图片】按钮，如下图所示。

第3步 ❶打开【重命名版式】对话框，在【版式名称】文本框中输入"目录页"；❷单击【重命名】按钮，如下图所示。

教您一招

插入联机图片

如果需要插入的图片是在网络中搜索到的，那么在连接网络的情况下，可通过插入联机图片功能插入。其方法为：在【图像】组中单击【联机图片】按钮，打开【在线图片】对话框，在搜索框中输入图片的关键字，单击【搜索】按钮，即可根据关键字搜索图片，在搜索结果中选择需要插入的图片，单击【插入】按钮即可。

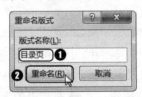

第4步 将鼠标指针移动到重命名的幻灯片版式上，即可显示版式的名称，如下图所示。

第2步 ❶打开【插入图片】对话框，在地址栏中选择图片的保存位置；❷选择需要插入的图片"运动.png"；❸单击【插入】按钮，如下图所示。

4. 设计过渡页幻灯片版式

过渡页一般出现在幻灯片张数较多的PPT中，校园招聘宣讲会PPT大概有20页，分为4个部分，通过过渡页可以快速区分每个部分中包含的内容。具体操作步骤如下。

第1步 选择节标题版式，使用"背景.png"图片填充背景，单击【插入】选项卡【图像】

第3步 ❶将插入的图片调整到幻灯片左侧，选择图片，单击【图片工具-格式】选项卡【调整】组中的【颜色】按钮；❷在弹出的下拉列表中选择【色调】栏中的【色温：11200K】选项，如下图所示。

第4步 ❶ 保持图片的选择状态，单击【校正】按钮；❷ 在弹出的下拉列表中选择【亮度/对比度】栏中的【亮度:0%(正常)对比度:-20%】选项，如下图所示。

第5步 在幻灯片右侧绘制一个矩形，为其应用【半透明-金色,强调颜色4,无轮廓】形状样式，如下图所示。

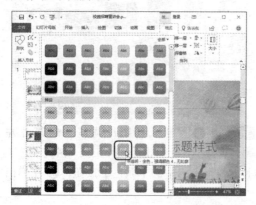

第6步 ❶ 在图片和矩形相交的中间绘制一个正圆，将其填充为红色，取消形状轮廓，单击【形状样式】组中的【形状效果】按钮；❷ 在弹出的下拉列表中选择【阴影】选项；❸ 在弹出的级联列表中选择【偏移：中】选项，如下图所示。

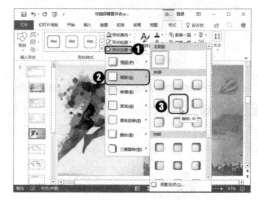

第7步 ❶ 选择图片、矩形和正圆；❷ 单击【绘图工具-格式】选项卡【排列】组中的【后移一层】下拉按钮；❸ 在弹出的下拉列表中选择【置于底层】选项，如下图所示。

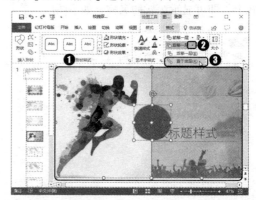

第8步 将【单击此处添加母版标题样式】占位符中的文本修改为"01"，将占位符移动到正圆上，并调整到合适的大小，然后在【字体】组中对占位符中文本的字体、字号、加粗效果和字体颜色等进行相应的设置，如下图所示。

第5章
员工招聘管理

第9步 ❶对【编辑母版文本样式】占位符进行设置,在文本下方绘制一条直线,单击【形状样式】组中的【形状轮廓】下拉按钮 ▼;❷在弹出的下拉列表中选择【白色,背景1,深色50%】选项;❸在【形状轮廓】下拉列表中选择【粗细】选项;❹在弹出的级联列表中选择【1.5磅】选项,如下图所示。

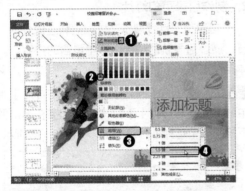

第10步 ❶保持直线的选择状态,在【形状轮廓】下拉列表中选择【虚线】选项;❷在弹出的级联列表中选择【短画线】选项,如下图所示。

第11步 ❶在虚线下方插入一个文本占位符,删除占位符中的所有文本,输入"添加文本",并在【字体】组中对文本的字体格式进行设置;❷选择文本占位符,单击【段落】组中的【项目符号】下拉按钮 ▼;❸在弹出的下拉列表中选择【选中标记项目符号】选项,如下图所示。

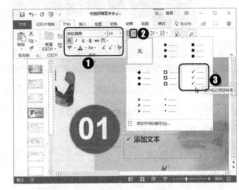

5.5.2 完善幻灯片内容

在幻灯片母版中设计好幻灯片版式后,就可在普通视图中对幻灯片中的内容进行完善,使PPT的内容和整体结构更加完整。

1. 制作标题页幻灯片

标题页幻灯片中需要展示的内容较少,一般来说,都是文本的主体。在设计校园招聘宣讲会版式时,标题页版式已设计好,所以,这里只需要在占位符中输入文本,然后通过艺术字来体现年份。具体操作步骤如下。

第1步 单击【幻灯片母版】选项卡【关闭】组中的【关闭幻灯片母版】按钮,返回普通视图中,在标题页幻灯片的占位符中分别输入相应的文本,并对文本的字体格式进行设置,如下图所示。

第 2 步 ❶ 单击【插入】选项卡【文本】组中的【艺术字】按钮；❷ 在弹出的下拉列表中选择【填充：黑色，文本色 1；边框：白色，背景色 1；清晰阴影：蓝色，主题色 5】选项，如下图所示。

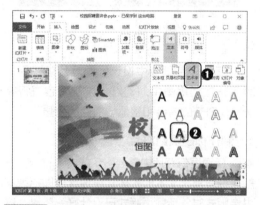

第 3 步 在幻灯片中插入一个艺术字文本框，输入"2018"，在【字体】组中对艺术字的字体格式进行相应的设置，如下图所示。

第 4 步 ❶ 为艺术字文本框应用【强烈效果 - 金色，强调颜色 4】形状样式；❷ 单击【形状样式】组中的【形状效果】下拉按钮；❸ 在弹出的下拉列表中选择【柔化边缘】选项；❹ 在弹出的级联列表中选择【50 磅】选项，如下图所示。

2. 制作目录页幻灯片

目录页幻灯片展示了校园招聘宣讲会的章节，通过目录就能猜出 PPT 中包含的内容。具体操作步骤如下。

第 1 步 ❶ 单击【开始】选项卡【幻灯片】组中的【新建幻灯片】下拉按钮；❷ 在弹出的下拉列表中选择【目录页】选项，如下图所示。

第 2 步 ❶ 新建一张目录页版式的幻灯片，单击【插入】选项卡【文本】组中的【文本框】按钮；❷ 在弹出的下拉列表中选择【绘制横排文本框】选项，如下图所示。

第3步 拖动鼠标在幻灯片中绘制一个横排文本框，在文本框中输入"C"，在【字体】组中对文本的字体格式进行设置，如下图所示。

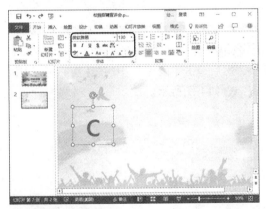

第4步 使用相同的方法再绘制两个文本框，输入相应的内容，然后在幻灯片中间位置绘制一条直线，为其应用【粗线 - 强调颜色3】形状样式，如下图所示。

第5步 在直线上绘制一个正圆，将正圆填充为红色，取消形状轮廓，在正圆中输入"01"，并对文本的字体格式进行设置，然后在正圆右侧绘制一个横排文本框，输入相应的内容，并对文本的格式进行设置，如下图所示。

第6步 选择正圆和文本框，按住【Ctrl+Shift】组合键向下垂直移动并复制正圆和文本框，分别复制3个正圆和文本框，对正圆和文本框中的内容进行修改，如下图所示。

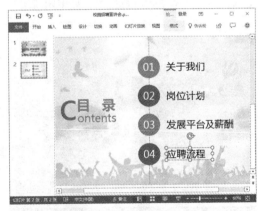

3. 制作过渡页幻灯片

过渡页的制作非常简单，只需要在占位符中输入需要的文本，然后对部分格式进行设置即可。具体操作步骤如下。

第1步 ❶ 新建一张节标题版式的幻灯片，在占位符中输入需要的文本，选择虚线下方的文本框；❷ 单击【段落】组中的【添加或删除栏】按钮≡▾；❸在弹出的下拉列表中选择【两栏】选项，如下图所示。

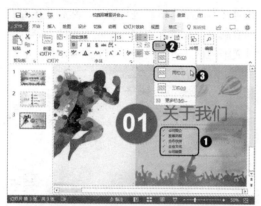

> **温馨提示**
> 虽然正圆上文本框中的文本原本就是"01"，但还是要重新输入，不然文本框周围将显示虚线。

第2步 文本框中的内容将以两栏显示，然后在幻灯片左侧下方绘制一个横排文本框，输入文本，并对文本格式进行设置，如下图所示。

4. 制作内容页幻灯片

制作内容页幻灯片时，需要应用到的对象很多，如文本、图片、形状等，灵活排版这些对象，可以使校园招聘宣讲会PPT更有效地传递内容。具体操作步骤如下。

第1步 ❶新建一张标题和内容版式的幻灯片，在占位符中输入需要的内容，将内容占位符中文本的字号更改为【24】；❷在【段落】组中单击【行距】按钮≡▾；❸在弹出的下拉列表中选择【1.5】选项，如下图所示。

第2步 将内容占位符调整到合适的位置和大小，然后单击【段落】组中的【两端对齐】按钮≡，如下图所示。

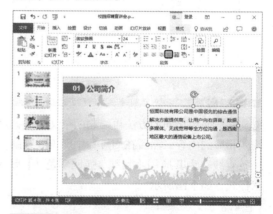

第3步 ❶在幻灯片左侧插入"建筑.png"图片，将其调整到合适的位置和大小，单击【调整】组中的【颜色】按钮；❷在弹出的下拉列表中选择【重新着色】选项区域中的【灰度】选项，如下图所示。

第5章
员工招聘管理

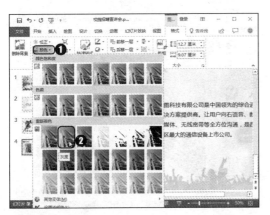

第4步 复制目录页中的【02】【03】和【04】正圆，将其粘贴到第4张幻灯片中，并将3个正圆调整到合适的大小和位置，如下图所示。

第5步 对正圆中的文本进行修改，并对文本的字体格式进行设置，如下图所示。

第6步 在第4张幻灯片上右击，在弹出的快捷菜单中选择【复制幻灯片】命令，如下图所示。

第7步 复制幻灯片，对复制的幻灯片中的内容和格式进行相应的修改，如下图所示。

第8步 使用前面制作幻灯片的方法制作校园招聘宣讲会PPT中的其他幻灯片，如下图所示。

| 173 |

5.5.3 添加幻灯片切换效果

校园招聘宣讲会PPT虽然是针对年轻学生，但添加太多的动画效果会分散学生的注意力。所以，HR在为校园招聘宣讲会PPT添加动画时，只需要在特别重要的内容添加动画，以突出显示内容，或者为幻灯片添加切换动画，让幻灯片之间的切换更自然。具体操作步骤如下。

第1步 ❶ 在幻灯片窗格中选择第1张幻灯片，单击【切换】选项卡【切换到此幻灯片】组中的【切换效果】按钮；❷ 在弹出的下拉列表中选择【华丽型】栏中的【随机】选项，如下图所示。

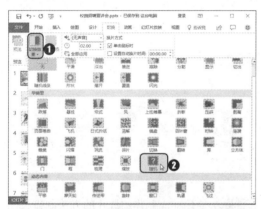

温馨提示

【随机】切换效果并不是固定的某一种切换动画，它是随机从提供的切换效果中选择一种进行播放，它每一次播放的效果都是不相同的。

第2步 为第1张幻灯片添加选择的切换效果，单击【切换】选项卡【计时】组中的【全部应用】按钮，如下图所示。

第3步 即可为PPT中的所有幻灯片添加【随机】切换效果，如下图所示。

第4步 按【F5】键，进入幻灯片放映状态，从第1张幻灯片开始进行放映，对幻灯片的效果进行预览，预览完所有幻灯片的效果后按【Esc】键，退出幻灯片放映，完成本例的制作，如下图所示。

第5章
员工招聘管理

通过对前面知识的学习，相信读者已经掌握了制作招聘管理类文档、表格及PPT的制作方法。下面结合本章内容介绍一些工作中的实用经验与技巧。

01：图片背景删除有妙招

📀 视频文件：光盘\视频文件\第5章\01.mp4

在制作招聘海报、校园宣讲会等相关文档时，经常会需要用到图片来丰富文档内容，一般来说，从网上下载或搜索到的图片都有背景，但有时为了使插入的图片与文档页面背景或幻灯片背景相融合，需要删除图片背景。

在Word或PowerPoint中，既可通过设置透明色功能将图片背景设置为透明色，也可通过删除图片功能删除图片背景或图片中不需要的部分。具体操作步骤如下。

第1步 打开"光盘\素材文件\第5章\招聘宣传单.docx"文件，❶选择页面上方的图片；❷单击【图片工具-格式】选项卡【调整】组中的【删除背景】按钮，如下图所示。

第2步 此时，程序会自动识别图片被删除和保留的部分，被删除的部分变成紫红色，单击【背景消除】选项卡【优化】组中的【标记要保留的区域】按钮，如下图所示。

第3步 此时，鼠标指针将变成 ◎ 形状，在图片需要保留的区域拖动鼠标绘制直线进行标记，标记后的位置将以图片正常显示的颜色进行显示，如下图所示。

> **温馨提示**
> 在【优化】组中单击【标记要删除的区域】按钮，可在图片中拖动标记要删除的区域。

第4步 在文档页面其他位置单击,完成图片背景的删除操作,如下图所示。

第5步 ❶ 选择页面下方的二维码图片,单击【图片工具 - 格式】选项卡【调整】组中的【颜色】按钮;❷ 在弹出的下拉列表中选择【设置透明色】选项,如下图所示。

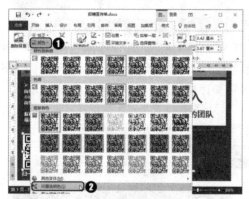

第6步 此时,鼠标指针将变成 形状,在图片白色背景上单击,即可将图片背景设置为透明色,如下图所示。

> **温馨提示**
>
> 使用设置透明色功能删除图片背景时,只能将纯色背景的图片设置为透明色。如果图片中需要保留的区域与图片背景颜色一样,那么也会删除。

02:一键就能把"0"值显示成小横线

📀 视频文件:光盘\视频文件\第5章\02.mp4

在统计人力资源数据时,经常会在表格中出现"0"值,使用千位分隔符按钮【 , 】,可以一键将"0"值显示成小横线"-",具体操作步骤如下。

第1步 打开"光盘\素材文件\第5章\业务员销售业绩统计表.xlsx"文件,❶ 选择E4:H18单元格区域;❷ 单击【开始】选项卡【数字】组中的【千位分隔样式】按钮 ,如下图所示。

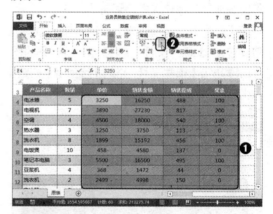

第2步 此时所选单元格区域中的"0"值就变成了小横线"-",效果如下图所示。

第5章
员工招聘管理

温馨提示

为数据设置千位分隔样式后，不仅会将"0"值显示为"-"线，还会将所选单元格区域的数字格式设置为【会计专用】。

03：学会这招，形状可以随心变

◎ 视频文件：光盘\视频文件\第5章\03.mp4

在PPT中，无论是装载文字内容，还是引导、美化幻灯片方面，形状都发挥着至关重要的作用。PowerPoint中提供的形状类型虽多，但并不能满足所有PPT的需要。当提供的形状不能满足需要时，可以通过编辑形状顶点的方法来改变形状，让其变成自己需要的形状。具体操作步骤如下。

第1步 打开"光盘\素材文件\第5章\校园招聘宣讲会1.pptx"文件，❶选择第20张幻灯片，在第一个圆角矩形上绘制一个【对话气泡：圆角矩形】形状，选择绘制的形状；❷单击【绘图工具-格式】选项卡【插入形状】组中的【编辑形状】按钮；❸在弹出的下拉列表中选择【编辑顶点】选项，如下图所示。

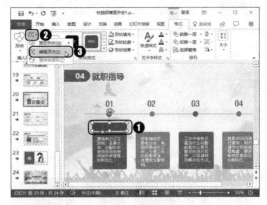

第2步 此时，图片四周将出现顶点，❶在需要删除的顶点上单击；❷选择顶点并右击，在弹出的快捷菜单中选择【删除顶点】命令，如下图所示。

第3步 删除选择的顶点，在需要添加顶点的位置右击，在弹出的快捷菜单中选择【添加顶点】命令添加一个顶点，如下图所示。

177

第4步 选择添加的顶点左侧的第一个顶点，按住鼠标左键不放，向上拖动鼠标，调整顶点的位置，如下图所示。

区域单击，退出形状顶点的编辑，然后对形状的效果进行设置，在形状上绘制一个文本框，输入需要的文本，如下图所示。

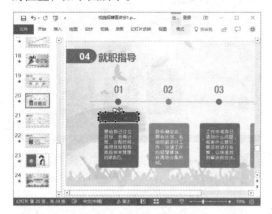

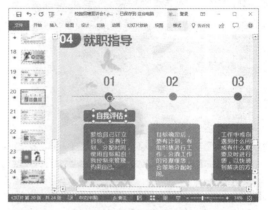

第5步 拖动到合适的位置释放鼠标，使用相同的方法调整其他顶点的位置，如下图所示。

第7步 复制形状和文本框，并对形状填充颜色，对文本框中的文本进行修改，如下图所示。

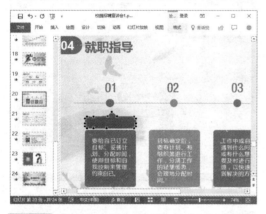

第6步 编辑完形状的顶点后，在幻灯片其他

第6章
员工面试与录用管理

本章导读

企业只要有招聘，就离不开面试与录用这个过程。对于规范化的企业来说，招聘、面试和录用都有一套属于自己的章程。本章通过使用Word和Excel制作面试和录用过程中需要的文档，如面试通知单、入职流程图和员工入职记录表等，使HR的面试与录用工作更加顺利。

知识要点

- ❖ 邮件合并
- ❖ 设置数据的有效性
- ❖ 自定义数字格式
- ❖ SmartArt图形
- ❖ 页边距和纸张大小的设置
- ❖ 应用表格样式

6.1 使用Word制作面试通知单

 案例背景

企业招聘人才时，一般首轮都是招聘专员或HR先根据面试者提交的个人简历来进行筛选，只有筛选符合岗位任职资格的人员才会接收到面试通知。如果符合任职资格的面试人数只有两三个，HR一般会采用电话直接通知面试；如果招聘任务重，符合任职资格的面试人数较多，通过电话通知就比较麻烦，这时就可采用发送电子邮件的方式来通知，这样效率更高。

面试通知单是发送电子邮件通知面试人员必不可少的文档，文档中包含了面试时间、面试地点、携带的证件等内容。本例将通过Word批量制作面试通知单，然后以邮件的形式批量发送给面试人员。制作完成后的效果如下图所示。实例最终效果见"光盘\结果文件\第6章\面试通知单.docx"文件。

光盘文件	结果文件	光盘\结果文件\第6章\面试通知单.docx
	教学视频	光盘\视频文件\第6章\6.1使用Word制作面试通知单.mp4

6.1.1 设置面试通知文档页面

HR在制作文档时，需要注意，对于非正式的文档，企业一般对页面大小没有什么特别的规定，HR可以根据内容的多少和实际情况来设置页面的大小和页边的距离。具体操作步骤如下。

第1步 ❶ 启动 Word 2016，新建一个名为"面试通知单"的空白文档，单击【布局】选项卡【页面设置】组中的【纸张大小】按钮；❷ 在弹出的下拉列表中选择【其他纸张大小】

第6章
员工面试与录用管理

选项，如下图所示。

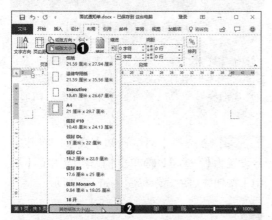

第2步 ❶打开【页面设置】对话框，默认选择【纸张】选项卡，在【纸张大小】选项区域【宽度】数值框中输入"24"；❷在【高度】数值框中输入"15"；❸单击【确定】按钮，如下图所示。

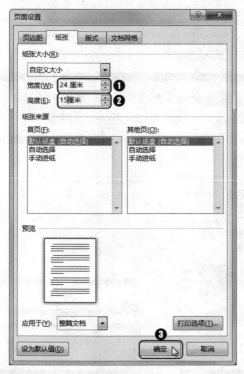

第3步 ❶单击【页面设置】组中的【页边距】按钮；❷在弹出的下拉列表中选择【自定义页边距】选项，如下图所示。

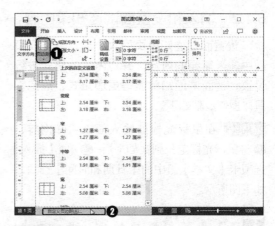

第4步 ❶打开【页面设置】对话框，默认选择【页边距】选项卡，在【页边距】选项区域中的【上】【下】【左】【右】数值框中均输入"1.5"；❷单击【确定】按钮，如下图所示。

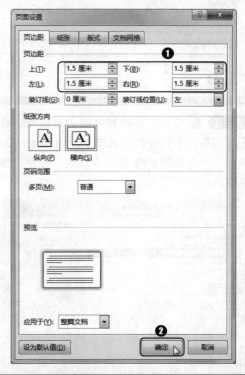

温馨提示

如果不知道将文档页面设置多大合适，可以先保持默认的纸张大小，等输入文档内容后，再根据文档内容的多少来设置页面大小。

6.1.2 输入和设置面试通知单内容

设置面试通知单页面大小后，就可在页面中输入需要的内容，并对内容的格式进行设置，使面试通知单显得更加正式、规范。具体操作步骤如下。

第1步 在鼠标光标处输入面试通知内容，❶将鼠标光标定位到文档最后；❷单击【插入】选项卡【文本】组中的【日期和时间】选项，如下图所示。

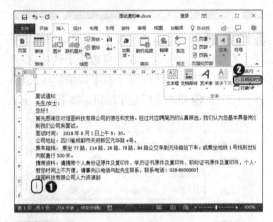

第2步 ❶打开【日期和时间】对话框，在【可用格式】列表框中选择【2018年5月28日星期一】选项；❷单击【确定】按钮，如下图所示。

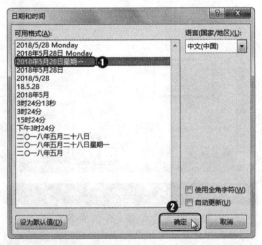

> **教您一招**
>
> **自动更新插入的日期和时间**
> 如果要想让文档中的日期和时间随着推移自动更新，那么需要在【日期和时间】对话框中选中【自动更新】复选框，这样插入的日期和时间会随着当前系统日期和时间的变化而变化。

第3步 ❶选择【面试通知】文本，将其字号设置为【一号】；❷单击【段落】组中的【居中】按钮 居中显示标题，如下图所示。

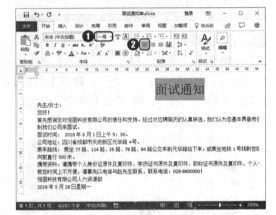

第4步 选择文档落款段落，单击【右对齐】按钮 ，再选择除标题外的所有段落并右击，在弹出的快捷菜单中选择【段落】命令，如下图所示。

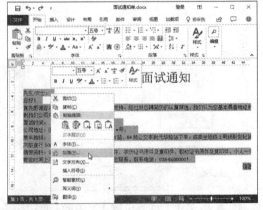

第5步 ❶打开【段落】对话框，在【特殊格式】下拉列表中选择【首行缩进】选项；❷在【行

第6章
员工面试与录用管理

距】下拉列表中选择【1.5 倍行距】选项；
❸ 单击【确定】按钮，如下图所示。

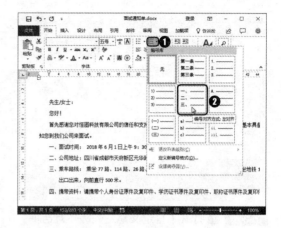

6.1.3 创建数据源列表

要将制作的面试通知单发送给不同的面试人员，那么需要有数据源，将数据源与面试通知单关联后，才能批量制作和发送面试通知单。下面将对数据源列表进行制作。具体操作步骤如下。

第1步 ❶ 单击【邮件】选项卡【开始邮件合并】组中的【选择收件人】按钮；❷ 在弹出的下拉列表中选择【键入新列表】选项，如下图所示。

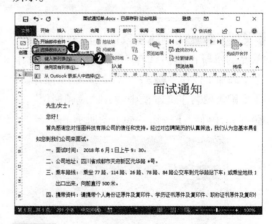

温馨提示

选择【首行缩进】选项后，默认都是缩进两个字符，如果不是缩进的两个字符，可在【缩进值】数值框中进行设置。

温馨提示

在【缩进和间距】选项卡【间距】选项区域中的【段前】和【段后】数值框中还可对段落的段前间距和段后间距进行设置。

第6步 ❶ 选择【面试时间、公司地址、乘车路线和携带资料】相关的段落，单击【段落】组中的【编号】下拉按钮；❷ 在弹出的下拉列表中选择需要的编号样式，为段落添加编号，如下图所示。

第2步 打开【新建地址列表】对话框，在其中显示了列标题，但这些列标题并不能满足需要，这时单击【自定义列】按钮，如下图所示。

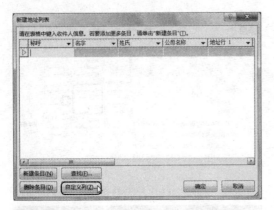

第3步 ❶打开【自定义地址列表】对话框。在【字段名】列表框中选择【称呼】选项；❷单击【删除】按钮；❸在打开的提示对话框中单击【是】按钮，如下图所示。

第4步 ❶使用删除字段的方法删除其他不需要的字段，然后选择【名字】选项；❷单击【添加】按钮；❸打开【添加域】对话框，在【键入域名】文本框中输入"应聘岗位"；❹单击【确定】按钮，如下图所示。

第5步 ❶选择【单位电话】选项；❷单击【重命名】按钮；❸打开【重命名域】对话框，在【目标名称】文本框中输入"联系电话"；❹单击【确定】按钮，如下图所示。

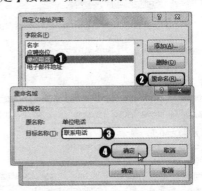

第6步 使用相同的方法将【名字】更改为"姓名"，单击【确定】按钮，如下图所示。

教您一招

移动字段名位置

【新建地址列表】对话框中条目字段名的显示顺序是根据【自定义地址列表】对话框中字段名的显示位置来决定的，所以，当【自定义地址列表】对话框中字段名的位置不正确时，可以对其进行调整。选择需要调整的字段名选项，单击【上移】或【下移】按钮，可以使字段名选项向上移动一步或向下移动一步。

第7步 ❶返回【新建地址列表】对话框，在字段下方的项目中输入面试人员信息；❷单击【新建条目】按钮，如下图所示。

第6章 员工面试与录用管理

6.1.4 批量制作和发送面试通知单

制作好数据源后，就可通过插入域将特定的类别信息在特定的位置显示，与数据源关联起来，然后执行邮件合并将文档以邮件的方式批量发送给面试人员。具体操作步骤如下。

第1步 ❶ 单击【开始邮件合并】组中的【选择收件人】按钮；❷ 在弹出的下拉列表中选择【使用现有列表】选项，如下图所示。

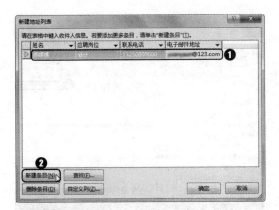

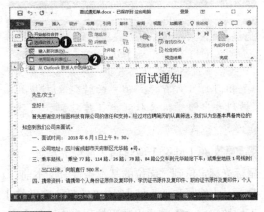

第8步 ❶ 新建一个条目，在新建的条目中输入相应的信息，继续使用相同的方法新建条目；❷ 输入所有面试人员信息后，单击【确定】按钮，如下图所示。

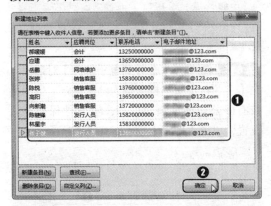

第2步 ❶ 打开【选取数据源】对话框，在地址栏中选择数据源保存的位置；❷ 选择需要的数据源【面试人员名单】文件；❸ 单击【打开】按钮，如下图所示。

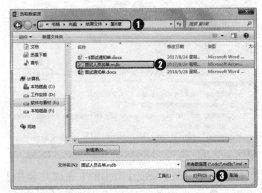

第9步 ❶ 打开【保存通讯录】对话框，在地址栏中设置保存位置；❷ 在【文件名】文本框中输入"面试人员名单"；❸ 单击【保存】按钮，即可对数据源进行保存，如下图所示。

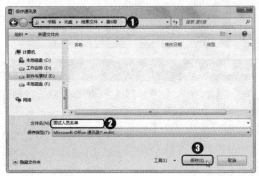

第3步 ❶ 将鼠标光标定位到【先生/女士】文本前；❷ 单击【编写和插入域】组中的【插入合并域】下拉按钮▼；❸ 在弹出的下拉列表中选择【姓名】选项，如下图所示。

Word/Excel/PPT
在人力资源管理中的应用

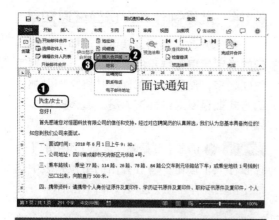

> **温馨提示**
>
> 在【插入合并域】下拉列表中显示的域选项多少与数据源列表中的字段名的多少是相同的，只有将文档中的特定文本与数据列表中的字段关联起来，才能批量创建文档。

第4步 ❶【姓名】域将插入鼠标光标处，将鼠标光标定位到"岗位的基本条件"文本前；❷单击【编写和插入域】组中的【插入合并域】下拉按钮 ▼；❸ 在弹出的下拉列表中选择【应聘岗位】选项，如下图所示。

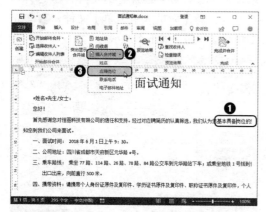

第5步 ❶单击【完成】组中的【完成并合并】按钮；❷ 在弹出的下拉列表中选择【发送电子邮件】选项，如下图所示。

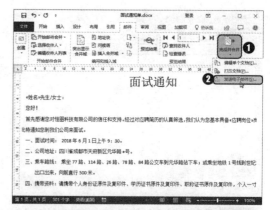

> **温馨提示**
>
> 插入完合并域后，单击【预览结果】组中的【预览结果】按钮，可对面试通知单中显示的姓名和应聘岗位进行查看；单击【下一记录】按钮 ▶，可以对面试人员姓名和应聘的岗位进行查看。

第6步 ❶打开【合并到电子邮件】对话框，在【主题行】文本框中输入邮件主题"恒图科技有限公司面试通知单"；❷ 其他保持默认设置，单击【确定】按钮，如下图所示。

> **温馨提示**
>
> 【收件人】下拉列表框自动识别关联的数据源中的电子邮件地址字段，如果识别不正确，那么可在【收件人】下拉列表框中选择与邮件相关的字段。

第6章
员工面试与录用管理

第7步 打开【选择配置文件】对话框，保持默认选择的配置文件名称，单击【确定】按钮，如下图所示。

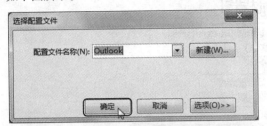

> **温馨提示**
>
> 如果从未配置过Outlook 2016，那么在【合并到电子邮件】对话框中单击【确定】按钮后，将会打开启动Outlook 2016的对话框，根据提示就可对电子邮件账户进行配置。

第8步 ❶ 打开【Windows 安全】对话框，显示正在连接的邮箱地址，输入邮箱地址对应的密码；❷ 单击【确定】按钮，如下图所示。

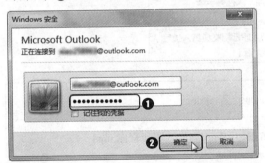

第9步 启动 Outlook 2016 程序，在【发件箱】中将显示所合并的邮件，如下图所示。

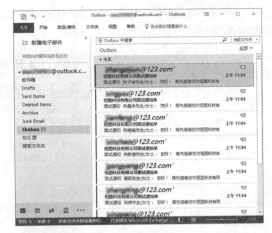

第10步 程序将自动向关联的邮件地址发送邮件，待邮件发送完成后，在【已发送】中将显示发送的邮件，并且在右侧显示发送的面试通知单，如下图所示。

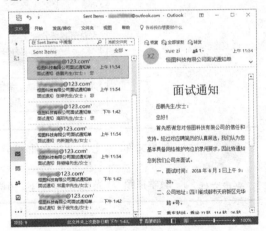

6.2 使用Word制作入职流程图

案例背景

当面试人员面试通过被录用后，就会收到录用通知，被告知什么时间到公司报到。报到并不是说到公司就可以正式上岗工作，还需要办理相关的入职手续。很多公司为了使新员工能快速办理完相关的入职手续，一般都会为新员工制作一个入职流程图，然后新员工按照流程图到相关的部门进行办理即可，这样可以提高入职效率。

本例将使用Word制作入职流程图。制作完成后的效果如下图所示。实例最终效果见"光盘\结果文件\第6章\入职流程图.docx"文件。

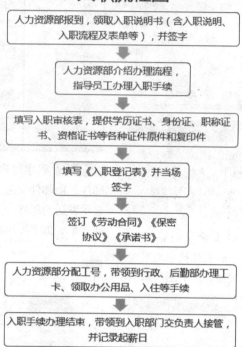

 光盘文件	结果文件	光盘\结果文件\第6章\入职流程图.docx
	教学视频	光盘\视频文件\第6章\6.2使用Word制作入职流程图.mp4

6.2.1 使用SmartArt创建入职流程图

SmartArt图形多用于创建比较有规律，且层次内容较少的关系图示，如流程图、组织结构图、关系图等。入职流程图的内容较少，且有一定的规律，所以，可以使用Word提供的SmartArt图形来创建入职流程图。具体操作步骤如下。

第1步 ❶启动 Word 2016，新建一个"入职流程图"空白文档；❷在鼠标光标处输入标题"入职流程图"，并对标题格式进行相应设置；❸单击【插入】选项卡【插图】组中的【SmartArt】按钮，如下图所示。

第6章
员工面试与录用管理

第2步 ❶打开【选择SmartArt图形】对话框,在左侧选择【流程】选项;❷在中间选择【分段流程】选项;❸单击【确定】按钮,如下图所示。

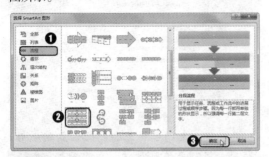

第3步 返回文档编辑区,可查看到插入的SmartArt图形效果,如下图所示。

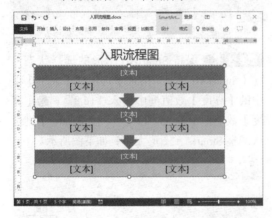

6.2.2 编辑入职流程图

不同的SmartArt图形,其自带的形状个数并不多,而且没有输入文字内容,所以,插入SmartArt图形后,还需要在SmartArt图形的形状中输入相应的文本,并且还可根据实际情况对SmartArt图形的形状进行添加或删除操作、调整大小等编辑操作,使制作的SmartArt图形能满足入职流程图的需要。具体操作步骤如下。

第1步 按住【Shift】键,依次选择SmartArt图形中不需要的形状,按【Delete】键将其删除,如下图所示。

第2步 ❶选择SmartArt图形中的最后一个形状;❷单击【SmartArt工具-设计】选项卡【创建图形】组中的【添加形状】下拉按钮▼;❸在弹出的下拉列表中选择【在后面添加形状】选项,如下图所示。

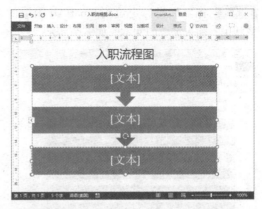

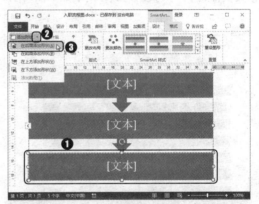

第3步 在选择的形状后面添加一个形状,使用相同的方法继续在形状后面添加3个形状,效果如下图所示。

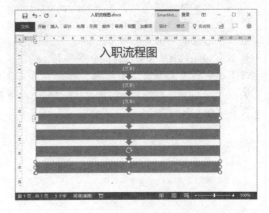

第4步 将鼠标光标定位到 SmartArt 图形的形状中，输入需要的文本，如下图所示。

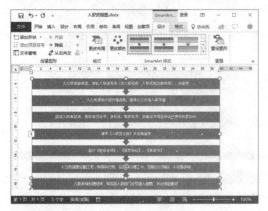

第5步 选择 SmartArt 图形，在【字体】组中将 SmartArt 图形中所有文本的字体设置为【微软雅黑】，字号设置为【14】，如下图所示。

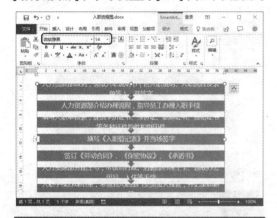

教您一招

通过文本窗格实现文本的输入、形状的添加

　　文本窗格不仅帮助用户在 SmartArt 图形中快速输入和组织文本，还可用于 SmartArt 图形中形状的添加或删除操作。其方法为：单击【SmartArt 工具-设计】选项卡【创建图形】组中的【文本窗格】按钮，打开文本窗格，在文本窗格的项目符号后面输入相应的文本，如下图所示。

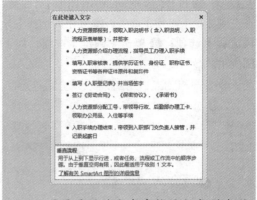

　　如果需要通过文本窗格添加或删除形状，那么可在项目符号输入的文本后面按【Enter】键可添加一个同级别的形状；在文本窗格中选择需要删除的形状对应的文本，按【Delete】键，可删除文本的同时删除文本所对应的形状。

第6步 ❶ 保持 SmartArt 图形的选择状态，在【SmartArt 工具-格式】选项卡【大小】组中的【高度】数值框中输入"16.8"；❷【宽度】数值框中输入"13.8"，按【Enter】键确认调整 SmartArt 图形大小，如下图所示。

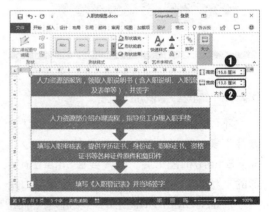

第7步 将鼠标光标定位到 SmartArt 图形后，单击【段落】组中的【居中】按钮 ≡，使 SmartArt 图形在页面中间对齐，如下图所示。

第6章
员工面试与录用管理

第8步 ❶ 选择 SmartArt 图形,单击【SmartArt 工具-设计】选项卡【版式】组中的【更改布局】按钮;❷ 在弹出的下拉列表中选择【垂直流程】选项,如下图所示。

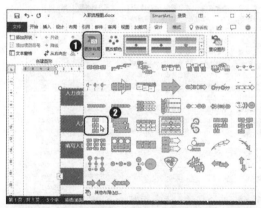

温馨提示

先调整SmartArt图形大小再更改SmartArt图形类型或先更改SmartArt图形类型再调整SmartArt图形大小的结果是一样的,用户可根据实际情况来选择操作的先后顺序。

第9步 选择 SmartArt 图形中需要调整形状宽度的多个形状,将鼠标指针移动到图片中间左侧或右侧的控制点上,按住鼠标左键不放进行拖动,调整形状宽度,如下图所示。

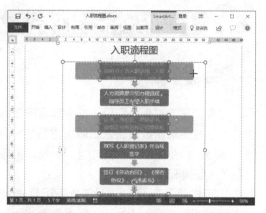

第10步 ❶ 选择 SmartArt 图形,单击【SmartArt 工具-设计】选项卡【SmartArt样式】组中的【更改颜色】按钮;❷ 在弹出的下拉列表中选择【深色2轮廓】选项,如下图所示。

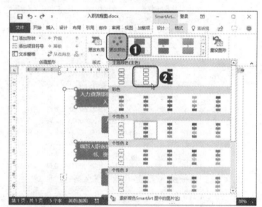

第11步 将 SmartArt 图形更改为选择的颜色,如下图所示。

191

Word/Excel/PPT
在人力资源管理中的应用

6.3 使用Excel制作员工入职记录表

案例背景

虽然新员工进入公司后，都会填写员工入职登记表，表中会记录员工的详细信息，但很多企业为了方便对新进员工入职情况进行统一管理，会要求HR制作员工入职记录表，将员工姓名、学历、毕业院校、入职时间、职位、实习时间和实习结束时间等记录下来，方便对所有新进员工入职情况进行管理。

本例将使用Excel制作员工入职记录表。制作完成后的效果如下图所示。实例最终效果见"光盘\结果文件\第6章\员工入职记录表.xlsx"文件。

光盘文件	结果文件	光盘\结果文件\第6章\员工入职记录表.xlsx
	教学视频	光盘\视频文件\第6章\6.3使用Excel制作员工入职记录表.mp4

6.3.1 输入员工入职记录表信息

表格的制作并不一定是先输入数据，后设置格式，为了使输入的数据有效，也可以先设置数据的有效性，提高数据输入的正确性和效率。具体操作步骤如下。

第1步 ❶启动 Excel 2016，新建一个名为"员工入职记录表"的工作簿，在 A1:L1 单元格区域中输入表字段；❷ 在 A2 单元格中输入【KC-1014101】，将鼠标指针移动到该单元格右下角，按住鼠标拖动控制柄至A19单元格，如下图所示。

第6章
员工面试与录用管理

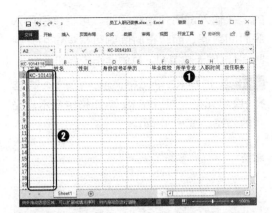

第2步 ❶释放鼠标填充有规律的数据，调整列宽，让工号数据全部显示出来，在B列单元格中输入员工姓名；❷选择C列单元格；❸单击【数据】选项卡【数据工具】组中的【数据验证】按钮，如下图所示。

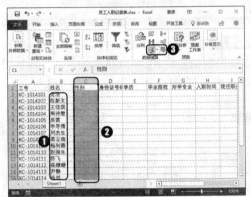

第3步 ❶打开【数据验证】对话框，在【设置】选项卡【允许】下拉列表框中选择【序列】选项；❷在【来源】文本框中输入"男,女"；❸单击【确定】按钮，如下图所示。

第4步 ❶为C列的所有单元格添加一个下拉按钮，选择C2单元格，单击右侧的下拉按钮；❷在弹出的下拉列表中选择【男】选项，如下图所示。

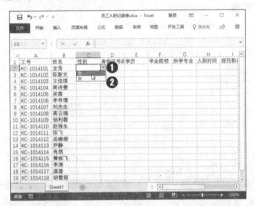

第5步 ❶使用相同的方法继续输入C列数据，选择D列单元格；❷打开【数据验证】对话框，在【允许】下拉列表框中选择【文本长度】选项；❸在【数据】下拉列表框中选择【等于】选项；❹在【长度】文本框中输入"18"；❺单击【确定】按钮，如下图所示。

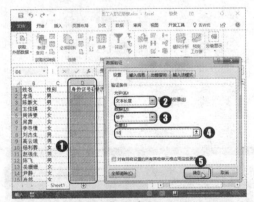

温馨提示

在设置序列和文本长度验证条件时，都是选择整列单元格，可以方便后期输入新增员工的入职记录信息，而且如果后期不需要对表字段进行更改，那么选择整列是完全没有影响的。

第6步 在D2单元格中输入员工身份证号码，

| 193 |

如果输入的位数没有 18 位，那么会弹出提示对话框，提示不匹配，单击【重试】按钮，如下图所示。

第7步 重新输入正确的身份证号码位数，继续输入其他员工的身份证号码、学历、毕业院校、所学专业、入职时间、现任职务、所属部门等信息，如下图所示。

温馨提示

在Excel中，当输入的数据为整数，且位数大于11位时，将会以科学记数法显示，也就是图中身份证号码的显示方式。

6.3.2 引用和计算数据

员工办理好入职手续后，就进入了试用期，所以，入职时间和试用开始时间是一致

的，在输入试用开始时间时，可直接引用入职时间数据。而转正时间则可根据试用开始时间+试用天数得到。具体操作步骤如下。

第1步 选择 K2 单元格，输入"="，再选择 H2 单元格，即可在 K2 单元格中显示出完整的公式，如下图所示。

第2步 按【Enter】键，计算出结果，然后拖动控制柄复制 K2 单元格中的公式，计算出 K3:K19 单元格区域中的结果，如下图所示。

温馨提示

单元格中引用的日期显示为【########】，并不是数据引用错误，而是单元格列宽不够，不能完全显示出数据，调整列宽后就能正常显示数据。

第3步 在 L2 单元格中输入公式"=K2+30"，按【Enter】键计算出结果，并复制公式，计

算出其他员工的转正时间，如下图所示。

6.3.3 美化表格效果

对于输入的员工入职记录表，员工身份证号码是以科学记数法显示的，而且还有单元格中部分数据显示不完，这时就需要对表格的数字格式、单元格格式等进行设置，使表格更加符合要求。具体操作步骤如下。

第1步 ❶ 选择 D2:D19 单元格区域；❷ 单击【开始】选项卡【数字】组右下角的对话框启动器按钮，如下图所示。

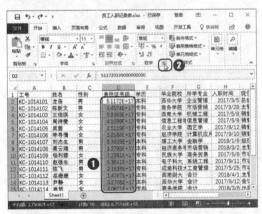

第2步 ❶ 打开【设置单元格格式】对话框，在【数字】选项卡的【分类】列表框中选择【自定义】选项；❷ 在【类型】列表框中选择【0】选项；❸ 单击【确定】按钮，如下图所示。

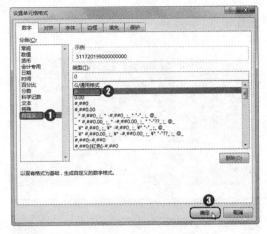

第3步 ❶ 所选单元格中的数据将以设置的数字格式进行显示出来，选择 A1:L19 单元格区域；❷ 单击【开始】选项卡【单元格】组中的【格式】按钮；❸ 在弹出的下拉列表中选择【自动调整列宽】选项，如下图所示。

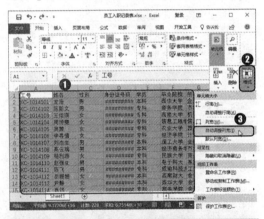

> **温馨提示**
>
> 若在【格式】下拉列表中选择【自动调整行高】选项，将根据单元格中内容自动调整行高。

第4步 ❶ 将根据单元格中的内容多少来自动调整列宽，保持单元格区域的选择状态，打开【行高】对话框，在【行高】数值框中输入"20"；❷ 单击【确定】按钮，如下图所示。

第5步 对数据区域的对齐方式和字体格式进行相应的设置，效果如下图所示。

第6步 ❶选择A1:L19单元格区域，单击【开始】选项卡【样式】组中的【套用表格格式】按钮；❷在弹出的下拉列表中选择【浅绿，表样式浅色21】选项，如下图所示。

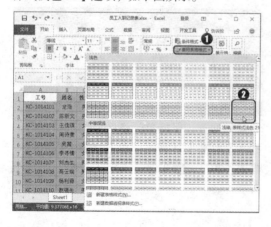

第7步 打开【套用表格格式】对话框，显示了表数据的来源，单击【确定】按钮，如下图所示。

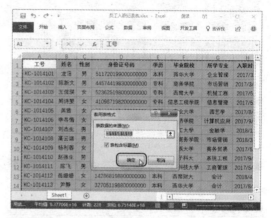

第8步 为选择的单元格区域应用表样式，并在每个表字段后面添加一个下拉按钮，单击【表格工具-设计】选项卡【工具】组中的【转换为区域】按钮，如下图所示。

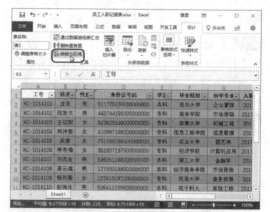

温馨提示

应用表格样式后，在表字段后面添加一个下拉按钮是为了方便对表格中的数据进行排序和筛选。如果需要对表格中的数据进行排序或筛选，那么可不用将表格转换为普通区域。

第9步 打开提示对话框，提示是否将表转换为普通区域，单击【是】按钮，如下图所示。

第6章
员工面试与录用管理

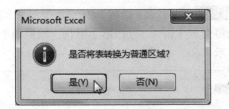

第10步 即可删除表字段右侧的下拉按钮 ▼，如下图所示。

大神支招

通过前面知识的学习，相信读者已经掌握了制作面试通知单、入职流程图及员工入职记录表等人力资源相关文档的方法。下面结合本章内容，给读者介绍一些工作中的实用经验与技巧。

01：如何根据文档中的合并域合并到新文档

🎥 视频文件：光盘\视频文件\第6章\01.mp4

对于制作的面试通知单、入职通知单等文档，除了可以利用邮件合并的功能以邮件的形式批量发送给他人外，还可根据文档中插入的合并域将内容批量合并到新的文档中。具体操作步骤如下。

第1步 打开"光盘\素材文件\第6章\面试通知单1.docx"文件，❶单击【邮件】选项卡【合并】组中的【完成并合并】按钮；❷在弹出的下拉列表中选择【编辑单个文档】选项，如下图所示。

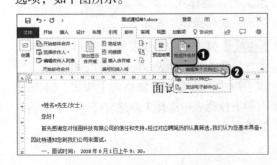

第2步 ❶打开【合并到新文档】对话框，选中【全部】单选按钮；❷单击【确定】按钮，如下图所示。

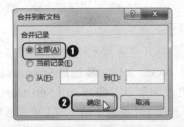

> **温馨提示**
>
> 在【合并到新文档】对话框中选中【当前记录】单选按钮，将只把第一个记录合并到一个新文档中；选中【从】单选按钮，即可在【从】文本框中输入开始的记录，如输入"2"，在【到】文本框中输入结束的记录，如输入"8"，就可将第2条记录至第8条记录合并到一个新文档中。

第3步 即可根据【姓名】域生成单个页面，并合并到一个新的【信函1】文档中，将其另存为"面试通知单信函"，如下图所示。

| 197 |

Word/Excel/PPT
在人力资源管理中的应用

02：SmartArt 图形中的形状也能改变

视频文件：光盘\视频文件\第6章\02.mp4

SmartArt图形虽然是一个整体，但如果需要将SmartArt图形中的部分形状以其他形状进行突出显示，那么可以对形状进行更改，使制作的SmartArt图形更具视觉化。具体操作步骤如下。

第1步 打开"光盘\素材文件\第 6 章\培训流程 .docx"文件，❶选择 SmartArt 图形中需要更改的形状；❷单击【SmartArt 工具 - 格式】选项卡【形状】组中的【更改形状】按钮；❸在弹出的下拉列表中选择【箭头：五边形】选项，如下图所示。

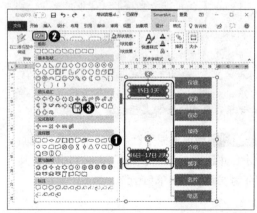

第2步 此时，选择的 SmartArt 图形中的形状将变成【箭头：五边形】形状，效果如下图所示。

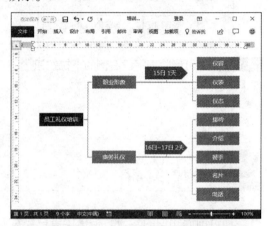

教您一招

重置SmartArt图形

如果对设置的SmartArt图形效果不满意，那么可单击【SmartArt工具-设计】选项卡【重置】组中的【重置】按钮，使SmartArt图形恢复插入时的效果，然后重新对SmartArt图形效果进行设置即可。

03：自定义一个常用的表格样式，让效果一步到位

视频文件：光盘\视频文件\第6章\03.mp4

对于HR来说，经常需要制作很多同类型的表格，当需要制作的表格效果基本相同或类似时，可以自行定义需要的表格样式，然后每次设置表格外观效果时，可以直接应用定义的表格样式，减少设置步骤，提高工作效率。具体操作步骤如下。

第1步 打开"光盘\素材文件\第 6 章\业务员销售业绩统计表 .xlsx"文件，❶单击【样式】组中的【套用表格格式】按钮；❷在弹出的下拉列表中选择【新建表格样式】选项，如下图所示。

第6章
员工面试与录用管理

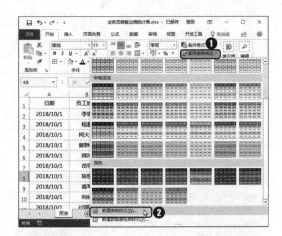

第2步 ❶打开【新建表样式】对话框,在【名称】文本框中输入"常用样式";❷在【表元素】列表框中选择【标题行】选项;❸单击【格式】按钮,如下图所示。

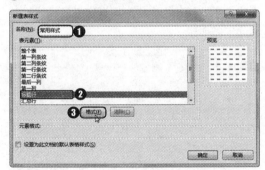

第3步 ❶打开【设置单元格格式】对话框,选择【字体】选项卡;❷在【字形】列表框中选择【加粗】选项;❸单击【确定】按钮,如下图所示。

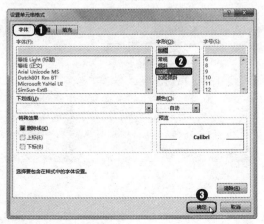

第4步 ❶返回【新建表样式】对话框,在【表元素】列表框中选择【整个表】选项;❷单击【格式】按钮,如下图所示。

第5步 ❶打开【设置单元格格式】对话框,选择【边框】选项卡;❷在【颜色】下拉列表中选择【浅灰色,背景2,深色25%】选项;❸在【样式】列表框中选择【双横线】选项;❹单击【外边框】和【内部】按钮;❺单击【确定】按钮,如下图所示。

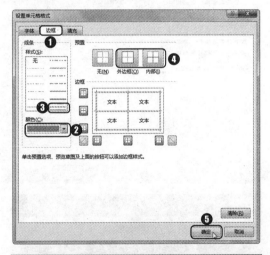

> **温馨提示**
>
> 单击【外边框】和【内部】按钮,表示为表格添加外边框和内边框,如果只需要为表格添加某一边的边框,那么单击【边框】选项区域中相应的按钮,即可为表格相应的部分添加边框。

第6步 ❶返回【新建表样式】对话框,在

【表元素】列表框中选择【第一行条纹】选项；❷单击【格式】按钮，如下图所示。

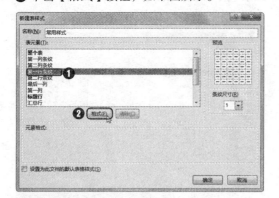

第7步 ❶打开【设置单元格格式】对话框，选择【填充】选项卡；❷在【背景色】选项区域中单击需要的底纹颜色；❸单击【确定】按钮，如下图所示。

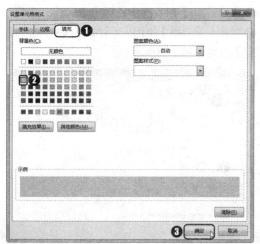

> **教您一招**
>
> **设置图案底纹**
>
> 如果需要使用图案来填充底纹效果，那么可在【设置单元格格式】对话框【填充】选项卡中的【图案颜色】下拉列表中设置图案的颜色；在【图案样式】下拉列表中选择图案样式，单击【确定】按钮即可。

第8步 返回【新建表样式】对话框，单击【确定】按钮，返回工作表编辑区域，选择需要应用表样式的单元格区域，在【套用表格格式】下拉列表中选择【自定义】栏中的【常用样式】选项，如下图所示。

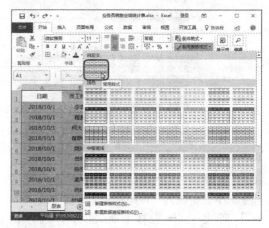

第9步 打开【套用表格格式】对话框，单击【确定】按钮，为表格应用自定义的样式，效果如下图所示。

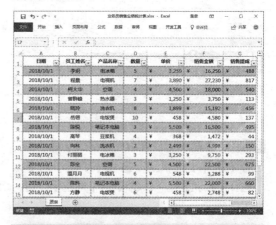

> **教您一招**
>
> **更改表样式**
>
> 若【套用表格格式】下拉列表中有与所需样式类似的样式，那么可直接在类似的样式上右击，在弹出的快捷菜单中选择【复制】命令，打开【修改表样式】对话框，可以在该样式的基础上对表样式进行简单的修改。

第7章
员工培训管理

本章导读

员工培训是人力资源管理中必不可少的一项工作，是企业为了提升员工的知识、技能，改进员工态度、动机和行为的一种有目的、有计划和有制度的管理活动。本章通过使用Word、Excel和PPT软件制作员工培训过程中需要的文档，为HR提供参考。

知识要点

- ❖ 新建、修改和应用样式
- ❖ 折线图和组合图的使用
- ❖ 幻灯片动画
- ❖ 控件的制作
- ❖ 图表和图标的使用
- ❖ 缩放定位

7.1 使用Word制作员工培训制度

 案例背景

员工培训是企业人力资源管理与开发的重要组成部分和关键职能，是企业组织效益提高的重要途径。当前很多企业都已经意识到了培训的重要性，因为通过培训不仅可以提高员工的知识、技能，更重要的是可以增强员工对组织的认同感，增强员工与员工、员工与管理人员之间的凝聚力及团队精神，从而最大限度地提高组织效率，增加企业的凝聚力，使企业在激烈的市场竞争中立于不败之地。

有效的员工培训，其实是提升企业综合竞争力的一种方式。但不合理的员工培训反而会影响员工之间的关系，破坏企业在员工心目中的形象。所以，企业为了使员工培训工作开展得比较顺利，达到员工培训的目的，一般都会制定相关的培训制度，使员工培训更加合理化、规范化。

本例将使用Word制作员工培训制度。制作完成后的效果如下图所示。实例最终效果见"光盘\结果文件\第7章\员工培训制度.docx"文件。

光盘文件	素材文件	光盘\素材文件\第7章\员工培训制度.docx
	结果文件	光盘\结果文件\第7章\员工培训制度.docx
	教学视频	光盘\视频文件\第7章\7.1使用Word制作员工培训制度.mp4

7.1.1 通过样式快速设置文档格式

对于员工培训制度这样的长文档来说，内容比较多，如果通过普通的设置字体格式和段落格式的方法来设置文档格式会比较麻烦，而且浪费时间。为了提高工作效率，可以使用样式来设置文档格式，非常简单且方便。

1. 应用内置样式

Word 2016中提供了一些常用的样式，如果样式中有适合的样式，那么可直接为文档段落应用提供的样式。具体操作步骤如下。

第1步 打开"光盘\素材文件\第7章\员工培训制度.docx"文件，❶选择第一段和第二段；❷在【开始】选项卡【样式】组中的【样式】下拉列表中选择【标题】选项，如下图所示。

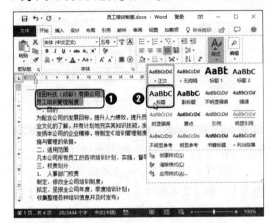

第2步 所选段落将应用【标题】样式，效果如下图所示。

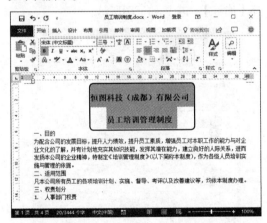

2. 修改样式

在使用内置样式时，当遇到内置的某个样式的多项格式满足需要，只有某项格式不能满足需要时，为了提高效率，那么可直接对样式进行修改，将其修改为需要的样式，修改后，文档中应用该样式的段落的格式也会随之发生变化。具体操作步骤如下。

第1步 ❶将鼠标光标定位到应用【正文】样式的段落中；❷在【样式】下拉列表中的【正文】样式上右击，在弹出的快捷菜单中选择【修改】命令，如下图所示。

第2步 ❶打开【修改样式】对话框，单击【格式】按钮；❷在弹出的下拉列表中选择【段落】选项，如下图所示。

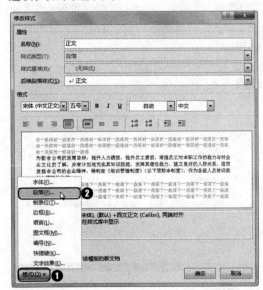

第3步 ❶打开【段落】对话框，默认选择【缩进和间距】选项卡，在【特殊格式】下拉列表中选择【首行缩进】选项；❷在【行距】下拉列表中选择【1.5倍行距】选项；❸单击【确定】按钮，如下图所示。

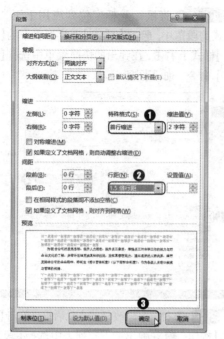

❷在【样式】下拉列表中选择【创建样式】选项，如下图所示。

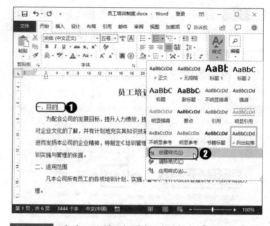

第2步 在打开的对话框中单击【修改】按钮，展开【根据格式化创建新样式】对话框，❶在【名称】文本框中输入"章节"；❷在【字号】下拉列表中选择【四号】选项；❸单击【加粗】按钮B；❹单击【居中】按钮；❺单击【格式】按钮；❻在弹出的下拉列表中选择【编号】选项，如下图所示。

第4步 返回【修改样式】对话框，单击【确定】按钮，返回文档编辑区，即可发现应用【正文】样式的段落的格式发生了变化，效果如下图所示。

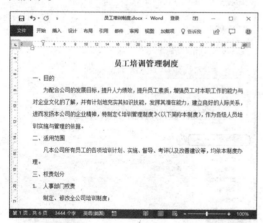

3. 新建样式

在使用样式设置文档格式时，不要只局限于Word提供的内置样式，当内置的样式确实不能满足需要时，可以自行根据需要新建样式。具体操作步骤如下。

第1步 ❶将鼠标光标定位到第3段中；

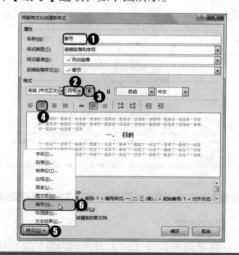

> **温馨提示**
>
> 【根据格式化创建新样式】对话框中的【样式基准】下拉列表表示新建样式基于哪种样式进行创建，最好选择后期不会再有所变化的样式，否则基准样式格式发生变化，新建的样式也会发生变化。

第7章 员工培训管理

第3步 打开【编号和项目符号】对话框，单击【定义新编号格式】按钮，如下图所示。

第4步 ❶打开【定义新编号格式】对话框，在【编号样式】下拉列表中选择【一，二，三（简）…】选项；❷在【编号格式】文本框中的编号【一】前后分别输入"第"和"章"；❸单击【确定】按钮，如下图所示。

温馨提示

【编号格式】文本框中的编号不能手动输入，手动输入的编号不能连续编号，编号是固定的。

第5步 在返回的对话框中依次单击【确定】按钮，返回文档编辑区，即可查看到鼠标光标所在的段落应用了创建的样式，并为其他段落应用【章节】样式，如下图所示。

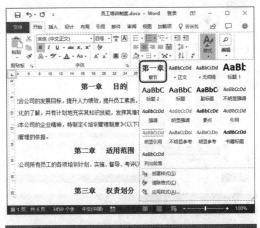

教您一招

清除样式格式

新建样式并应用到段落中后，若对新建的样式格式不满意，要想使应用样式的段落格式恢复原样，选择应用该样式的段落，在【样式】下拉列表中选择【清除格式】选项，即可清除段落的格式，使段落格式恢复未设置前的效果。

第6步 使用相同的方法继续创建一个名为"1级标题"的样式，并将其应用到相应的段落中，如下图所示。

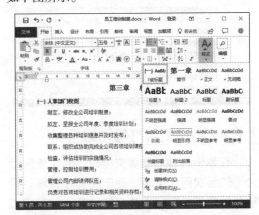

第7步 在应用【1级标题样式】且需要更改段落编号起始值的编号上右击，在弹出的快捷菜单中选择【重新开始于一】命令，如下图所示。

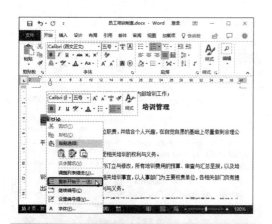

> **温馨提示**
>
> 在右键菜单中选择【继续编号】命令，可以接着上一编号连续编号；选择【设置编号值】命令，可在打开的【起始编号】对话框中对编号的起始值进行设置。

第8步 段落编号将重新从【(一)】开始，如下图所示。

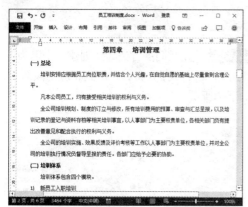

7.1.2 添加项目符号和编号

在编辑各种制度类文档时，为了使段落之间的层次更加清晰，便于阅读和查看，经常会为同级或有层次关系的段落添加编号或项目符号。具体操作步骤如下。

第1步 ❶选择需要添加编号的段落；❷单击【段落】组中的【编号】下拉按钮▼；❸在弹出的下拉列表中选择需要的编号样式，如下图所示。

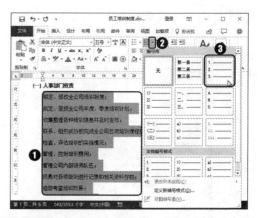

第2步 为段落添加选择的编号样式，使用相同的方法继续为其他段落添加需要的编号，然后选择需要设置段落级别的段落，如下图所示。

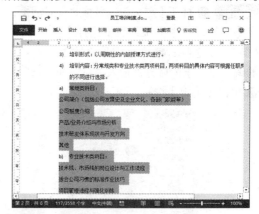

第3步 按【Tab】键将使所选段落下降一个级别，取消带编号段落的选择，再按【Tab】键，使段落再下降一个级别，如下图所示。

第4步 使用相同的方法使带字母的编号下降

一个级别，如下图所示。

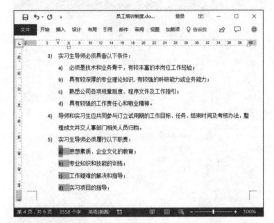

第5步 ❶选择需要添加项目符号的多个段落，单击【段落】组中的【项目符号】下拉按钮▼；❷在弹出的下拉列表中选择需要的项目符号样式，如下图所示。

7.1.3 借助插入的空白页制作封面

Word中虽然提供了封面样式，但并不能满足所有人力资源文档的制作，特别对于制度类文档来说，很多封面只需要一些简短的文字进行说明或简单的线条装饰。HR在制作这类文档时，可以通过插入空白页，然后在空白页中添加需要的内容来制作文档的封面。具体操作步骤如下。

第1步 ❶将鼠标光标定位到文档标题最前面；❷单击【插入】选项卡【页面】组中的【空白页】按钮，如下图所示。

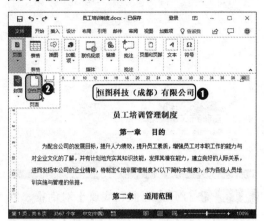

第2步 在文档最前面插入一页空白页，在空白页上方输入需要的文本，并对文本的字体格式和对齐方式进行设置，❶选择最后一行的文本，单击【段落】组中的【边框】下拉按钮▼；❷在弹出的下拉列表中选择【下框线】选项，为段落添加边框，如下图所示。

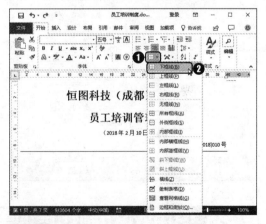

第3步 ❶继续在该页面中添加需要的文本内容，并对文本的格式进行相应的设置，选择【主题词：员工培训】段落；❷单击【段落】组中的【边框】下拉按钮▼；❸在弹出的下拉列表中选择【边框和底纹】选项，如下图所示。

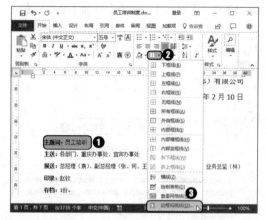

第4步 ❶打开【边框和底纹】对话框，默认选择【边框】选项卡，在【设置】选项区域中选择【自定义】选项；❷在【宽度】下拉列表中选择【1.5磅】选项；❸单击【预览】选项区域中的 按钮，为段落添加下框线；❹单击【确定】按钮，如下图所示。

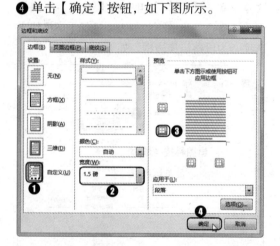

教您一招

设置边框的距离

在【边框和底纹】对话框中的【边框】选项卡中设置好边框后，单击【选项】按钮，打开【边框和底纹选项】对话框，在其中可对边框距正文上下左右的距离进行设置，如下图所示。

第5步 返回文档编辑区，可查看添加的边框效果，如下图所示。

7.2 使用Word制作培训需求调查表

案例背景

为了使培训工作更具针对性和实用性，企业决定对员工进行培训之前，一般会要求人力资源部门对全体员工进行培训需求调查，以快速了解哪些员工需要培训、为什么要培训及培训什么等问题，根据调查结果来制订培训计划，使培训工作的准确性、及时性和有效性得到保障。

第7章
员工培训管理

本例将使用Word制作培训需求调查表。制作完成后的效果如下图所示。实例最终效果见"光盘\结果文件\第7章\培训需求调查表.docx"文件。

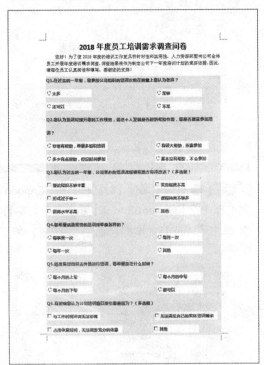
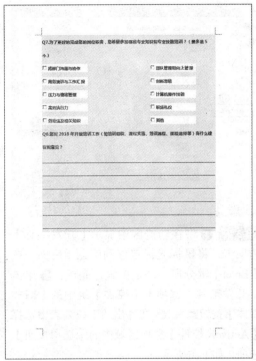

光盘文件	素材文件	光盘\素材文件\第7章\培训需求调查表.docx
	结果文件	光盘\结果文件\第7章\培训需求调查表.docx
	教学视频	光盘\视频文件\第7章\7.2使用Word制作培训需求调查表.mp4

7.2.1 使用控件制作单选按钮

在很多问卷调查表中都可以看到单选按钮，这些单选按钮并不是通过形状绘制的，而是通过Word提供的控件制作的。在Word 2016中要想使用控件，首先就需要在功能区中将【开发工具】选项卡显示出来，才能选择相应的控件进行制作。具体操作步骤如下。

第1步 打开"光盘\素材文件\第7章\培训需求调查表.docx"文件，选择【文件】选项卡，在打开的页面左侧选择【选项】选项，如下图所示。

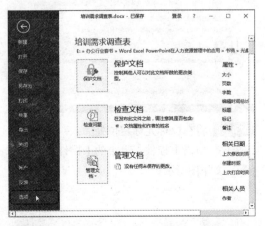

第2步 ❶打开【Word选项】对话框，在左侧选择【自定义功能区】选项；❷在右侧的【自

定义功能区】列表框中选中【开发工具】复选框；❸单击【确定】按钮，如下图所示。

第3步 ❶将在功能区中显示【开发工具】选项卡，将鼠标光标定位到问题1后面，按【Enter】键分段，并定位鼠标光标；❷单击【开发工具】选项卡【控件】组中的【旧式窗体】按钮；❸在弹出的下拉列表中选择【ActiveX控件】选项区域中的【选项按钮】选项，如下图所示。

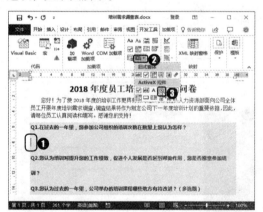

第4步 将在鼠标光标定位处插入一个选项按钮控件，单击【控件】组中的【控件属性】按钮，如下图所示。

第5步 ❶打开【属性】对话框，在【Caption】文本框中将【OptionButton1】更改为【太多】；❷单击【Font】文本框后面的 ... 按钮，如下图所示。

温馨提示

在插入的选项按钮控件上右击，在弹出的快捷菜单中选择【属性】命令，也能打开【属性】对话框。

第6步 ❶打开【字体】对话框，在【字体】列表框中选择【微软雅黑】选项；❷在【大小】列表框中选择【10】选项；❸单击【确定】按钮，如下图所示。

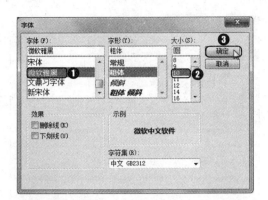

第7步 返回【属性】对话框,单击【关闭】按钮关闭对话框,保持选项按钮控件的选择状态并右击,在弹出的快捷菜单中选择【复制】命令复制控件,如下图所示。

第8步 将复制的控件粘贴到【太多】控件后,选择粘贴的控件,打开【属性】对话框,将控件名称【太多】更改为【足够】,如下图所示。

第9步 使用相同的方法在文档中插入需要的选项按钮控件,如下图所示。

7.2.2 制作复选框控件

在制作各种调查表时,除了会使用到选项按钮控件外,还会使用到复选框控件,复选框控件的制作方法与选项按钮控件的制作方法基本类似。具体操作步骤如下。

第1步 ❶将鼠标光标定位到需要添加复选框控件的位置;❷单击【开发工具】选项卡【控件】组中的【旧式工具】按钮;❸在弹出的下拉列表中选择【ActiveX控件】选项区域中的【复选框】选项,如下图所示。

第2步 插入复选框控件,打开【属性】对话框,在其中对控件名称、字体、字号等进行设置,如下图所示。

Word/Excel/PPT
在人力资源管理中的应用

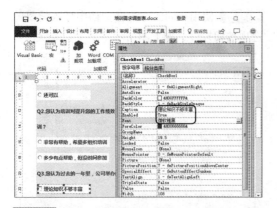

第3步 复制复选框控件,然后对控件的名称进行修改,完成文档中其他复选框控件的制作,如下图所示。

温馨提示

当需要直接在计算机中填写这份培训需求调查表时,可以直接用鼠标单击选项按钮控件和复选框控件,就能选中单选按钮或复选框。需要注意的是,每个问题下只能选中一个单选按钮,而复选框则可以选中多个。

7.2.3 通过下画线实现边框的添加

当需要为空白处添加边框时,通过【段落】组中的边框功能添加就会很麻烦,这时可以通过添加下画线来实现边框的添加。具体操作步骤如下。

第1步 ❶将鼠标光标定位到需要添加边框的位置;❷单击【字体】组中的【下画线】按钮 U,如下图所示。

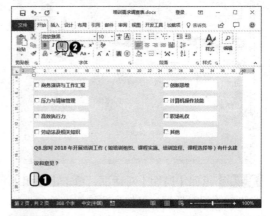

第2步 即可添加下画线,多次按【Space】键,就能将添加的下画线显示出来,如下图所示。

第3步 当鼠标光标移动到每行的末尾处时,按【Enter】键分段,继续按【Space】键,就能为多行添加下画线,如下图所示。

第7章
员工培训管理

7.3 使用Excel制作员工培训效果评估分析表

 案例背景

培训结束后，企业或公司一般都会对员工的每一个培训项目效果进行评估，以检验培训方式、方法、方案等是否对内部人员有效，从而更改和完善培训方式、方法及方案，让培训效果更佳，达到预期培训目标。培训评估结果不仅可以作为后续培训的参考依据，还可以作为绩效考核的一个标准，提高员工参与培训的积极性，从而提高培训效率。

本例将使用Excel制作员工培训效果评估分析表。制作完成后的效果如下图所示。实例最终效果见"光盘\结果文件\第7章\员工培训效果评估分析表.xlsx"文件。

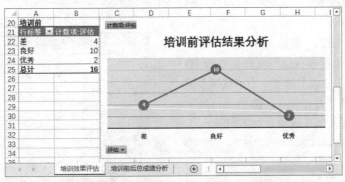

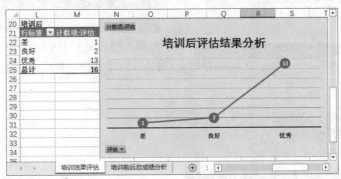

Word/Excel/PPT
在人力资源管理中的应用

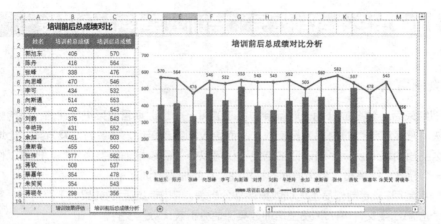

光盘文件	素材文件	光盘\素材文件\第7章\员工培训效果评估分析表.xlsx
	结果文件	光盘\结果文件\第7章\员工培训效果评估分析表.xlsx
	教学视频	光盘\视频文件\第7章\7.3使用Excel制作员工培训效果评估分析表.mp4

7.3.1 计算培训成绩

对培训效果最直接的评估就是对每位参与培训的员工的成绩进行评估。而评估标准则是平均成绩大于或等于80为优秀；大于或等于60且小于80为良好，低于60则为差。具体操作步骤如下。

第1步 ❶打开"光盘\素材文件\第7章\员工培训效果评估分析表.xlsx"文件，选择H3单元格；❷单击【公式】选项卡【函数库】组中的【自动求和】下拉按钮 ▼ ；❸在弹出的下拉列表中选择【平均值】选项，如下图所示。

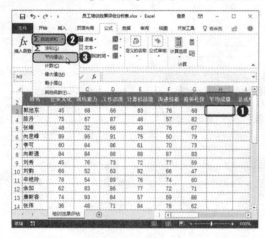

第2步 此时，H3单元格中将自动显示求平均值的公式，对公式的取值范围进行确认，如下图所示。

第3步 确认无误后，按【Enter】键计算出结果，然后复制H3单元格中的公式，计算出H4:H18单元格区域中的结果，如下图所示。

第7章
员工培训管理

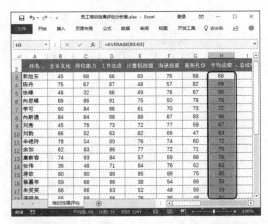

第4步 ❶ 选择I3单元格，单击【公式】选项卡【函数库】组中的【自动求和】按钮；❷ 所选单元格中将自动显示求和公式，将公式中的【H3】更改为【G3】，如下图所示。

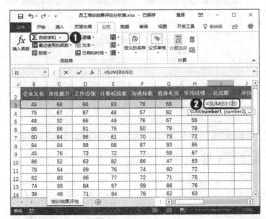

第5步 按【Enter】键计算出结果，复制公式，计算出其他员工的培训总成绩，如下图所示。

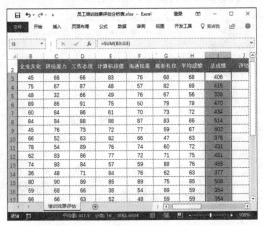

第6步 选择J3单元格，在编辑栏中输入公式【=IF(AND(H3>=80),"优秀",IF(AND (H3>=60),"良好","差"))】，如下图所示。

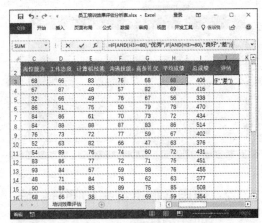

第7步 按【Enter】键计算出结果，复制公式，计算出其他员工的评估结果，如下图所示。

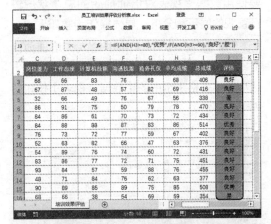

温馨提示

【=IF(AND(H3>=80),"优秀",IF(AND (H3>=60),"良好","差"))】公式表示，如果H3单元格中的数据大于或等于80，返回的评估结果则为优秀；如果H3单元格中的数据大于或等于60，则返回良好；小于60则返回为差。

第8步 使用计算培训前考核成绩的方法计算培训后考核成绩，如下图所示。

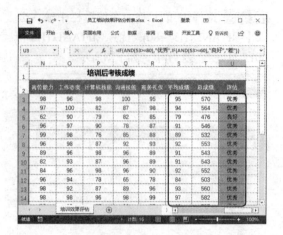

第3步 折叠对话框，拖动鼠标选择 A2:J18 单元格区域；单击【展开】按钮，如下图所示。

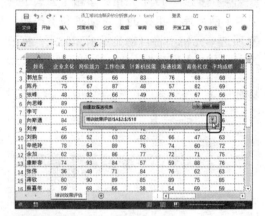

7.3.2 使用数据透视表和图分析培训评估结果

对每位员工培训成绩进行评估后，还需要使用数据透视表对培训前后的总体状况进行直观的展示和分析。具体操作步骤如下。

第1步 ❶ 在 A20 单元格中输入"培训前"文本；❷ 选择 A21 单元格；❸ 单击【插入】选项卡【表格】组中的【数据透视表】按钮，如下图所示。

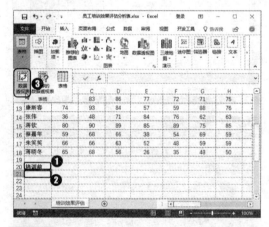

第2步 打开【创建数据透视表】对话框，单击【表/区域】文本框后面的【折叠】按钮，如下图所示。

第4步 ❶ 返回【创建数据透视表】对话框，保持数据透视表放置位置不变，单击【确定】按钮，创建一个空白数据透视表，并打开【数据透视表字段】任务窗格，在列表框中选中【评估】复选框；❷ 使用鼠标拖动【评估】选项到【值】对应的框中，如下图所示。

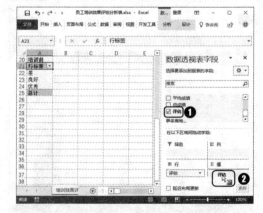

第7章
员工培训管理

第5步 数据透视表中将统计出每个行标签的人数，如下图所示。

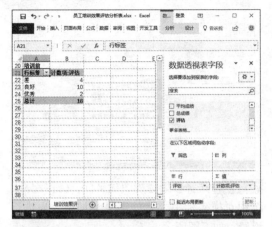

第6步 选择数据透视表，在【数据透视表工具-设计】选项卡【数据透视表样式】组中的下拉列表中选择【浅橙色，数据透视表样式中等深浅10】选项，如下图所示。

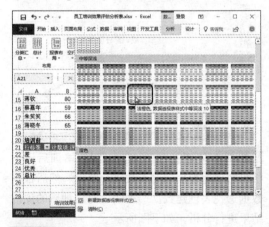

第7步 ❶选择数据透视表中的任一单元格；❷单击【数据透视表工具-分析】选项卡【工具】组中的【数据透视图】按钮，如下图所示。

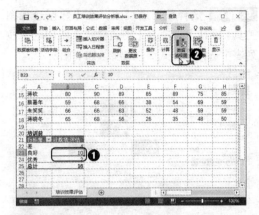

第8步 ❶打开【插入图表】对话框选择【折线图】选项；❷在右侧的区域中选择【带数据标记的折线图】选项；❸单击【确定】按钮，如下图所示。

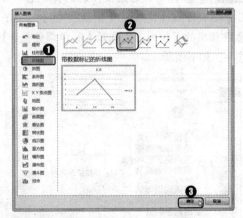

第9步 在工作表中插入数据透视图，将其移动到合适的位置，将图表标题更改为"培训前评估结果分析"，并删除图例，如下图所示。

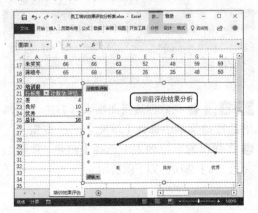

第10步 选择数据透视图,在【数据透视图工具-设计】选项卡【图表样式】组中的下拉列表中选择【样式2】选项,如下图所示。

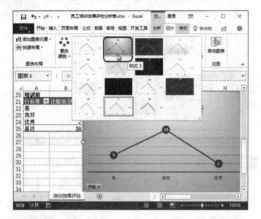

第11步 ❶保持数据透视图的选择状态,单击【图表样式】组中的【更改颜色】按钮;❷在弹出的下拉列表中选择【彩色调色板3】选项,如下图所示。

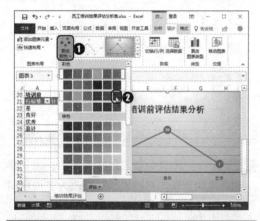

> **温馨提示**
>
> 使用更改颜色功能对图表颜色进行更改时,只能对图表中数据系列的颜色进行更改,不能对图表原有的底纹颜色进行更改。

第12步 ❶在数据透视图图表区右击,在弹出的快捷菜单中选择【填充】下拉按钮▼;❷在弹出的下拉列表中选择【白色,背景1,深色5%】选项,如下图所示。

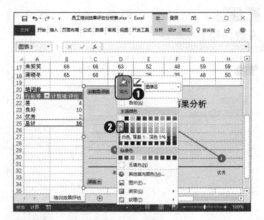

第13步 选择数据透视图横坐标,在【字体】组中对横坐标中文本的字号和加粗效果进行设置,如下图所示。

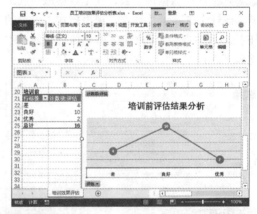

第14步 使用相同的方法,制作培训后评估结果数据透视表,对人数进行统计,然后根据数据透视表创建数据透视图,对培训后的评估结果进行分析,如下图所示。

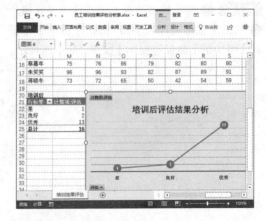

第 7 章
员工培训管理

7.3.3 制作培训前后总成绩分析表

通过分析员工培训前后的总成绩,可以看出培训的效果。下面将通过组合图来对培训前后的总成绩进行分析,可以快速看出培训前和培训后成绩的明显差别。具体操作步骤如下。

第1步 将鼠标指针移动到【培训效果评估】工作表标签上,按住【Shift】键和【Ctrl】键的同时向右拖动鼠标,复制工作表,如下图所示。

第2步 ❶将复制的工作表名称更改为"培训前后总成绩分析";❷选择两个数据透视表;❸单击【开始】选项卡【编辑】组中的【清除】按钮;❹在弹出的下拉列表中选择【全部清除】选项,清除数据透视表,如下图所示。

第3步 ❶将 B2 和 C2 单元格更改为"培训前总成绩"和"培训后总成绩";❷复制 I3:I18 单元格区域,单击【粘贴】下拉按钮▼;❸在弹出的下拉列表中选择【值】选项,如下图所示。

> **温馨提示**
>
> 将含有公式的数据直接粘贴到其他单元格中,如果删除公式中单元格的引用区域,那么公式将会发生错误,所以,最好将公式直接转换为数值。

第4步 将公式粘贴为数字,使用相同的方法将培训后总成绩粘贴到 C 列对应的单元格中,清除 D 列至 U 列中的所有数据和格式,然后对标题的格式进行设置,效果如下图所示。

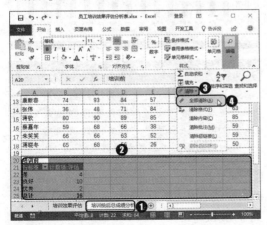

第5步 ❶选择 A2:C18 单元格区域,单击【插入】选项卡【图表】组中的【插入组合图】按

钮；❷在弹出的下拉列表中选择【簇状柱形图-折线图】选项，插入组合图表，如下图所示。

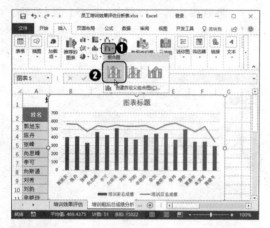

第6步 将图表调整到合适的大小和位置，标题更改为"培训前后总成绩对比分析"，如下图所示。

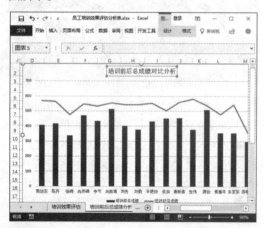

第7步 选择图表，在【图表样式】下拉列表中选择【样式4】选项，为图表应用样式，如下图所示。

教您一招

通过按钮设置图表样式和配色方案

选择图表，在图表右侧出现 按钮时，单击该按钮，在弹出的面板中的【样式】选项卡中显示图表的样式，选择需要的样式应用于图表中；单击【颜色】文本，面板中将显示图表的配色方案，选择需要的配色方案即可应用于图表中。

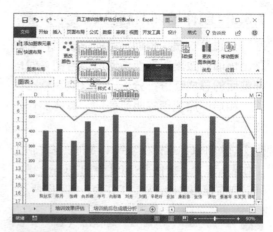

第8步 ❶选择图表中的折线图数据系列，单击【图表工具-设计】选项卡【图表布局】组中的【添加图表元素】按钮；❷在弹出的下拉列表中选择【线条】选项；❸在弹出的级联菜单中选择【垂直线】选项，为折线数据系列添加线条，如下图所示。

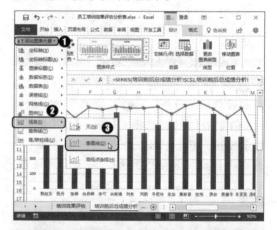

温馨提示

为图表添加垂直线是为了使组合图中的柱形图数据系列和折线图数据系列看起来关系更加紧密，而且通过垂直线能快速看出培训前和培训后总成绩的相差度。

第9步 选择添加的垂直线条并右击，在弹出的快捷菜单中选择【设置垂直线格式】命令，如下图所示。

第 7 章
员工培训管理

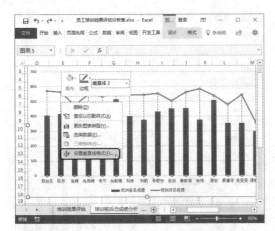

第10步 ❶ 打开【设置垂直线格式】任务窗格，在【颜色】下拉列表中选择【橙色，个性色2】选项；❷ 在【宽度】数值框中输入"1.25磅"；❸ 单击【短画线类型】按钮；❹ 在【短画线类型】下拉列表中选择【实线】选项，如下图所示。

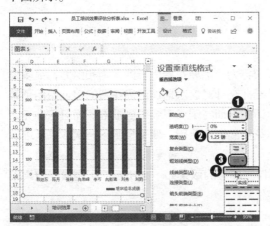

第11步 ❶ 单击【箭头前端类型】按钮；❷ 在弹出的下拉列表中选择【圆形箭头】选项，如下图所示。

> **温馨提示**
>
> 在【设置垂直线格式】任务窗格中拖动透明度滑块或在【透明度】数值框中输入相应的值，可设置垂直线的透明度。

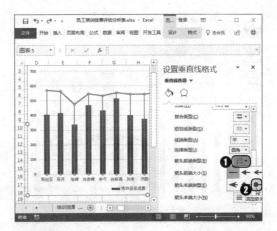

第12步 ❶ 选择图表中的柱形图数据系列，单击【图表工具-格式】选项卡【形状样式】组中的【形状填充】下拉按钮▼；❷ 在弹出的下拉列表中选择【橙色，个性色2】选项，如下图所示。

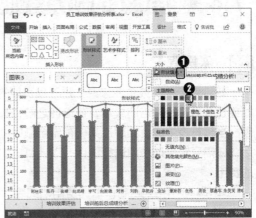

第13步 ❶ 选择图表中的折线图数据系列，单击【图表工具-格式】选项卡【形状样式】组中的【形状轮廓】下拉按钮▼；❷ 在弹出的下拉列表中选择【蓝色，个性色1】选项，如下图所示。

Word/Excel/PPT
在人力资源管理中的应用

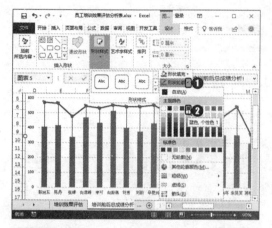

第14步 ❶ 保持折线图数据系列的选择状态，单击【图表布局】组中的【添加图表元素】按钮；❷ 在弹出的下拉列表中选择【数据标签】

选项；❸ 在弹出的级联菜单中选择【上方】选项，为折线数据系列添加标签，如下图所示。

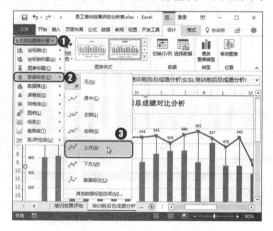

7.4 使用Excel制作培训费用明细表

案例背景

培训对于公司或企业来说，是一项长期的投资行为，需要花费大量的人力和财力，很多公司或企业为了控制培训成本，在培训之前，都需要提交针对这次培训所需花费的培训费用预算表。当预算表中的金额超过某一预定金额时，申请的培训费用将不会得到批准。而且培训完之后，还需要对培训费用进行统计，以计算出实际花费的培训费用，便于预测下一次或来年培训的费用。

本例将使用Excel制作培训费用明细表，制作完成后的效果如下图所示。实例最终效果见"光盘\结果文件\第7章\培训费用明细表.xlsx"文件。

项目	部门经费	明细经费	1月	2月	3月	4月	5月	6月	7月	8月	9月	10月	11月	12月	合计
网络培训		网络课件费	课件费	400	-	200	-	-	-	600	200	-	-	400	-	1800
		场地费用	场地租赁	-	500	-	1800	300	1200	-	-	1000	200	-	600	5600
		低值易耗品费用	基本文具	20	50	10	300	50	150	30	10	200	80	-	100	1000
		设备维护费用	设备维护	-	-	100	-	50	-	-	-	200	-	-	-	350
		制作费用	影像制作	100	-	500	-	-	-	-	350	-	-	-	950
培训运营			培训宣传	-	-	-	400	-	300	-	-	-	-	-	-	900
		内部培训师	课时费	600	1200	-	-	600	-	600	-	-	600	600	900	5100
		外部培训师	课时费	-	-	-	40000	-	28000	-	-	32000	-	-	-	100000
	活动费用		交通费	-	100	-	300	50	180	100	50	460	100	50	150	1540
			餐饮费	150	300	-	2000	180	1680	-	-	1200	160	100	200	5970
			住宿费	-	-	-	300	-	180	-	-	200	-	-	-	680
	合计			1270	2250	210	45650	1180	31700	1330	260	35810	1140	1150	1950	123890

第7章
员工培训管理

光盘文件	结果文件	光盘\结果文件\第7章\培训费用明细表.xlsx
	教学视频	光盘\视频文件\第7章\7.4使用Excel制作培训费用明细表.mp4

7.4.1 制作培训费用明细表

培训费用明细表是对公司某一段时间内的培训费用明细进行统计，制作培训费用明细表，需要先列出所有的培训项目及产生的费用，然后再对培训经费进行统计。具体操作步骤如下。

第1步 ❶ 启动 Excel 2016，新建一个名为"培训费用明细表"的空白工作簿；❷ 在工作表中输入培训项目和月份，如下图所示。

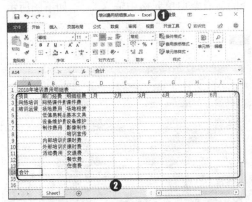

第2步 ❶ 根据需要对文本的字体格式、对齐方式和单元格的行高和列宽进行相应的设置，单击【边框】下拉按钮▾；❷ 在弹出的下拉列表中选择【所有框线】选项，如下图所示。

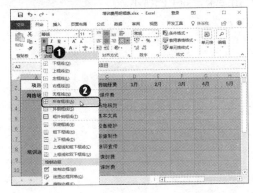

第3步 为表格添加所有边框，保持表格的选中状态，在【边框】下拉列表中选择【粗外侧框线】选项，如下图所示。

> **教您一招**
>
> **手动绘制表格边框**
>
> 除了可选择自带的边框样式添加边框外，还可手动绘制表格边框。在【边框】下拉列表中选择【线条颜色】选项，在其级联菜单中选择边框需要的颜色；再选择【线型】选项，在其级联列表中选择边框需要的样式；再选择【绘制边框】选项，即可拖动鼠标绘制表格边框。

第4步 为表格添加粗外框线，然后在单元格中输入培训花费的经费，如下图所示。

	H	I	J	K	L	M	N	O	P
2	5月	6月	7月	8月	9月	10月	11月	12月	合计
3			600	200			400		
4	300	1200			1000	200		600	
5	50	150	30	10	200	80		100	
6					200				
7					350				
8		300							
9	600		600			600	600	900	
10		28000			32000				
11	50	180	100	50	460	100	50	150	
12	180	1680			1200	160	100	200	
13		180			200				

223

第5步 ❶ 选择 D3:O13 单元格区域；❷ 单击【编辑】组中的【查找和选择】按钮；❸ 在弹出的下拉列表中选择【定位条件】选项，如下图所示。

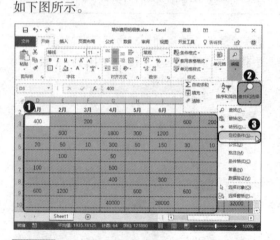

第6步 ❶ 打开【定位条件】对话框，选中【空值】单选按钮；❷ 单击【确定】按钮，如下图所示。

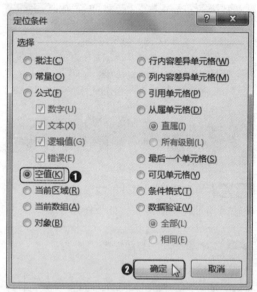

第7步 即可快速选择 D3:O13 单元格区域中的所有空白单元格，输入"-"，如下图所示。

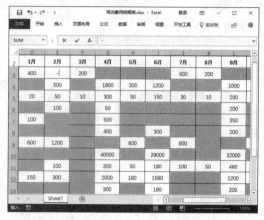

第8步 按【Ctrl+Enter】组合键，即可在选择的所有空白单元格中输入"-"，如下图所示。

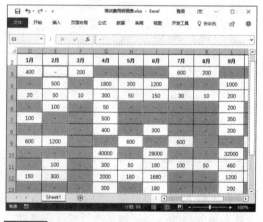

第9步 ❶ 选择 P3 单元格，在编辑栏中输入公式【=SUM(D3:O3)】；❷ 按【Enter】键计算出结果，如下图所示。

温馨提示

【定位条件】对话框中提供了多个单选按钮和复选框，选中相应的单选按钮或复选框，可根据条件来选择对应的单元格。

第 7 章
员工培训管理

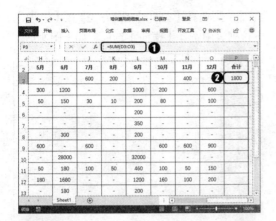

第 10 步 复制 P3 单元格中的公式，计算出 P4:P13 单元格区域中的结果，然后在 D14 单元格中输入公式【=SUM(D3:D13)】，按【Enter】键计算出结果，如下图所示。

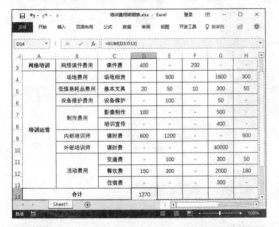

第 11 步 复制 D14 单元格中的公式，计算出 E14:P14 单元格区域中的结果，如下图所示。

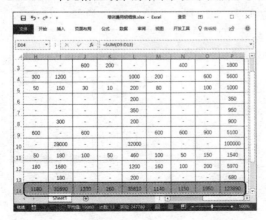

第 12 步 ❶ 选择 D14:P14 和 P3:P13 单元格区域；❷ 单击【字体】组中的【填充颜色】下拉按钮；❸ 在弹出的下拉列表中选择【浅灰色，背景 2，深色 10%】选项，如下图所示。

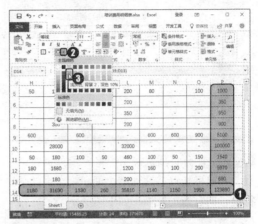

第 13 步 ❶ 保持单元格区域的选择状态，单击【开始】组中的【加粗】按钮 B 加粗数据；❷ 单击【字体颜色】下拉按钮；❸ 在弹出的下拉列表中选择【深蓝】选项，如下图所示。

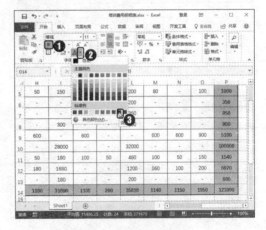

7.4.2 打印培训费用明细表

当制作的表格需要手动填写某些内容，或需要以纸质的形式进行传阅和保存时，就需要将表格打印出来。具体操作步骤如下。

第 1 步 单击【视图】选项卡【工作簿视图】组中的【分页预览】按钮，如下图所示。

第2步 在分页预览视图中将显示分页符的位置，将鼠标指针移动到第1页和第2页的分页符上，向右拖动鼠标，如下图所示。

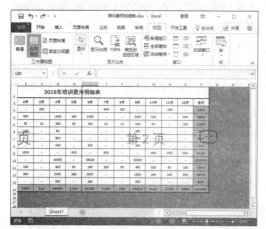

第3步 调整表格分页符的位置，如下图所示。

第4步 ❶选择【文件】选项卡，在打开的页面左侧选择【打印】选项；❷在【纵向】下拉列表中选择【横向】选项，如下图所示。

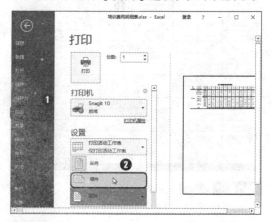

第5步 在【自定义缩放】下拉列表中选择【将所有列调整为一页】选项，如下图所示。

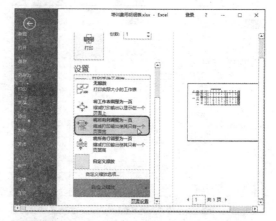

第6步 ❶在【份数】数值框中输入"10"；❷单击【打印】按钮即可打印表格，如下图所示。

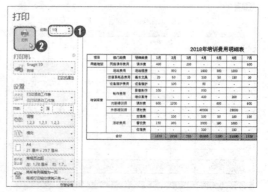

第 7 章
员工培训管理

7.5 使用PowerPoint制作新员工入职培训PPT

案例背景

新员工入职培训是员工进入企业工作后的第一个环节，是企业将聘用的员工从社会人转变为企业人的过程，同时也是员工从组织外部融入组织或团队内部并成为团队一员的过程。成功的新员工入职培训可以起到传递企业价值观和核心理念，塑造员工行为的作用，它在新员工和企业及企业内部其他员工之间架起了沟通和理解的桥梁，并为新员工迅速适应企业环境，并与其他团队成员展开良性互动打下了坚实的基础。

公司对新进员工进行培训时，一般会采用PPT的形式呈现要培训的内容，这样不仅可以让新员工快速了解培训的大致内容，还能让培训变得更生动、形象、有意义，并增加新进员工之间的感情。

本例将使用PowerPoint制作新员工入职培训PPT。制作完成后的效果如下图所示。实例最终效果见"光盘\结果文件\第7章\新员工入职培训.pptx"文件。

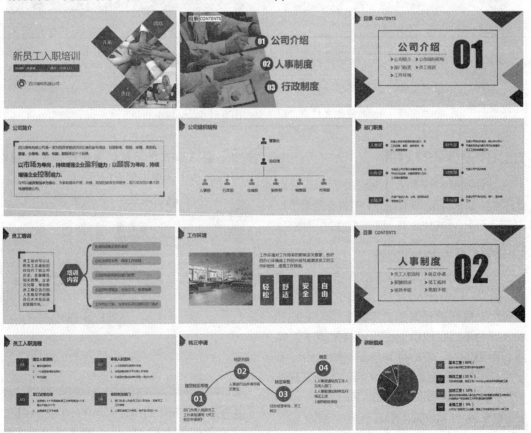

Word/Excel/PPT
在人力资源管理中的应用

	素材文件	光盘\素材文件\第7章\LOGO.jpg、图片1.jpg、图片2.jpg、图片3.png、图片4.jpg、图片5.jpg
光盘文件	结果文件	光盘\结果文件\第7章\新员工入职培训.pptx
	教学视频	光盘\视频文件\第7章\7.5使用PowerPoint制作新员工入职培训PPT.mp4

7.5.1 设计PPT封面

封面是整个PPT的"门面",所以,在设计PPT封面时,不仅要体现出PPT的主题思想,也要突出PPT版式和效果,这样才能吸引读者。

1. 设置幻灯片大小和背景

人力资源方面的PPT都要求简洁、大方,所以,在设计人力资源类型PPT的幻灯片背景时,最好选择浅色,不要选择较深的颜色,深色虽然比浅色更突出,但显得不够简洁。而且,为了使幻灯片版面更加饱和,用户可以根据实际需要和PPT内容的多少来安排幻灯片大小。具体操作步骤如下。

第1步 ❶ 启动 PowerPoint 2016,新建一个"新员工入职培训"空白演示文稿;❷ 单击【设计】选项卡【自定义】组中的【幻灯片大小】按钮;❸ 在弹出的下拉列表中选择【自定义幻灯片大小】选项,如下图所示。

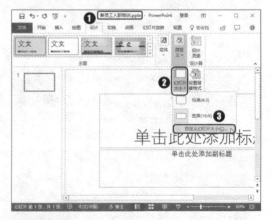

第2步 ❶ 打开【幻灯片大小】对话框,在【宽度】数值框中输入"25.4";❷ 在【高度】数值框中输入"14.2";❸ 单击【确定】按钮,

如下图所示。

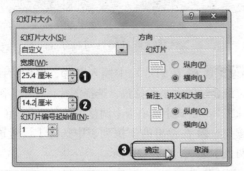

第3步 打开【Microsoft PowerPoint】对话框，单击【确保适合】按钮，如下图所示。

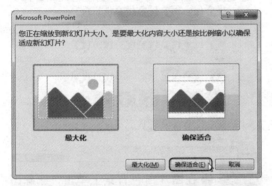

> **温馨提示**
> 最大化表示根据幻灯片中内容的多少来调整幻灯片大小；而确保适合则是按比例缩小幻灯片，并让幻灯片中的内容适应新幻灯片。

第4步 按比例调整幻灯片大小，单击【设计】选项卡【自定义】组中的【设置背景格式】按钮，如下图所示。

第5步 ❶打开【设置背景格式】任务窗格，保持选中【纯色填充】单选按钮，将填充颜色设置为【冰蓝（RGB：226,234,236）】；❷单击【全部应用】按钮，为整个PPT应用相同背景颜色，如下图所示。

> **温馨提示**
> 对幻灯片大小和背景格式进行设置时，最好先设置幻灯片大小，后设置背景格式，因为，设置幻灯片大小后，幻灯片的背景将会恢复到默认的背景格式。

2. 使用形状和图片装饰封面

形状和图片对于幻灯片封面来说，几乎是必不可少的，因为形状和图片相对于文字来说更加形象，而且还能起到美化幻灯片的作用。具体操作步骤如下。

第1步 在幻灯片占位符中输入标题，并对文本格式和占位符进行设置，在标题和副标题占位符之间绘制一个矩形，将矩形颜色设置为【蓝色（RGB：0,118,218）】，如下图所示。

第2步 ❶取消形状轮廓，在形状中输入需要的文本，并对字体格式进行设置；❷单击【插入】选项卡【图像】组中的【图片】按钮，如下图所示。

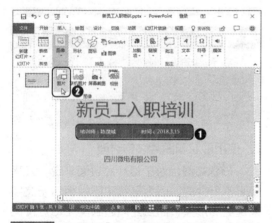

第3步 ❶打开【插入图片】对话框，在地址栏中设置图片所保存的位置；❷选择【LOGO.jpg】图片；❸单击【插入】按钮，如下图所示。

温馨提示

在【插入图片】对话框中双击需要插入的图片，可快速将图片插入到幻灯片中。

第4步 ❶在幻灯片中插入图片，将图片调整到合适的大小和位置，选择图片，单击【图片工具-格式】选项卡【调整】组中的【颜色】按钮；❷在弹出的下拉列表中选择【设置透明色】选项，如下图所示。

第5步 ❶在图片白色背景上单击，删除图片背景，在幻灯片右侧绘制一个菱形；❷单击【形状样式】组中的【形状填充】下拉按钮▼；❸在弹出的下拉列表中选择【图片】选项，如下图所示。

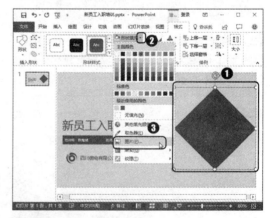

第6步 打开【插入图片】对话框，选择【来自文件】选项，如下图所示。

第7章
员工培训管理

第7步 在打开的【插入图片】对话框中选择需要插入的图片,单击【插入】按钮,即可将图片填充到菱形中,❶单击【裁剪】下拉按钮▼;❷在弹出的下拉列表中选择【调整】选项,如下图所示。

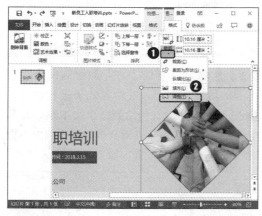

第8步 此时,菱形中的图片呈可编辑状态,将图片调整到合适的位置和大小,使图片填满形状,如下图所示。

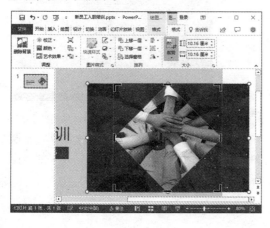

> **教您一招**
>
> **将图片裁剪为形状**
>
> 除了可以将图片填充到形状中外,还可直接将图片裁剪为形状。其方法为:在幻灯片中选择相应的形状,单击【裁剪】下拉按钮▼,在弹出的下拉列表中选择【裁剪为形状】选项,在弹出的级联菜单中选择需要的形状,即可将图片裁剪为选择的形状。

第9步 在菱形周围绘制3个小菱形,在菱形中输入相应的文本,并对菱形和文本的格式进行设置,再在幻灯片右下角绘制一个直角三角形,并对其进行旋转,然后使用图片2进行填充,如下图所示。

> **温馨提示**
>
> 使用图片填充形状时,一定要注意填充到形状中的图片是否变形,如果变形了,则需要对图片进行调整,否则将会影响幻灯片的效果。

7.5.2 设计PPT目录

要想通过PPT将所有内容充分展现给观众,目录是必不可少的,因为目录能清晰地表达主题,使观众能够事先了解清楚PPT的框架。在设计PPT目录时,不管采用什么方式体现,都要求制作的目录简洁明了,结构规范,逻辑合理。具体操作步骤如下。

第1步 按【Enter】键新建一张幻灯片,删除幻灯片中的占位符,插入"图片3.jpg",在图片右侧绘制一个平行四边形,将形状的旋转角度设置为【339°】,如下图所示。

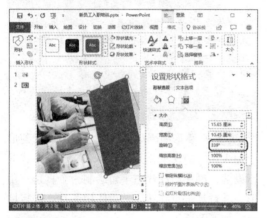

第2步 ❶先选择图片,再选择平行四边形,单击【绘图工具-格式】选项卡【插入形状】组中的【合并形状】按钮；❷在弹出的下拉列表中选择【组合】选项,将图片和形状组合成一张不规则的图片,如下图所示。

> **温馨提示**
> 当PowerPoint提供的裁剪功能不能满足图片的裁剪时,可以通过PowerPoint 2016提供的合并形状功能,借助一个或多个形状来对图片进行裁剪,裁剪出需要的图片效果。

第3步 单击【裁剪】按钮,图片呈可裁剪状态,将图片向左拖动一点,使图片右侧的边框线不再显示,❶单击【调整】组中的【校正】按钮；❷在弹出的下拉列表中选择【亮度:-20% 对比度:0%(正常)】选项,如下图所示。

第4步 ❶在图片的上方左侧绘制两个大小不同的等腰三角形,并对其效果进行设置；❷在等腰三角形右侧绘制两个文本框,在其中输入相应的文本,并对文本的格式和文本框的效果进行相应的设置,如下图所示。

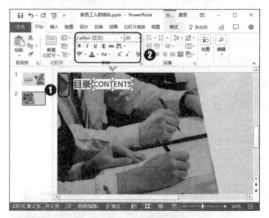

第5步 在图片右侧绘制3个大小相同的正圆,并对其效果进行设置,然后利用文本框在正圆和正圆右侧分别输入相应的文本,效果如下图所示。

7.5.3 设计PPT转场

当PPT中的幻灯片较多时，可以在每一段内容、每一章节开端前再呈现一次目录，也就是PPT转场页或过渡页，这样PPT的逻辑更加清晰，制作起来也更加简单。具体操作步骤如下。

第1步 选择第2张幻灯片并右击，在弹出的快捷菜单中选择【复制幻灯片】命令，如下图所示。

第2步 复制第2张幻灯片作为第3张幻灯片，删除幻灯片中不需要的图片、形状或文字内容，再在幻灯片中添加需要的形状，并对形状效果进行设置和更改，如下图所示。

第3步 ❶在幻灯片中绘制一个矩形，取消形状填充，将形状轮廓填充为【蓝色】；❷在【形状轮廓】下拉列表中选择【粗细】选项；❸在弹出的级联菜单中选择【2.25磅】选项，如下图所示。

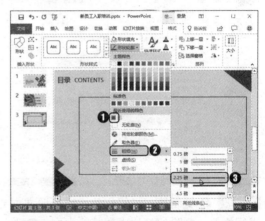

第4步 在矩形中借助文本框输入需要的文本，绘制需要的形状，并对文本格式和形状效果进行设置，如下图所示。

7.5.4 设计PPT内容

PPT内容是整个PPT的核心部分，一般PPT中的内容是依靠文本框、形状、图片、SmartArt图形、表格和图表等多个对象进行展现的。

1. 制作组织结构图

组织结构图用于展现公司的组成部分，一般来说，如果组织结构图的排列是有一定规律的，那么可考虑使用SmartArt图形来制作。具体操作步骤如下。

第1步　选择第3张幻灯片。执行【复制幻灯片】命令复制幻灯片，然后对复制的幻灯片进行更改和编辑，效果如下图所示。

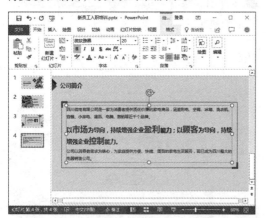

第2步　❶复制第4张幻灯片，对标题文本进行修改，删除幻灯片中的其他内容；❷单击【插图】组中的【SmartArt】的按钮，如下图所示。

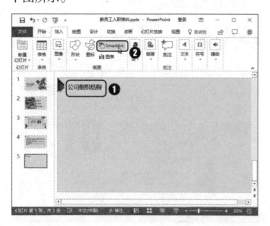

第3步　❶打开【选择SmartArt图形】对话框，在左侧选择【层次结构】选项；❷在中间选择【圆形图片层次结构】选项；❸单击【确定】按钮，如下图所示。

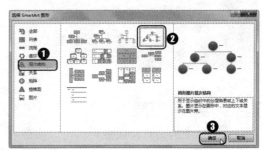

第4步　❶在插入的组织结构图形状中输入相应的文本，选择【行政部】形状；❷单击【创建图形】组中的【添加形状】下拉按钮▼；❸在弹出的下拉列表中选择【在后面添加形状】选项，如下图所示。

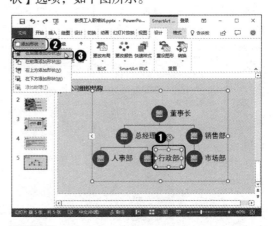

第5步　❶在所选形状后添加一个同级别的形状，继续添加一个同级别的形状，并输入相应的文本；❷选择【销售部】形状；❸单击【创建图形】组中的【降级】按钮，如下图所示。

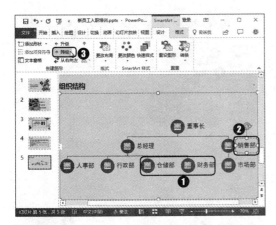

第6步 使形状下降一个级别，并对形状中部分形状位置、文本框位置和文本格式进行设置，然后单击【董事长】圆形中的图片，如下图所示。

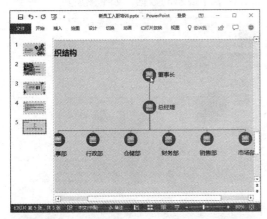

第7步 打开【插入图片】对话框，选择【自图标】选项，如下图所示。

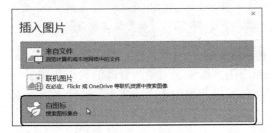

> **温馨提示**
>
> 在【插入图片】对话框中单击【联机图片】选项，可打开【在线图片】对话框，在其中输入要搜索图片相关的关键字，可进行在线搜索，搜索后，选择需要的图片，单击【插入】按钮插入幻灯片中。

第8步 ❶打开【插入图标】对话框，显示出提供的图标，在右侧选中需要插入的图标；❷单击【插入】按钮，如下图所示。

第9步 开始下载图标，下载完成后插入幻灯片中，使用相同的方法将其他圆形中的图片更改为图标，如下图所示。

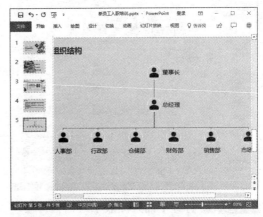

第10步 对图标颜色进行相应更改。如下图所示。

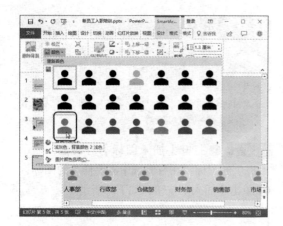

2. 制作图表

当需要对PPT中的数据进行展示或分析时，一般都会选择表格或图表，但相对于表格来说，图表更形象直观。具体操作步骤如下。

第1步 使用前面制作幻灯片的方法制作第6张至第12张幻灯片，在第12张幻灯片中添加需要的文字内容，单击【插图】组中的【图表】按钮，如下图所示。

第2步 ❶打开【插入图表】对话框，在左侧选择【饼图】选项；❷在右侧选择【饼图】选项；❸单击【确定】按钮，如下图所示。

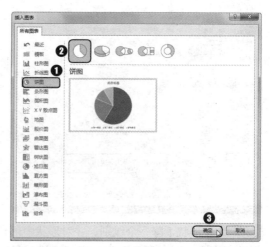

第3步 插入图表，打开【Microsoft PowerPoint中的图表】对话框，在其中的单元格中输入需要在图表中展示的数据，如下图所示。

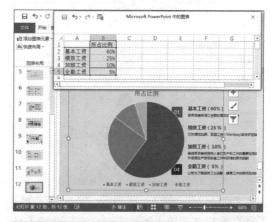

温馨提示

图表会随着【Microsoft PowerPoint中的图表】对话框中的数据的变化而同步变化。

第4步 ❶关闭对话框，删除图表中的标题和图例，将图表调整到合适的大小和位置，选择图表，单击【图表工具-设计】选项卡【图表布局】组中的【添加图表元素】按钮；❷在弹出的下拉列表中选择【数据标签】选项；❸在弹出的级联列表中选择【最佳匹配】选项，如下图所示。

第 7 章
员工培训管理

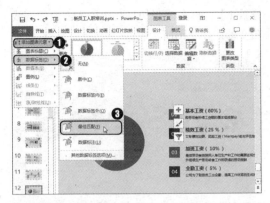

第5步 ❶ 选择图表中的基本工资区域，单击【图表工具-格式】选项卡【形状样式】组中的【形状填充】下拉按钮；❷ 在弹出的下拉列表中选择【蓝色】选项，如下图所示。

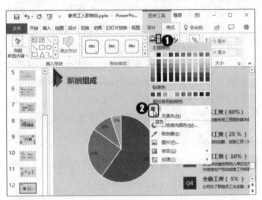

第6步 使用相同的方法填充饼图中其他部分，并对数据标签的字体格式进行设置，如下图所示。

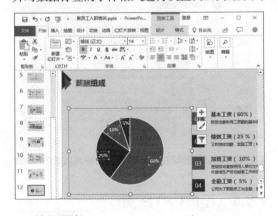

3. 使用图标

在制作幻灯片时，经常会使用到各种图标，以装饰和丰富幻灯片内容。以前，使用图标都是从网上进行下载的，现在PowerPoint 2016中就提供了各种类型的图标，再也不用花费大量的时间从网上寻找需要的图标了。具体操作步骤如下。

第1步 在第13张幻灯片中添加需要的文字内容，单击【插图】组中的【图标】按钮，如下图所示。

第2步 ❶ 打开【插入图标】对话框，在左侧选择【分析】选项；❷ 在右侧选中需要的图标；❸ 单击【插入】按钮，如下图所示。

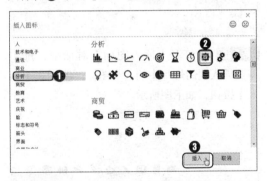

第3步 ❶ 开始下载图标，并插入到幻灯片中，将图标调整到合适的大小，在图标中间绘制一个正圆，先选择图标，再选择正圆，单击【插入形状】组中的【合并形状】按钮；❷ 在弹出的下拉列表中选择【剪除】选项，如下图所示。

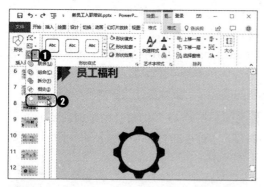

第4步 将合并的形状填充色设置为【白色，背景1，深色50%】，在形状中间绘制一个正圆，将填充色设置为【蓝色】，取消正圆的轮廓，复制合并形状和正圆，将其粘贴到右侧，并对正圆的填充色进行更改，如下图所示。

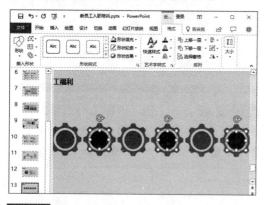

第5步 ❶打开【插入图标】对话框，选中需要插入到幻灯片中的6个图标；❷单击【插入】按钮，如下图所示。

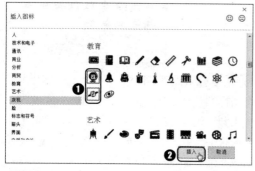

第6步 将图标插入到幻灯片中，并调整到合适的大小和位置，将图标颜色设置为【白色，

背景1】，再在该张幻灯片中插入需要的直线和文本，如下图所示。

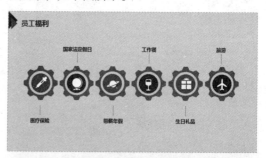

> **教您一招**
>
> **将图标转换为图形对象**
>
> 默认插入到幻灯片中的图标是一张图片，不能对图标的形状进行更改，如果希望图标像形状一样，可以通过编辑顶点来更改图标的外观，那么可选择插入的图标，单击【图形工具-格式】选项卡【更改】组中的【Convert to Shape】按钮，打开提示对话框，提示是否将其转换为Microsoft Office图形对象，单击【是】按钮，此时将激活【绘图工具-格式】选项卡，在其中可以像编辑形状一样对图标进行各种编辑。

第7步 使用前面制作幻灯片的方法制作其他内容页的幻灯片，如下图所示。

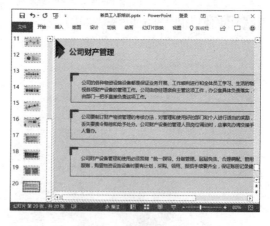

7.5.5 设计PPT尾页

尾页也就是所说的结束页，结束页表示整个PPT的结束。PPT结束页既可与封面的设

置一样，也可单独进行设计。具体操作步骤如下。

第1步 选择第20张幻灯片，按【Enter】键新建一张幻灯片，删除幻灯片中的所有占位符，在幻灯片中插入【图片5.jpg】，将图片调整到合适的大小，并对图片进行裁剪，使图片与幻灯片一样大，在图片上方绘制一个相同大小的矩形，取消矩形轮廓，将颜色填充为【蓝色】，颜色透明度设置为【16%】，如下图所示。

第2步 ❶在矩形上绘制一条直线，在【设置形状格式】任务窗格中选中【渐变线】单选按钮，将【角度】设置为【0°】；❷删除渐变光圈中多余的光圈，将剩余两个光圈的【颜色】都设置为【白色，背景1】；❸将第一个光圈的【透明度】设置为【100%】；❹【亮度】设置为【95%】；❺【宽度】设置为【1.5磅】，如下图所示。

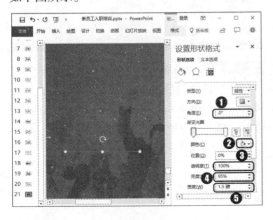

第3步 复制直线，将其粘贴到右侧，并对旋转角度进行设置，在两条直线之间绘制一个小圆点，然后在直线上下插入文本框，输入需要的文本，并对文本的字体格式进行设置，效果如下图所示。

7.5.6 设计动画效果

对于培训类PPT，一般幻灯片张数都比较多，培训的时间相对较长，如果整个PPT没有动画进行点缀，那么会显示枯燥、乏味，适当地添加一点动画，可以让整个PPT显示更加生动，让培训变得更加有趣。具体操作步骤如下。

第1步 ❶选择第1张幻灯片右侧的形状，单击【动画】选项卡【动画】组中的【动画样式】按钮；❷在弹出的下拉列表中选择【进入】栏中的【浮入】选项，如下图所示。

第2步 ❶选择幻灯片左侧的形状和文本框，为其添加【擦除】进入动画，选择标题文本框，单击【动画】选项卡【高级动画】组中的【添加动画】按钮；❷在弹出的下拉列表中选择【强调】栏中的【画笔颜色】选项，如下图所示。

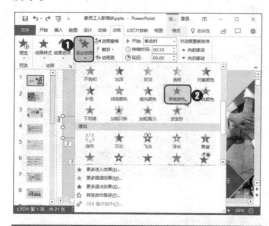

温馨提示

当需要为同一个对象添加多个动画效果时，添加第一个动画时，既可通过【动画样式】按钮添加，也可通过【添加动画】按钮添加，但从添加第2个动画效果时起，必须通过【添加动画】按钮添加才有效，通过【动画样式】按钮添加时，添加的后一个动画效果会覆盖前一个添加的动画效果。

第3步 选择LOGO图片，为其添加第2个【旋转】进入动画，单击【动画】选项卡【高级动画】组中的【动画窗格】按钮，如下图所示。

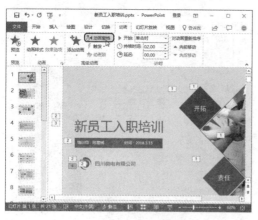

温馨提示

添加动画后，对象前面出现的 1 、 2 、 3 ……等序号，表示动画播放的顺序。

教您一招

自定义动作路径

当PowerPoint中提供的动画效果不能满足需要时，用户可以自定义动画的动作路径，使动画沿着绘制的路径进行运动。方法为：选择对象，在【动画样式】下拉列表中选择【动作路径】栏中的【自定义路径】按钮，在幻灯片中拖动鼠标绘制路径，绘制完成后双击鼠标结束绘制，播放时，对象将沿着绘制的路径运动，而且路径的长短和开始位置等都是可以随意调整的。

第4步 ❶打开【动画窗格】任务窗格，选择标题的第2个动画效果选项；❷按住鼠标左键，向上拖动至标题的第1个动画效果选项后，出现的红线位置表示移动的目标位置，如下图所示。

第5步 ❶使用相同的方法将公司名称动画效果选项移动到最后，选择标题的第1个动画效果选项；❷单击【动画】组中的【效果选项】按钮；❸在弹出的下拉列表中选择【自左侧】选项，如下图所示。

第7章
员工培训管理

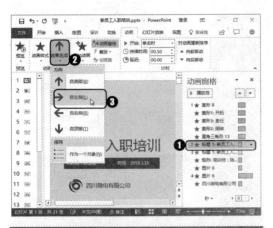

温馨提示

不同的动画,其对应的【效果选项】按钮和提供的效果选项是不一样的。

第6步 ❶ 使用相同的方法将其他擦除动画效果选项都设置为【自左侧】,在【动画窗格】任务窗格中选择需要设置开始时间的多个动画效果选项;❷ 在【动画】选项卡【计时】组中的【开始】下拉列表框中选择【上一动画之后】选项;❸ 在【持续时间】数值框中输入"01.00",如下图所示。

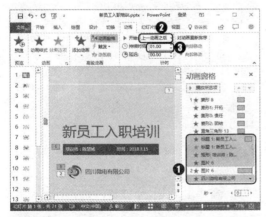

第7步 ❶ 选择第2个【图片6】动画效果选项并右击;❷ 在弹出的快捷菜单中选择【计时】命令,如下图所示。

第8步 ❶ 打开【旋转】对话框,在【开始】下拉列表框中选择【上一动画之后】选项;❷ 在【延迟】数值框中输入"0.5";❸ 在【期间】下拉列表框中选择【中速(2秒)】选项;❹ 在【重复】下拉列表框中选择【直到幻灯片末尾】选项;❺ 单击【确定】按钮,如下图所示。

第9步 使用相同的方法对目录页、过渡页和结束页幻灯片中的对象添加相应的动画效果,并对动画的效果选项、播放顺序、开始时间、持续时间等进行设置,如下图所示。

Word/Excel/PPT
在人力资源管理中的应用

温馨提示

在为过渡页中的对象添加动画效果时，需要先选择的矩形线框和其中的所有对象，按【Ctrl+G】组合键将所选对象组合为一个图形，然后为该图形添加动画效果，这样可以让动画显得很简洁。

7.5.7 打包PPT

对于制作的培训类PPT，经常是需要在多媒体会议室进行演示、播放。为了防止PPT中的字体、音频和视频等文件丢失，导致PPT不能正常播放，制作完PPT后，可以将PPT打包到一个文件夹或CD光盘中。具体操作步骤如下。

第1步 ❶ 选择【文件】选项卡，在打开的界面左侧选择【选项】命令，打开【PowerPoint选项】对话框，在左侧选择【保存】选项；❷ 在右侧选中【将字体嵌入文件】复选框；❸ 单击【确定】按钮，如下图所示。

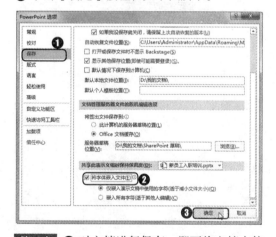

第2步 ❶ 对文档进行保存，即可将文档中使用的字体嵌入文档中，选择【文件】选项卡，在打开的界面左侧选择【导出】命令；❷ 在中间选择【将演示文稿打包成CD】选项；❸ 在右侧单击【打包成CD】按钮，如下图所示。

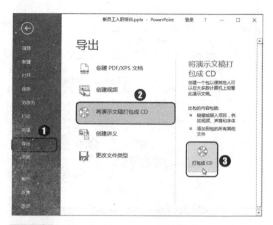

第3步 打开【打包成CD】对话框，单击【复制到文件夹】按钮，如下图所示。

温馨提示

如果计算机中安装有刻录机，还可将演示文稿打包到CD中，这样在没有安装包含PowerPoint的Office软件的计算机上也能进行正常播放。方法为：准备一张空白光盘，打开【打包成CD】对话框，单击【复制到CD】按钮进行操作。

第4步 ❶ 打开【复制到文件夹】对话框，在【文件夹名称】文本框中输入"新员工入职培训"；❷ 单击【浏览】按钮，如下图所示。

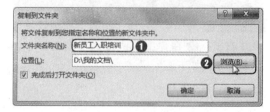

第7章
员工培训管理

第5步 ❶打开【选择位置】对话框，在地址栏中设置演示文稿打包后保存的位置；❷单击【选择】按钮，如下图所示。

第6步 打开提示对话框，提示用户是否选择打包演示文稿中的所有链接文件，这里单击【是】按钮，如下图所示。

第7步 开始打包演示文稿，打包完成后将自动打开保存的文件夹，在文件夹里可查看到打包的文件，如下图所示。

大神支招

通过前面知识的学习，相信读者已经掌握了制作员工培训类文档、表格及PPT的制作方法。下面结合本章内容介绍一些工作中的实用经验与技巧。

01：符号也能当作项目符号使用

🎥 视频文件：光盘\视频文件\第7章\01.mp4

Word中自带的项目符号样式有限，当这些项目符号不能满足当前文档的需要时，可以将Word提供的符号当作项目符号使用，具体操作步骤如下。

第1步 打开"光盘\素材文件\第7章\员工培训形式.docx"文件，❶选择需要添加符号项目符号的多个段落；❷单击【段落】组中的【项目符号】下拉按钮▼；❸在弹出的下拉列表中选择【定义新项目符号】选项，如下图所示。

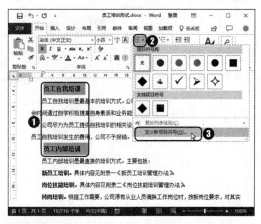

第2步 打开【定义新项目符号】对话框，单击【符号】按钮，如下图所示。

| 243 |

Word/Excel/PPT
在人力资源管理中的应用

第3步 ❶打开【符号】对话框,在【字体】下拉列表框中选择【Wingdings】选项;❷在打开的列表框中选择需要的项目符号;❸单击【确定】按钮,如下图所示。

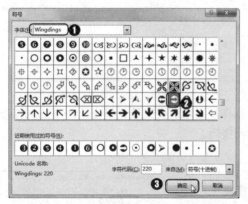

第4步 返回【定义新项目符号】对话框,单击【确定】按钮,选择的段落添加定义的符号项目符号,如下图所示。

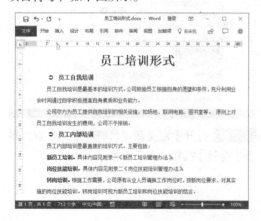

> **教您一招**
>
> **插入图片项目符号**
>
> 除了可将符号作为项目符号外,还可将计算机中保存的图片或网络中搜索到的联机图片作为项目符号。方法为:在【定义新项目符号】对话框中单击【图片】按钮,打开【插入图片】对话框,选择计算机中的图片或是联机图片,再在打开的对话框中选择需要的图片,单击【插入】按钮,返回【定义新项目符号】对话框,单击【确定】按钮,即可将图片作为项目符号插入到段落开头位置。

第5步 使用相同的方法为其他需要添加项目符号的段落添加项目符号,如下图所示。

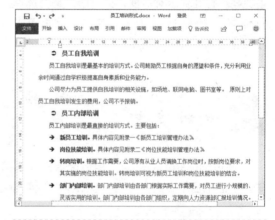

02:打印表格时,拒绝从第2页起没有标题行

🎬 视频文件:光盘\视频文件\第7章\02.mp4

当一个表格需要多页才能完成打印时,Excel默认只在第1页打印表格字段行,但这样不利于其他页表格的查看,这时可以对打印标题功能进行设置,让打印出来的每一页都有字段行,具体操作步骤如下。

第1步 打开"光盘\素材文件\第7章\员工培训成绩统计表.xlsx"文件,单击【页面布局】选项卡【页面设置】组中的【打印标题】按钮,如下图所示。

| 244 |

第 7 章
员工培训管理

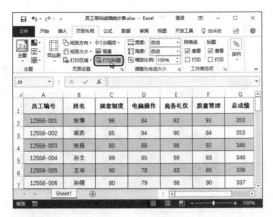

第3步 即可切换到工作表打印预览界面,在其中可查看到第1页的打印预览效果,单击【下一页】按钮 ▶,如下图所示。

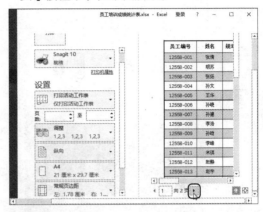

第2步 ❶打开【页面设置】对话框,单击【顶端标题行】文本框后的 按钮,折叠对话框,拖动鼠标选择标题行,单击 按钮展开对话框,在【顶端标题行】文本框中将自动显示标题行的信息;❷单击【打印预览】按钮,如下图所示。

第4步 即可预览第2页的打印效果,并在第1行中显示标题行,如下图所示。

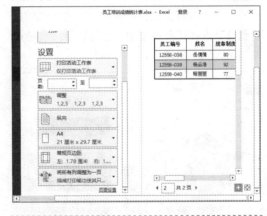

03:设计器在手,PPT 排版布局不再"愁"

📀 视频文件:光盘\视频文件\第7章\03.mp4

设计器是设计幻灯片效果的一个设计工具,是 PowerPoint 2016 的一个新功能,可以根据幻灯片中的内容自动生成多种多样的设计方案,从而让幻灯片更为美观。具体操作步骤如下。

教您一招

打印工作表行号和列标

默认情况下,打印工作表不会将行号和列标打印出来,如果要将行号和列标打印出来,则需要进行设置。在【页面设置】对话框【工作表】选项卡【打印】选项区域中选中【行号列标】复选框,单击【确定】按钮,打印时就可将表格行号和列标打印出来。

第1步 ❶打开"光盘\素材文件\第7章\称呼礼仪.pptx"文件,选择第1张幻灯片;❷单击【设计】选项卡【设计器】组中的【设计灵感】按钮,如下图所示。

第2步 打开【设计理念】任务窗格,并根据幻灯片中的内容生成设计创意,并将生成的设计创意显示在任务窗格中,然后选择需要的设计创意,如下图所示。

第3步 即可将选择的设计创意应用到选择的幻灯片中,如下图所示。

第4步 使用相同的方法设计第2张幻灯片的版式,效果如下图所示。

04:令你意想不到的PPT交互式目录

视频文件:光盘\视频文件\第7章\04.mp4

PPT交互式目录是将PPT中具有代表性且能体现目录的幻灯片创建为目录,这样在放映目录页幻灯片时,单击幻灯片中的幻灯片对应的缩略图,就能快速跳转到特定的幻灯片或节进行播放。PPT交互式目录的创建是通过PowerPoint 2016提供的缩放定位新功能来实现的。具体操作步骤如下。

第1步 打开"光盘\素材文件\第7章\新员工入职培训1.pptx"文件,❶选择第2张幻

第7章 员工培训管理

灯片；❷单击【插入】选项卡【链接】组中的【缩放定位】按钮；❸在弹出的下拉列表中选择【幻灯片缩放定位】命令，如下图所示。

小和位置，单击【幻灯片放映】选项卡【开始放映幻灯片】组中的【从当前幻灯片开始】按钮，如下图所示。

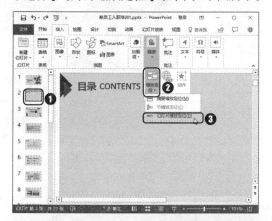

温馨提示

在【缩放定位】下拉列表中的【摘要缩放定位】选项中，可以将选择的节或选择的幻灯片生成一个"目录"，这样演示时，可以使用缩放从一个页面跳转到另一个页面进行放映；【节缩放定位】选项可通过PPT中的节创建指向某个节的链接，演示时，选择该链接就可以快速跳转到该节中的幻灯片进行放映，但插入节缩放定位时，不会插入新幻灯片，而是插入当前选择的幻灯片中。

第4步 进入幻灯片放映状态，全屏放映当前幻灯片，单击第2张幻灯片缩略图，如下图所示。

第2步 ❶打开【插入幻灯片缩放定位】对话框，在列表框中选择要插入的一张或多张幻灯片；❷单击【插入】按钮，如下图所示。

第5步 即可放映该幻灯片，放映完后，可继续按顺序放映后面的幻灯片，放映结束后，将会返回幻灯片缩略图中，如下图所示。

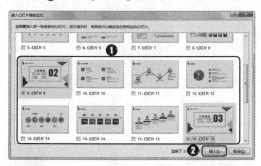

第3步 即可在选择的幻灯片中插入选择的幻灯片缩略图，将幻灯片缩略图调整到合适的大

| 247 |

第8章
绩效考核管理

本章导读

绩效考核是根据给定的工作目标和绩效标准，对员工的工作任务完成情况及所取得的业绩进行评估，并将评估结果反馈给员工的过程，是企业人力资源管理的重要内容，更是企业管理强有力的手段之一。通过绩效考核，不仅可以督促员工，帮助企业在有效的时间内达成既定目标，还可以激励员工，促进企业的健康发展。本章通过使用Word、Excel和PPT软件制作绩效考核管理过程中需要的文档，帮助HR快速制作出需要的文档。

知识要点

- ❖ 添加水印
- ❖ 创建批注框
- ❖ RANK.EQ函数
- ❖ 主题和样式集的应用
- ❖ 切片器的使用
- ❖ 条件格式的使用

第 8 章
绩效考核管理

8.1 使用Word制作员工绩效考核管理制度

 案例背景

绩效考核制度一般是由人力资源部门制定与执行的，企业要想通过绩效考核来促进企业与员工的共同成长，达到双赢，必须有一套科学、合理、全面的绩效考核制度。只有这样，员工才会按照规定的绩效考核制度进行执行，才有助于企业经营目标的实现。

不同的企业，其绩效考核制度会有区别，但在执行过程中都必须遵循一致性、客观性、公平性和公开性等4个原则，否则，制定的绩效考核制度就没有任何意义，因为不能起到它应有的作用。

本例将使用Word制作员工绩效考核管理制度。制作完成后的效果如下图所示。实例最终效果见"光盘\结果文件\第8章\员工绩效考核管理制度.docx"文件。

光盘文件	素材文件	光盘\素材文件\第8章\员工绩效考核管理制度.docx
	结果文件	光盘\结果文件\第8章\员工绩效考核管理制度.docx
	教学视频	光盘\视频文件\第8章\8.1使用Word制作员工绩效考核管理制度.mp4

8.1.1 设置文档内容的段落格式

对于HR来说，需要制作的各种制度文档比较多，如果每个文档都要从零开始制作，工作量会大大增加，为了提高工作效率，可以在文档原有的基础上进行加工。具体操作步骤如下。

第1步 打开"光盘:\素材文件\第8章\员工绩效考核管理制度.docx"文件，❶选择第一段段落文本；❷单击【开始】选项卡【编辑】组中的【选择】按钮；❸在弹出的下拉列表中选择【选择格式相似的文本】选项，如下图所示。

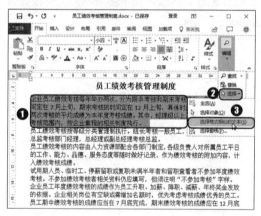

第2步 ❶选择文档中与所选段落格式相同的所有段落，单击【段落】组中的【编号】下拉按钮▼；❷在弹出的下拉列表中选择【定义新编号格式】选项，如下图所示。

第3步 ❶打开【定义新编号格式】对话框，在【编号样式】下拉列表框中选择需要的编号样式；❷在【编号格式】文本框的【一】前后分别输入"第"和"条"；❸单击【字体】按钮，如下图所示。

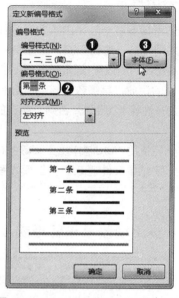

第4步 ❶打开【字体】对话框，在【字形】列表框中选择【加粗】选项；❷单击【确定】按钮，如下图所示。

第8章
绩效考核管理

第5步 返回【定义新编号格式】对话框，单击【确定】按钮，即可为选择的段落添加设置的编号，保持段落的选择状态并右击，在弹出的快捷菜单中选择【段落】命令，如下图所示。

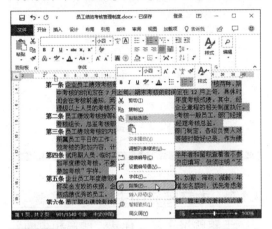

第6步 ❶打开【段落】对话框，在【缩进】选项区域【左侧】数值框中输入"0字符"；❷在【特殊格式】下拉列表框中选择【无】选项；❸在【间距】选项区域的【段前】数值框中输入"0.5行"；❹在【行距】下拉列表框中选择【1.5倍行距】选项；❺单击【确定】按钮，如下图所示。

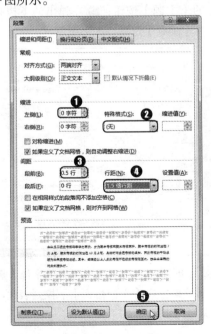

第7步 即为所选的段落应用设置的段落格式，效果如下图所示。

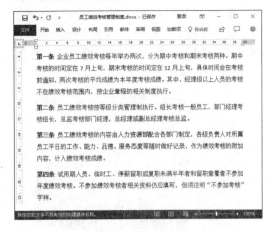

8.1.2 添加文本水印

在制作某些人力资源文档时，HR为了保护自己或公司的成果，以及标识文档的重要性等，会为文档添加如公司名称、机密、紧急等字样的水印。具体操作步骤如下。

第1步 ❶单击【设计】选项卡【页面背景】组中的【水印】按钮；❷在弹出的下拉列表中选择【自定义水印】选项，如下图所示。

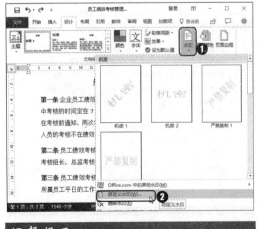

> **温馨提示**
>
> 【水印】下拉列表中提供了很多水印样式，用户可以根据需要直接选择提供的水印样式添加到文档中。

第2步 ❶打开【水印】对话框，选中【文字水印】单选按钮；❷在【文字】下拉列表框中输入"初稿"；❸在【颜色】下拉列表框中选择【白色，背景1，深色35%】选项；❹取消选中【半透明】复选框；❺单击【确定】按钮，如下图所示。

温馨提示

在【水印】对话框中选中【斜式】单选按钮，添加的水印将倾斜一定的角度显示在文档页面中；若选中【水平】单选按钮，将以水平排列的方式显示在文档页面中。

第3步 返回文档编辑区，即可查看到添加的文字水印效果，如下图所示。

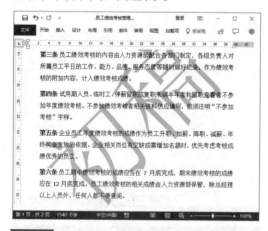

第4步 添加水印后，会添加页眉分隔线，在页眉处双击，进入页眉页脚编辑状态，将鼠标光标定位到页眉中，单击【字体】组中的【清除所有格式】按钮，清除页眉分隔线，如

下图所示。

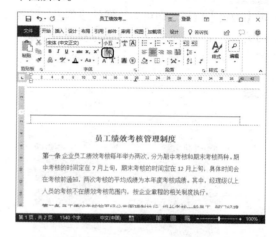

8.1.3 为文档应用主题和样式集

主题就是字体、样式、颜色和页面效果等格式的组合，而样式集是众多样式的集合，可以将文档格式中所需要的众多样式存储为一个样式集。通过应用主题和样式集，可以快速更改文档的整体格式和效果，提高工作效率。具体操作步骤如下。

第1步 ❶单击【设计】选项卡【文档格式】组中的【主题】按钮；❷在弹出的下拉列表中选择【画廊】选项，如下图所示。

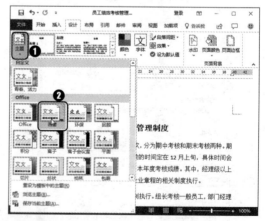

第2步 即可为文档应用主题中的字体、颜色和图形效果，在【文档格式】下拉列表框中选择【居中】选项，如下图所示。

第 8 章
绩效考核管理

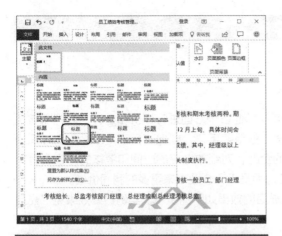

教您一招

保存当前主题

如果文档中的主题是自行设置的，那么为了方便下次使用该主题，可对文档中的主题进行保存。其方法为：单击【设计】选项卡【文档格式】组中的【主题】按钮，在弹出的下拉列表中选择【保存当前主题】选项，在打开的【保存当前主题】对话框中设置保存名称，设置后单击【保存】按钮进行保存。需要注意的是，主题必须保存在默认的位置，否则保存后的主题将不会显示在【主题】下拉列表中。

第3步 ❶ 为文档内容应用所选样式集的格式，单击【文档格式】组中的【颜色】按钮；❷ 在弹出的下拉列表中选择【灰度】选项，如下图所示。

第4步 ❶ 更改文档主题颜色，单击【字体】按钮；❷ 在弹出的下拉列表中选择【黑体 黑体】选项，如下图所示。

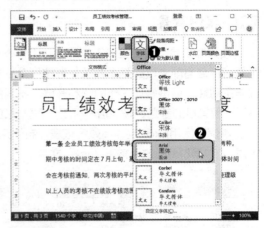

第5步 更改文档主题的字体，完成本例的制作，如下图所示。

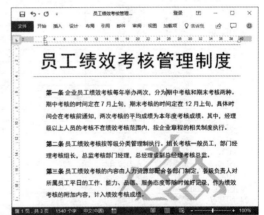

教您一招

设置样式集的段落间距

在Word 2016中，除了可对主题和样式集的颜色和字体进行设置外，还可对样式集的段落间距进行设置。方法为：在应用主题或样式集的文档中单击【设计】选项卡【文档格式】组中的【段落间距】按钮，在弹出的下拉列表中选择需要的段落间距选项，即可根据所选的段落间距对文档中文本的段落间距进行设置。

8.2 使用Excel制作绩效考核表

案例背景

绩效考核是指对员工的工作能力、工作态度及其他各个方面进行评价和统计，以判断该员工是否符合当前岗位的基本要求。考核是激励员工的重要手段，能促使员工不断提高工作积极性与主动性，促进各项工作的顺利开展。不同的企业，对绩效考核的时间和考核的内容会有所不同，但其目的都是更好地培养员工、激励员工，为员工和企业带来更多的利润价值。

本例将使用Excel制作绩效考核表。制作完成后的效果如下图所示。实例最终效果见"光盘\结果文件\第8章\绩效考核表.docx"文件。

	A	B	C	D	E	F	G	H	I	J
1	员工编号	姓名	部门	考勤考评	工作能力	工作态度	奖惩记录	绩效总分	评定结果	年终奖
2	HT1001	李雪	人力资源部	10	38	39		87	优	4000
3	HT1002	赵琳琳	行政部	10	36	38	6	90	优	4000
4	HT1003	谢岳城	人力资源部	8	36	35	5	84	优	4000
5	HT1004	周瑶	设计部	9	32	37	3	81	优	4000
6	HT1005	龙帅	设计部	8	38	38		84	优	4000
7	HT1006	王丹	行政部	6	37	35	5	83	优	4000
8	HT1007	万灵	策划部	9	32	34	6	81	优	4000
9	HT1008	曾小林	财务部	8	35	38	5	86	优	4000
10	HT1016	吴文茜	设计部	8	38	34	2	82	优	4000
11	HT1009	何健	制作部	7	29	33		69	良	3000
12	HT1010	徐涛	策划部	3	34	36	-2	71	良	3000
13	HT1011	韩雪	人力资源部	7	30	33	3	73	良	3000
14	HT1012	龙杰	设计部	5	36	29	-1	69	良	3000
15	HT1013	陈明	财务部	9	28	31		68	良	3000
16	HT1014	王雪佳	行政部	7	29	27	6	69	良	3000
17	HT1015	周诗诗	设计部	8	30	29	3	70	良	3000
18	HT1017	李肖情	制作部	10	27	37	-5	69	良	3000
19	HT1020	杨利瑞	财务部	4	33	34	4	75	良	3000
20	HT1021	赵强生	设计部	5	35	38	-2	76	良	3000
21	HT1023	岳姗姗	人力资源部	10	35	27	1	73	良	3000
22	HT1024	尹静	设计部	7	27	32		66	良	3000
23	HT1025	肖然	行政部	9	31	36		76	良	3000
24	HT1027	李涛	设计部	8	30	35	-2	71	良	3000
25	HT1028	温莲	财务部	6	25	29	8	68	良	3000
26	HT1030	姜倩倩	行政部	5	35	30		70	良	3000
27	HT1031	李霖	设计部	9	29	27	2	67	良	3000
28	HT1032	贺佳	策划部	10	27	31		68	良	3000
29	HT1033	陈放	制作部	7	34	35		76	良	3000
30	HT1034	王文凯	设计部	8	23	38	-4	65	良	3000
31	HT1036	高文平	设计部	10	37	29		76	良	3000
32	HT1018	刘涛	人力资源部	6	32	20	-7	51	差	2000
33	HT1019	高云端	设计部	9	20	26		55	差	2000
34	HT1022	陈飞	策划部	8	29	25	-3	59	差	2000
35	HT1026	黄桃月	人力资源部	10	26	20	7	63	差	2000
36	HT1029	胡雪丽	策划部	4	32	24	4	64	差	2000
37	HT1035	唐鑫	制作部	5	18	25		48	差	2000

考核成绩表 | 绩效考核查询表 | 绩效考核分析表

第8章
绩效考核管理

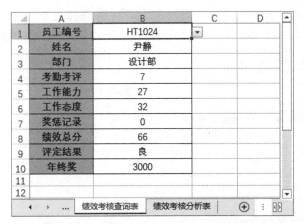

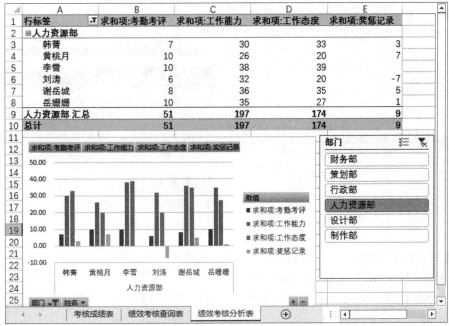

	素材文件	光盘\素材文件\第8章\绩效考核表.docx
光盘文件	结果文件	光盘\结果文件\第8章\绩效考核表.docx
	教学视频	光盘\视频文件\第8章\8.2使用Excel制作绩效考核表.mp4

8.2.1 计算员工绩效考核成绩和年终奖

很多企业发放年终奖都是根据当年的年终绩效考核成绩来判断的，所以，HR在制作绩效考核成绩表时，可根据考核成绩或评定结果来判断员工年终奖的多少。具体操作步骤如下。

第1步 打开"光盘\素材文件\第8章\绩效考核表.xlsx"文件，❶选择H2单元格；❷单击【公式】选项卡【函数库】组中的【自动求和】按钮,如下图所示。

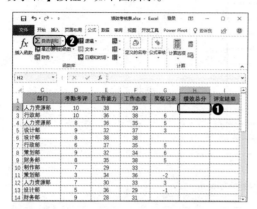

第2步 在所选单元格中将自动显示求和公式,并自动识别要计算的单元格区域,如下图所示。

第3步 确认自动识别的计算区域无误后,按【Enter】键计算出结果,复制 H2 单元格中的公式,计算出 H3:H37 单元格区域中的结果,如下图所示。

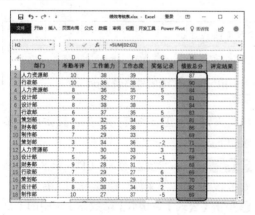

第4步 选择 I2 单元格,在编辑栏中输入公式【=IF(H2>=80,"优",IF(H2>=65,"良","差"))】,如下图所示。

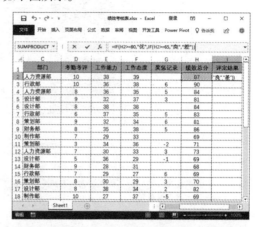

> **温馨提示**
>
> 公式【=IF(H2>=80,"优",IF(H2>=65,"良","差"))】表示,如果H2单元格中的分数大于或等于80,则I2单元格中将返回优;大于或等于65则返回良;小于65则返回差。

第5步 按【Enter】键计算出结果,复制 I2 单元格中的公式,计算出 I3:I37 单元格区域中的结果,如下图所示。

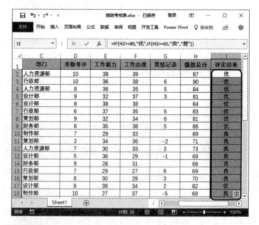

第6步 选择 J2:J37 单元格区域,在编辑栏中输入公式【=IF(I2="优",4000,IF(I2="良",3000,2000))】,按【Ctrl+Enter】组合键计算出结果,如下图所示。

第 8 章
绩效考核管理

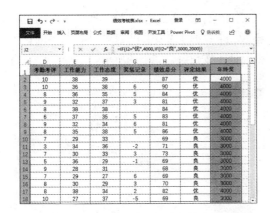

8.2.2 突出显示单元格中符合条件的值

在统计和分析人力资源数据时，有时为了查看某个范围内的数据，就需要突出显示单元格中的值，这时可以使用条件格式快速突出显示单元格中满足一定条件的值。具体操作步骤如下。

第1步 ❶ 选择 G2:G37 单元格区域；❷ 单击【开始】选项卡【样式】组中的【条件格式】按钮，在弹出的下拉列表中选择【突出显示单元格规则】选项；❸ 在弹出的级联列表中选择【小于】选项，如下图所示。

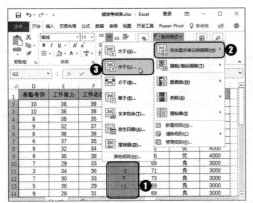

第2步 ❶ 打开【小于】对话框，在【为小于以下值的单元格设置格式】文本框中输入"0"；❷ 在【设置为】下拉列表框中选择【红色文本】选项；❸ 单击【确定】按钮，如下图所示。

第3步 即可突出显示所选单元格中值小于【0】的数字，如下图所示。

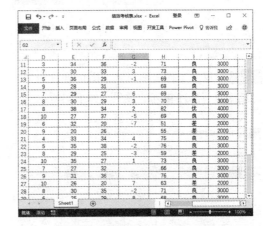

8.2.3 按评定结果进行降序排列

当需要按照一定的顺序排列人力资源数据时，可以使用Excel提供的排序功能进行排序。具体操作步骤如下。

第1步 ❶ 选择 I1 单元格；❷ 单击【数据】选项卡【排序和筛选】组中的【排序】按钮，如下图所示。

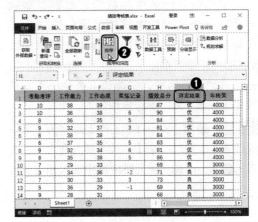

第2步 ❶打开【排序】对话框,在【主要关键字】下拉列表框中选择【评定结果】选项;❷在【次序】下拉列表框中选择【降序】选项;❸单击【确定】按钮,如下图所示。

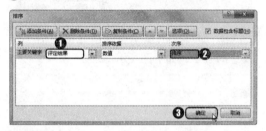

第3步 返回工作表编辑区,即可查看到对评定结果进行降序排列的效果,如下图所示。

8.2.4 制作考核查询表

当绩效考核表中的数据较多时,单独查看某一个员工的考核成绩比较麻烦。要实现员工考核成绩的快速查询,可以通过VLOOKUP函数根据员工工号显示出员工的姓名和其他考核信息,快速查询各个员工的绩效考核成绩。具体操作步骤如下。

第1步 ❶将【Sheet1】工作表命名为【考核成绩表】,新建一个【绩效考核查询表】工作表;❷在A1:B10单元格区域中输入相应的数据,并对单元格格式进行设置,选择B1单元格;❸单击【数据】选项卡【数据工具】组中的【数据验证】按钮,如下图所示。

第2步 ❶打开【数据验证】对话框,在【设置】选项卡的【允许】下拉列表中选择【序列】选项;❷在【来源】文本框中输入引用的单元格区域【=考核成绩表!$A$2:$A$37】;❸单击【确定】按钮,如下图所示。

第3步 ❶切换到【出错警告】选项卡;❷在【样式】下拉列表中选择【停止】选项;❸设置出错警告对话框中要显示的提示信息;❹单击【确定】按钮,如下图所示。

第8章
绩效考核管理

第4步 选择B2单元格，在编辑栏中输入公式【=VLOOKUP($B$1,考核成绩表!$A$1:$J$37,2,FALSE)】，按【Enter】键计算出结果，如下图所示。

> **温馨提示**
>
> 公式【=VLOOKUP($B$1,考核成绩表!$A$1:$J$37,2,FALSE)】表示，根据绩效考核查询表B1单元格中的员工编号在考核成绩表A1:J27单元格中横向查找第2列中与B1单元格相同的值。该公式计算出来的结果为错误值【#N/A】，并不是因为输入的公式有误，而是参与计算的B1单元格中还没有输入数据，输入数据后会自动显示出计算的正确结果。

第5步 复制B2单元格中的公式，计算出B3:B10单元格区域中的结果，然后对B3:B10单元格区域中公式横向查找的列数进行修改，必须与数据源中的列数完全相同，如下图所示。

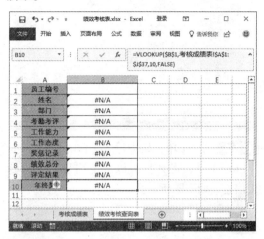

第6步 在B1单元格中输入【HT10024】，按【Enter】键，会打开提示对话框，提示输入的员工编号不存在，单击【重试】按钮，如下图所示。

第7步 在B1单元格中输入【HT1012】，按【Enter】键，可计算出该员工编号对应的员工信息，如下图所示。

Word/Excel/PPT
在人力资源管理中的应用

第8步 在B1单元格中输入【HT1035】，按【Enter】键，可计算出该员工编号对应的员工信息，如下图所示。

8.2.5 使用数据透视表/图分析各部门的绩效考核成绩

在对员工绩效考核成绩进行分析时，除了需要对每位员工的绩效考核成绩进行统计外，有时还需要统计各部门的绩效考核成绩，通过数据透视表/图就能轻松实现。具体操作步骤如下。

第1步 ❶选择A1:J37单元格区域；❷单击【插入】选项卡【表格】组中的【数据透视表】按钮，如下图所示。

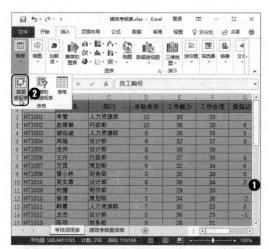

第2步 打开【创建数据透视表】对话框，保持默认设置，单击【确定】按钮，如下图所示。

第3步 新建一个工作表，并在该工作表中插入空白数据透视表，将工作表名称更改为"绩效考核分析表"，如下图所示。

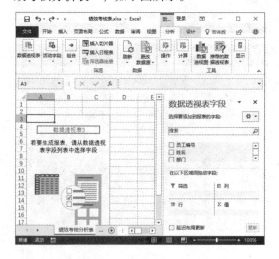

第8章
绩效考核管理

第4步 在【数据透视表字段】任务窗格中的【选择要添加到报表的字段】列表框中依次选中【姓名】【部门】【考勤考评】【工作能力】【工作态度】和【奖惩记录】复选框,并将这些字段显示在数据透视表中,如下图所示。

第5步 ❶选择数据透视表中的任意一个单元格;❷单击【数据透视表工具-分析】选项卡【操作】组中的【移动数据透视表】按钮,如下图所示。

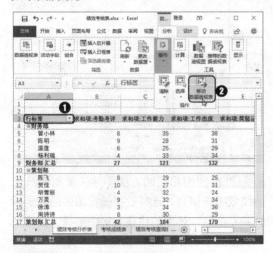

第6步 ❶打开【移动数据透视表】对话框,在【位置】文本框中将【A3】更改为【A1】;❷单击【确定】按钮,如下图所示。

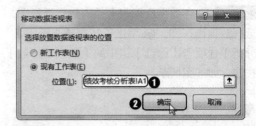

第7步 ❶移动数据透视表到设置的单元格中,选择整个数据透视表;❷单击【数据透视表工具-分析】选项卡【工具】组中的【数据透视图】按钮,如下图所示。

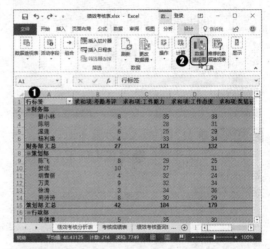

第8步 ❶打开【插入图表】对话框,在左侧选择【柱形图】选项;❷在右侧选择【簇状柱形图】选项;❸单击【确定】按钮,如下图所示。

| 261 |

第9步 ❶ 在数据透视表上插入数据透视图，选择数据透视图；❷ 单击【数据透视图工具-分析】选项卡【筛选】组中的【插入切片器】按钮，如下图所示。

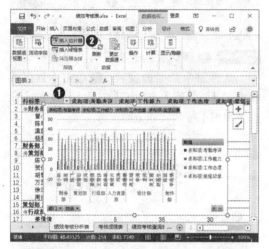

第10步 ❶ 打开【插入切片器】对话框，选中【部门】复选框；❷ 单击【确定】按钮，如下图所示。

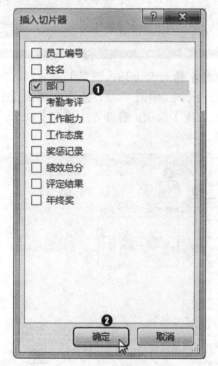

第11步 在工作表中插入切片器，在切片器中单击【财务部】选项，如下图所示。

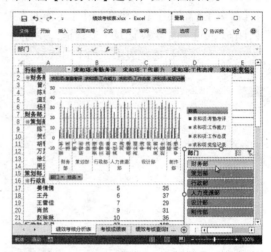

第12步 在数据透视表和数据透视图中将筛选出【财务部】各员工的绩效考核信息，如下图所示。

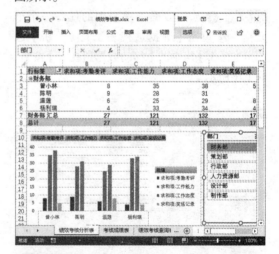

第13步 使用相同的方法筛选出策划部员工的绩效考核信息，选择数据透视图中的横坐标轴并右击，在弹出的快捷菜单中选择【设置坐标轴格式】命令，如下图所示。

第8章
绩效考核管理

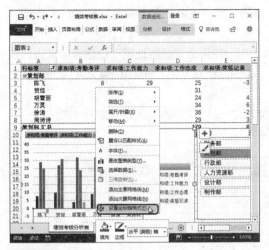

第 14 步 打开【设置坐标轴格式】任务窗格，展开【标签】选项，在【标签位置】下拉列表中选择【低】选项，横坐标轴将移动到数据系列最下方，如下图所示。

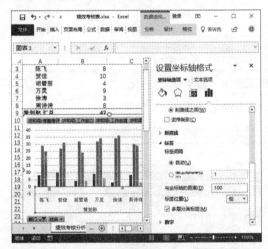

第 15 步 ❶ 选择纵坐标轴；❷ 在【设置坐标轴格式】任务窗格的【数字】栏中的【类别】

下拉列表中【数字】选项；❸ 在【负数】列表框中选择第 5 种样式，如下图所示。

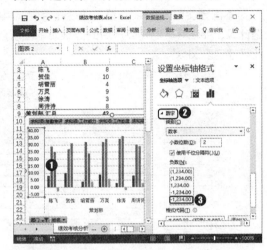

第 16 步 使用前面筛选数据的方法筛选出各个部门员工的绩效考核成绩，然后将【绩效考核分析表】工作表移动到【绩效考核查询表】工作表后面，如下图所示。

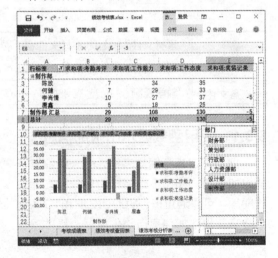

8.3 使用Excel制作员工业绩评定表

 案例背景

业绩评定表又称"等级量度法"，是最古老的、最为广泛采用的一种考核法，它根据所限

263

定的因素来对员工进行考核和判断并评出等级。由于业绩评定表在人力资源管理中广受欢迎，所以，HR需要掌握其制作方法。

本例将使用Excel制作员工业绩评定表，其中大部分使用公式函数让整个评估表自动进行数据计算、评估等，制作完成后的效果如下图所示。实例最终效果见"光盘\结果文件\第8章\员工业绩评定表.xlsx"文件。

光盘文件	素材文件	光盘\素材文件\第8章\员工业绩评定表.xlsx
	结果文件	光盘\结果文件\第8章\员工业绩评定表.xlsx
	教学视频	光盘\视频文件\第8章\8.3使用Excel制作员工业绩评定表.mp4

8.3.1 使用函数显示出附加信息

业绩评定表标题与表格之间一般都有一些附加信息，如员工姓名、销售分区、评估日期等，可以通过IF、VLOOKUP和TODAY函数来实现附加信息自动化填写。具体操作步骤如下。

第1步 打开"光盘\素材文件\第8章\员工业绩评定表.xlsx"文件，取消选中【视图】选项卡【显示】组中的【网格线】复选框，取消工作表中显示的网格线，如下图所示。

第2步 选择D2单元格，在编辑栏中输入

公式【=IF(B2="","",VLOOKUP(B2,销售业绩表!$B$1:$O$29,2,0))】,按【Enter】键确认,如下图所示。

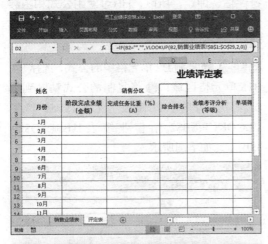

> **温馨提示**
> 公式【=IF(B2="","",VLOOKUP(B2,销售业绩表!$B$1:$O$29,2,0))】表示根据输入的员工姓名查找出该员工所属的销售分区。

第3步 在B2单元格中输入"销售业绩表"工作表中的员工姓名,如输入"刘艳",之后按【Enter】键,将自动查找出对应的销售分区,如下图所示。

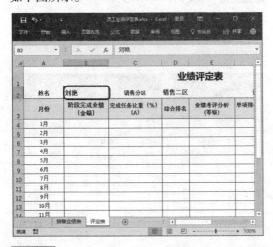

第4步 选择G2单元格,在编辑栏中输入公式【=TODAY()】,按【Enter】键,计算出系统当前显示的日期,如下图所示。

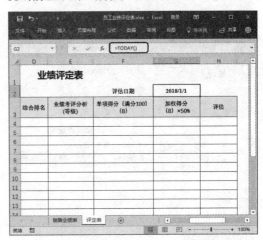

8.3.2 插入批注进行补充说明

业绩评估中,需要让评估者知道一些关键信息,如目标业绩是多少,权重比例是多少,保证评估人能使用正确系数进行计算。具体操作步骤如下。

第1步 ❶选择C3单元格;❷单击【审阅】选项卡【批注】组中的【新建批注】按钮,如下图所示。

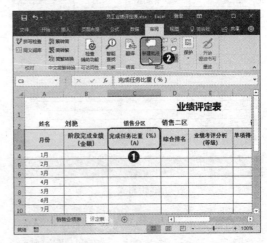

第2步 ❶新建一个批注框,在其中输入批注内容"员工每月销售业绩为70000元",在【字体】组中将批注框中的内容字体设置为

【11】；❷ 选择批注框中的【70000】，单击【加粗】按钮 B 加粗显示，如下图所示。

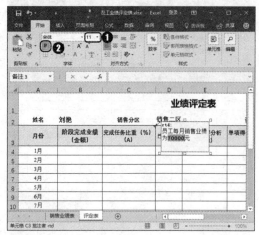

第3步 选择其他单元格后，插入的批注将自动隐藏，使用相同的方法在 G3 单元格中创建批注，对加权或是权重比值进行说明，如下图所示。

教您一招

编辑批注

如果需要对批注框中的内容进行修改，直接在批注框中是无法编辑的，需要选择批注框所在的单元格并右击，在弹出的快捷菜单中选择【编辑批注】命令，此时鼠标光标将定位到批注框中，然后对批注框中的内容进行修改或编辑即可。

8.3.3 使用函数和公式计算各项数据

业绩评定表一般都是根据已有的数据进行评估、评定，所以，HR可使用公式和函数进行自动评定，以提高准确性和效率。具体操作步骤如下。

第1步 ❶ 复制 D2 单元格中的公式，选择 B4:B15 单元格区域；❷ 将复制的公式粘贴到编辑栏中，并将公式修改为【=IF($B$2="",""，VLOOKUP($B$2,销售业绩表!$B$1:$O$29,3,0))】，如下图所示。

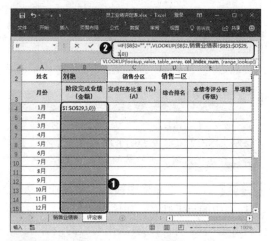

第2步 按【Ctrl+Enter】组合键，计算出 B4:B15 单元格区域中的结果，选择 B5 单元格，在编辑栏中将公式中查找的列数更改为【4】，如下图所示。

第8章
绩效考核管理

温馨提示

由于B4:B15单元格区域中公式查找的列数都相同，因此B4:B15单元格区域的计算结果都相同，但B5:B15单元格区域的计算结果并不正确，需要对其进行修改。

第3步 按【Enter】键计算出正确的结果，然后使用相同的方法对B6:B15单元格区域中的公式进行相应的修改，计算出正确的结果，如下图所示。

第4步 ❶选择C4:C15单元格区域；❷在编辑栏中输入公式【=B4/70000】，如下图所示。

第5步 按【Ctrl+Enter】组合键计算出结果，如下图所示。

第6步 ❶选择D4: D15单元格区域；❷在编辑栏中输入公式【=RANK.EQ(B4,销售业绩表!D2:D29,0)】，如下图所示。

温馨提示

公式【=RANK.EQ(B4,销售业绩表!D2:D29,0)】表示在销售业绩表的D2:D29单元格区域中计算B4单元格销售业绩的排名情况。

第7步 按【Ctrl+Enter】组合键计算出结果，可发现某些单元格中显示错误值【#N/A】，表示公式中引用的单元格错误，如下图所示。

267

Word/Excel/PPT
在人力资源管理中的应用

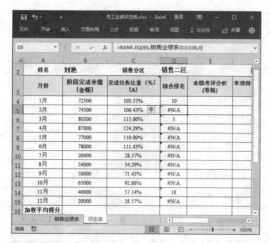

第8步 ❶ 选择 D5 单元格，在编辑栏中选择公式中的【销售业绩表!D3:D30】；❷ 单击【销售业绩表】工作表标签，如下图所示。

第9步 切换到【销售业绩表】工作表中，拖动鼠标选择 E2:E29 单元格区域，如下图所示。

第10步 按【Enter】键计算出结果，使用相同的方法对该列其他单元格中的公式进行修改，如下图所示。

第11步 ❶ 选择 E4:E15 单元格区域；❷ 在编辑栏中输入公式【=IF(D4<6,1,IF(D4<11,2,IF(D4<21,3,4)))】，如下图所示。

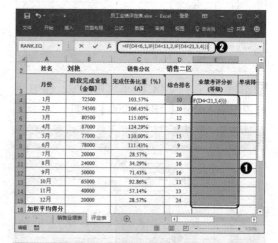

温馨提示

公式【=IF(D4<6,1,IF(D4<11,2,IF(D4<21,3,4)))】表示，如果综合排名小于6，那么业绩考评等级为1级；若综合排名小于11，那么业绩考评等级为2级；若综合排名小于21，那么业绩考评等级为3级；剩余的则为4级。

第12步 按【Ctrl+Enter】组合键计算出结果，如下图所示。

第 8 章
绩效考核管理

第 15 步 选择 G4:G15 单元格区域，编辑栏中输入公式【=F4*0.5】，按【Ctrl+Enter】组合键计算出结果，如下图所示。

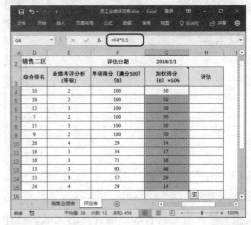

第 13 步 ❶ 选择 F4:F15 单元格区域；❷ 在编辑栏中输入公式【=IF(100*C4>=100,100,100*C4)】，如下图所示。

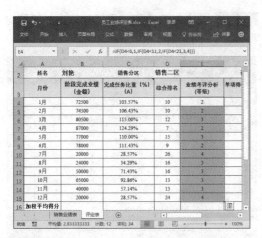

第 16 步 选择 H4:H15 单元格区域，在编辑栏中输入公式【=CHOOSE(E4,"特优","优","良","差")】，按【Ctrl+Enter】组合键计算出结果，如下图所示。

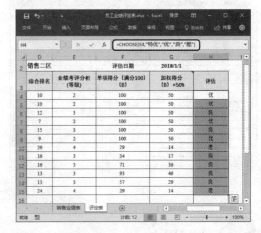

第 14 步 按【Ctrl+Enter】组合键计算出结果，如下图所示。

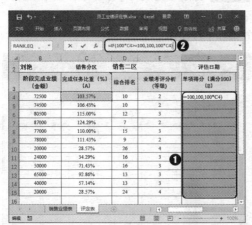

8.3.4 自动求平均值

为了快速查看考评的平均权重分数，可以使用自动求平均值的功能对员工某段时期内的权重分数的平均值进行计算。具体操作步骤如下。

第 1 步 ❶ 选择 B16 单元格；❷ 单击【公式】选项卡【函数库】组中的【自动求和】下拉按

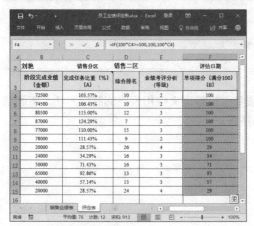

Word/Excel/PPT
在人力资源管理中的应用

钮 ； ❸ 在弹出的下拉列表中选择【平均值】选项，如下图所示。

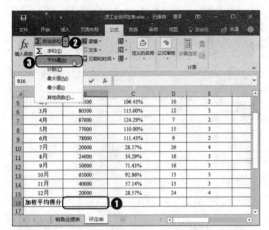

第2步 此时，将自动选取计算的区域，将计算区域更改为【G4:G15】，效果如下图所示。

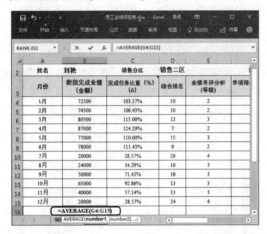

第3步 按【Enter】键，即可计算出加权平均得分，如下图所示。

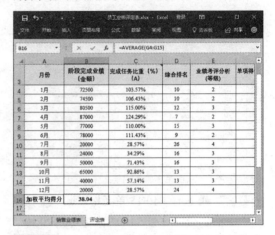

第4步 将姓名更改为【丁琴】，按【Enter】键，工作表中就可显示丁琴的业绩评定成绩，效果如下图所示。

大神支招

通过前面知识的学习，相信读者已经掌握了绩效考核管理文档和表格的制作方法。下面结合本章内容，给读者介绍一些工作中的实用经验与技巧。

01：将 LOGO 图片嵌入文字下方

视频文件：光盘\视频文件\第8章\01.mp4

第 8 章
绩效考核管理

很多企业要求HR在制作内部文档时，要在文档中体现出公司的LOGO，但插入的LOGO不能单独占版面，这时该怎么呢？很简单，将LOGO图片以水印的方式显示在文档中，这样既不占版面，也不影响文字内容的显示。具体操作步骤如下。

第1步 打开"光盘\素材文件\第8章\员工绩效考核管理制度1.docx"文件，❶单击【设计】选项卡【页面背景】组中的【水印】按钮；❷在弹出的下拉列表中选择【自定义水印】选项，如下图所示。

第2步 ❶打开【水印】对话框，选中【图片水印】单选按钮；❷单击【选择图片】按钮，如下图所示。

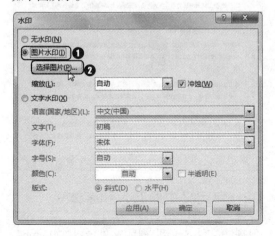

第3步 ❶在打开的对话框中单击【浏览】按钮，打开【插入图片】对话框，在地址栏中选择图片保存的位置；❷选择【LOGO.png】选项；❸单击【插入】按钮，如下图所示。

第4步 ❶返回【水印】对话框，取消选中【冲蚀】复选框；❷单击【确定】按钮，如下图所示。

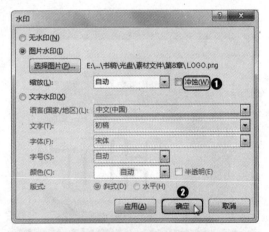

温馨提示

选中【冲蚀】复选框，表示水印图片将应用冲蚀效果，水印图片的颜色将变淡；取消选中此复选框，将表示水印图片的颜色保持原效果不变。

第5步 返回文档中，即可查看到插入的水印图片效果，如下图所示。

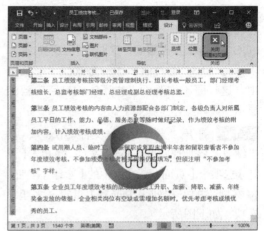

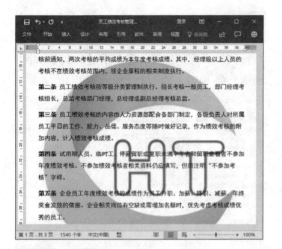

第6步 在页眉页脚处双击，进入页眉和页脚的编辑状态，选择水印图片，将鼠标指针移动到水印图片的左上角的控制点上，按住鼠标左键向右下拖动，调整水印图片的大小，如下图所示。

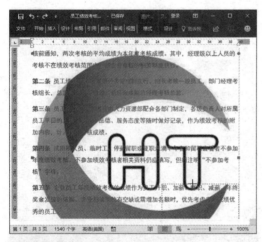

第7步 将水印图片调整到合适的大小后，单击【页眉和页脚工具-设计】选项卡【关闭】组中的【关闭页眉和页脚】按钮，如下图所示。

教您一招

删除水印

当文档中不需要水印时，可以将已添加的水印删除掉。方法为：单击【设计】选项卡【页面背景】组中的【水印】按钮，在弹出的下拉列表中选择【删除水印】选项，或在【水印】对话框中选中【无水印】单选按钮，再单击【确定】按钮，即可删除文档中的水印。

第8步 返回文档中，可查看到调整水印图片后的效果，如下图所示。

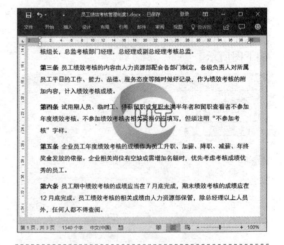

02：自定义主题颜色和字体

🎬 视频文件：光盘\视频文件\第8章\02.mp4

第8章
绩效考核管理

当主题中提供的颜色和字体不能满足需要时，HR还可以自定义主题的颜色和字体，使文档整体效果更加符合需要。具体操作步骤如下。

第1步 打开"光盘\素材文件\第8章\员工绩效考核管理制度2.docx"文件，❶单击【设计】选项卡【文档格式】组中的【颜色】按钮；❷在弹出的下拉列表中选择【自定义颜色】选项，如下图所示。

> **温馨提示**
> 在【名称】文本框中还可对自定义颜色的名称进行设置。

第3步 ❶即可将新建的自定义主题颜色应用到文档中，单击【设计】选项卡【文档格式】组中的【字体】按钮；❷在弹出的下拉列表中选择【自定义字体】选项，如下图所示。

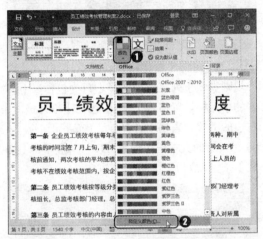

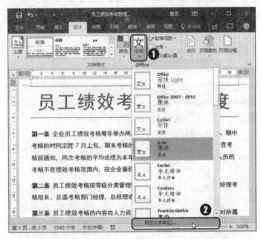

第2步 ❶打开【新建主题颜色】对话框，在【文字/背景-深色2】下拉列表框中选择【蓝色】选项；❷在【着色3】下拉列表框中选择【深蓝】选项；❸单击【保存】按钮，如下图所示。

第4步 ❶打开【新建主题字体】对话框，在【中文】选项区域中的【标题字体】下拉列表框中选择【方正宋黑简体】选项；❷在【正文字体】下拉列表框中选择【方正书宋简体】选项；❸单击【保存】按钮，如下图所示。

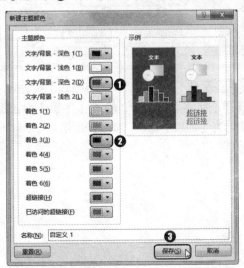

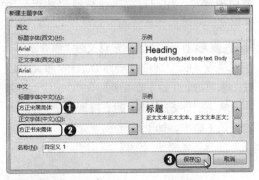

第5步 即可将新建的自定义主题字体应用到文档中，如下图所示。

Word/Excel/PPT
在人力资源管理中的应用

教您一招

编辑自定义的字体

将新建的字体应用到文档中后,如果发现字体效果并不满意,那么可在【字体】下拉列表中【新建的字体】选项上右击,在弹出的快捷菜单中选择【编辑】命令,可打开【编辑主题字体】对话框,可对字体进行更改。

03: 自定义条件格式

🔘 视频文件:光盘\视频文件\第8章\03.mp4

当Excel中提供的条件格式不能满足当前表格需要时,用户可以根据需要灵活定义条件格式。具体操作步骤如下。

第1步 ❶打开"光盘\素材文件\第8章\考核成绩表.xlsx"文件,选择 D2:D37 单元格区域;❷单击【开始】选项卡【样式】组中的【条件格式】按钮;❸在弹出的下拉列表中选择【新建规则】选项,如下图所示。

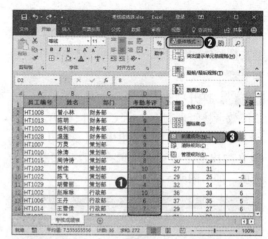

第2步 ❶打开【新建格式规则】对话框,在【选择规则类型】列表框中选择【只为包含以下内容的单元格设置格式】选项;❷在【单元格值】右边的下拉列表框中选择【大于或等于】选项;❸在其后的文本框中输入"10";❹单击【格式】按钮,如下图所示。

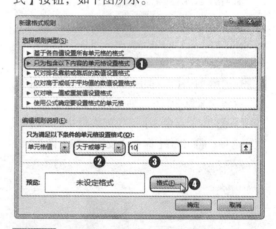

第3步 ❶打开【设置单元格格式】对话框,选择【字体】选项卡;❷在【字形】列表框中选择【加粗】选项,如下图所示。

第8章
绩效考核管理

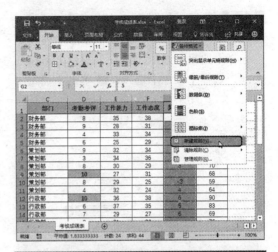

第4步 ❶选择【填充】选项卡；❷在【背景色】选项区域中选择需要的颜色色块；❸单击【确定】按钮，如下图所示。

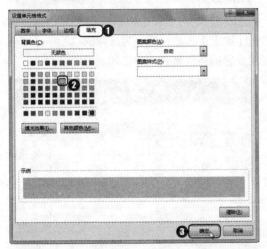

第5步 返回【新建格式规则】对话框，单击【确定】按钮，即可为选择的单元格区域应用设置的条件格式，然后选择 G2:G37 单元格区域，在【条件格式】下拉列表中选择【新建规则】选项，如下图所示。

教您一招

清除条件格式

如果要清除单元格区域中的条件规则，那么可在【条件格式】下拉列表中选择【清除规则】选项，在弹出的级联列表中选择【清除所选单元格的规则】选项，可清除当前所选单元格或单元格区域中的条件格式；若选择【清除整个工作表的规则】选项，将清除工作表中所有的条件格式。

第6步 ❶打开【新建格式规则】对话框，在【选择规则类型】列表框中选择【只为包含以下内容的单元格设置格式】选项；❷在【单元格值】右边的下拉列表框中选择【小于或等于】选项；❸在其后的文本框中输入"-1"；❹单击【格式】按钮，如下图所示。

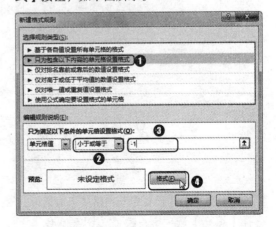

第7步 ❶打开【设置单元格格式】对话框，选择【字体】选项卡；❷在【字形】列表框中选择【加粗】选项；❸在【颜色】下拉列表框中选择【红色】选项；❹单击【确定】按钮，如下图所示。

拉列表框中选择【橙色，个性色2】选项；❸在【图案样式】下拉列表框中选择【12.5%灰色】选项；❹单击【确定】按钮，如下图所示。

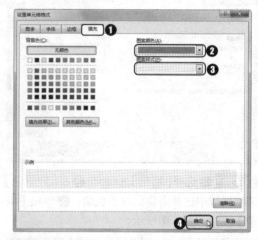

第8步 返回【新建格式规则】对话框，单击【确定】按钮，即可为选择的单元格区域应用设置的条件格式，❶选择H2:H37单元格区域；❷打开【新建格式规则】对话框，在【选择规则类型】列表框中选择【仅对排名靠前或靠后的数值设置格式】选项；❸在【最高】下拉列表框后的文本框中输入【12】；❹单击【格式】按钮，如下图所示。

第10步 返回【新建格式规则】对话框，单击【确定】按钮，即可为选择的单元格区域应用设置的条件格式，效果如下图所示。

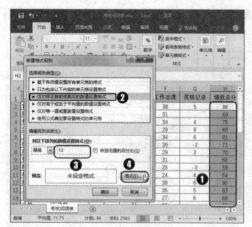

> **温馨提示**
>
> 在突出显示某单元格区域的最低项和最高项，如突出单元格区域中的前10项时，如果第5项有两个相同的数值，那么就没有第6项，第5项的第2个相同数值将作为第6项；如果最后第10项有3个相同数值时，那么最后符合条件的单元格将会有12个。

第9步 ❶打开【设置单元格格式】对话框，选择【填充】选项卡；❷在【图案颜色】下

第9章
员工请假与考勤管理

本章导读

严格的考勤管理不仅可以增强员工的时间观念，提高工作效率，也是维护企业规范化管理的一种方式。但要真正实现考勤管理的目的，还需要企业文化的引导。本章通过使用Word和Excel制作员工请假申请单和考勤表，为HR在员工请假和考勤管理方面做好铺垫。

知识要点

- ❖ 绘制表格
- ❖ 日期和时间函数
- ❖ 冻结窗格
- ❖ 平均分布表格行/列
- ❖ COUNTIFS函数
- ❖ 在图表中添加形状

9.1 使用Word制作员工请假申请单

 案例背景

公司为了加强员工的组织纪律管理，维持公司正常的工作秩序，都会制定请假管理制度，对员工的出勤情况进行管理。而员工请假申请单是员工请假时需要填写的表格，它与请假条性质相同，但内容有所区别。员工请假申请单较正式，包含的内容较详细；而请假条则只是简单描述请假的情况。

本例将通过Word制作员工请假申请单，制作完成后的效果如下图所示。实例最终效果见"光盘\结果文件\第9章\员工请假申请单.docx"文件。

请假申请单

姓名		职务		部门	
请假类别	□婚假 □事假 □病假 □丧假 □产假 □年假 □其他					
请假时间	自____年____月____日____时至自____年____月____日____时，共计____天____时				
请假缘由						
职务工作代理人及委托事项	本人休假期间以下工作委托_____先生/女士代理。 委托事项： 代理人签字确认： 签字日期：　　　年　　　月　　　日				
审核意见	部门经理：　　　　　　　　　　　　年　　　月　　　日				
	人力资源部（考勤人员）：　　　　　年　　　月　　　日				
	总经理：　　　　　　　　　　　　　年　　　月　　　日				

备注：
1. 病假需要出示医院医生开写的证明。
2. 3天以上假期需部门负责人、总经理同时签字方可生效。
3. 员工应提前向审批人提出休假申请，待审批人批准后提交请假申请单至考勤员处备案。
4. 本表最终由人力资源部备案。

光盘文件	结果文件	光盘\结果文件\第9章\员工请假申请单.docx
	教学视频	光盘\视频文件\第9章\9.1使用Word制作员工请假申请单.mp4

9.1.1 绘制员工请假申请单

在Word中,当需要制作不规则的表格时,可以通过手动绘制的方法来绘制需要的表格。相对于插入表格来说,手动绘制更加灵活,而且可以减少一些操作,提高工作效率。具体操作步骤如下。

第1步 ❶在 Word 2016 中新建一个"员工请假申请单"空白文档,输入标题"请假申请单",并对标题的格式进行设置;❷单击【表格】组中的【表格】按钮;❸在弹出的下拉列表中选择【绘制表格】选项,如下图所示。

第2步 此时,鼠标指针变成 ✐ 形状,在页面中拖动鼠标,开始绘制表格的外边框,如下图所示。

第3步 外边框绘制完成后,将鼠标指针移动到左侧框线内部,按住鼠标左键向右拖动至右侧的外框线,绘制表格内部的横框线,如下图所示。

第4步 继续拖动鼠标绘制表格其他横框线,完成后将鼠标指针移动到上方框线内部,按住鼠标左键向下拖动绘制表格内部的竖框线,如下图所示。

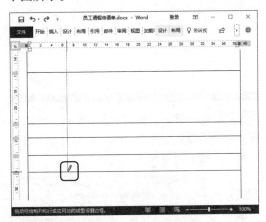

第5步 使用相同的方法绘制表格内部的其他竖框线,如下图所示。

第6步 单击【表格工具-布局】选项卡【绘图】组中的【橡皮擦】按钮，如下图所示。

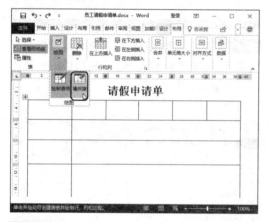

第7步 此时鼠标指针将变成 形状，将鼠标指针移动到需要擦除的边线上单击，即可擦除该边线，如下图所示。

温馨提示

使用橡皮擦擦除表格多余的边线时，还可以将鼠标指针移动到需要擦除的边线上，拖动鼠标选择边线，也可删除表格的边线。

第8步 使用前面擦除边线的方法擦除表格中不需要的边线，再单击【橡皮擦】按钮，使鼠标指针恢复到正常状态，如下图所示。

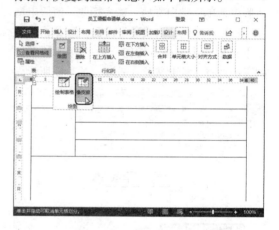

9.1.2 设置表格中对象的格式

绘制好员工请假申请单表格后，还需要在表格中输入需要的文本，并对表格中文本的对齐方式进行设置，以及为相应的文本添加特殊符号和编号，使制作的表格更加完整和规范。具体操作步骤如下。

第1步 在表格单元格中分别输入相应的文本，选择表格中的所有文本，单击【表格工具-布局】选项卡【对齐方式】组中的【中部两端对齐】按钮，如下图所示。

温馨提示

在表格中输入文本时，可结合【Enter】键和空格键进行分段和调整各字符间的距离。

第9章
员工请假与考勤管理

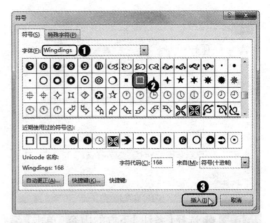

第2步 ❶ 使表格中的文本垂直居中，并靠单元格左侧对齐，将鼠标光标定位到【婚假】文本前；❷ 单击【符号】组中的【符号】按钮；❸ 在弹出的下拉列表中选择【其他符号】命令，如下图所示。

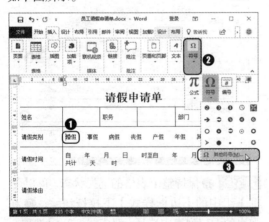

第3步 ❶ 打开【符号】对话框，默认选择【符号】选项卡，在【字体】下拉列表框中选择【Wingdings】选项；❷ 在下方的列表框中选择需要的符号；❸ 单击【插入】按钮，如下图所示。

> **温馨提示**
>
> 在【符号】对话框中选择【特殊字符】选项卡，在该选项卡中提供了【长画线】—、【短画线】-、【版权所有】©、【注册】®和【商标】™等常用的特殊字符，选择需要的字符，单击【插入】按钮也可将其插入表格中。

第4步 选择【婚假】前的符号，按【Ctrl+C】组合键复制符号，然后再按【Ctrl+V】组合键分别在其他请假类别前粘贴复制的符号，如下图所示。

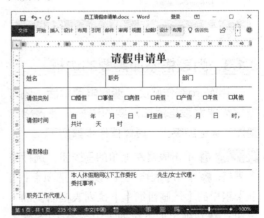

第5步 按住【Ctrl】键拖动鼠标选择表格中需要添加下画线的空格，单击【字体】组中的【下画线】按钮 U，为选择的空格添加默认的下画线，如下图所示。

第6步 ❶选择【备注】下方的内容,单击【编号】下拉按钮 ▼;❷在弹出的下拉列表中选择需要的编号,如下图所示。

9.1.3 为表格添加需要的边框

用Word制作好员工请假申请单后,还可根据需要为表格添加需要的边框,使表格的整体效果更加突出。具体操作步骤如下。

第1步 ❶单击表格左上角的⊞按钮,选择整个表格;❷单击【表格工具-设计】选项卡【边框】组中的【笔画粗细】下拉列表框右侧的 ▼ 按钮;❸在弹出的下拉列表中选择【1.5磅】选项,如下图所示。

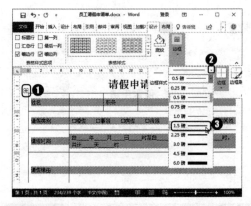

第2步 ❶单击【边框】组中的【边框】下拉按钮 ▼;❷在弹出的下拉列表中选择【内部框线】选项,即可为表格内部边框应用设置的框线样式,如下图所示。

第3步 ❶保持整个表格的选择状态,单击【边框】组中的【边框样式】下拉按钮 ▼;❷在弹出的下拉列表中选择【双实线 1/2 pt】选项,如下图所示。

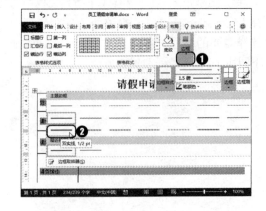

第9章
员工请假与考勤管理

第4步 ❶单击【边框】组中的【边框】下拉按钮；❷在弹出的下拉列表中选择【外侧框线】选项，即可为表格外部边框应用设置的边框样式，如下图所示。

> **温馨提示**
>
> 默认情况下，在【边框】组中对边框样式、笔样式、笔画粗细和笔颜色进行任意设置后，鼠标指针都将变成 ✎ 形状，然后拖动鼠标指针，在表格边框上进行拖动，即可将原表格边框更改为所设置的边框效果。

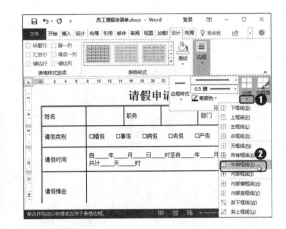

9.2 使用Excel制作考勤表

案例背景

考勤是HR日常工作中最基础的管理工作，其目的是维护企业的正常工作秩序，提高工作效率，约束员工自觉遵守工作时间和劳动纪律。现在大部分公司都采用刷卡或指纹的方式来记录考勤，减少了因考勤登记不清引起的劳资关系紧张，而且也降低了管理方面的人力成本。

考勤表是公司员工每天上班的凭证，也是员工领工资的凭证，因为它记录了员工上班的天数，具体的上下班时间，包括迟到、早退等情况。由于考勤记录的方式发生了改变，因此，考勤表相对于以前也变得更为简单。

本例将使用Excel制作考勤表，制作完成后的效果如下图所示。实例最终效果见"光盘\结果文件\第9章\考勤表.xlsx"文件。

Word/Excel/PPT
在人力资源管理中的应用

	素材文件	光盘\素材文件\第9章\考勤表.xlsx
光盘文件	结果文件	光盘\结果文件\第9章\考勤表.xlsx
	教学视频	光盘\视频文件\第9章\9.2使用Excel制作考勤表.mp4

9.2.1 统计打卡考勤记录

刷卡或指纹记录考勤时，记录的考勤数据只有员工卡号、姓名、打卡日期、上下班打卡时间等，没有对员工迟到、早退和请假进行统计，这时就需要HR对员工的考勤记录进行统计，并突出显示工作时长小于8小时的数据。具体操作步骤如下。

第1步 打开"光盘\素材文件\第9章\考勤表.xlsx"文件，复制【打卡记录】工作表，命名为【考勤记录表】工作表，然后在单元格中输入相应的字段，并对单元格中文本的字体格式、对齐方式和单元格边框进行设置，如下图所示。

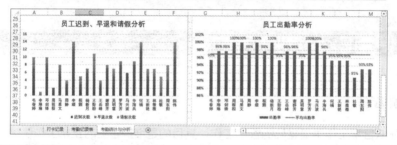

第2步 选择H2单元格，在编辑栏中输入公式【=IF(OR(F2>12/24,F2=""),"※",IF(HOUR(F2)<9," √ "," ○ "))】，如下图所示。

第9章
员工请假与考勤管理

温馨提示

公式【=IF(OR(F2>12/24,F2=""),"※",IF(HOUR(F2)<9,"√","○"))】的含义为：如果F2单元格中的时间大于12:00或者F2单元格为空白，那么则返回*符号，表示请假；F2单元格中的时间小于9:00，则返回√符号，表示全勤；若F2单元格中的时间大于9:00，则返回○符号，表示迟到。

第3步 按【Enter】键计算出结果，复制H2单元格中的公式，计算出H3:H485单元格区域，如下图所示。

第4步 选择I2单元格，在编辑栏中输入公式【=IF(OR(G2<13/24,G2=""),"※",IF(HOUR(G2)<18,"●","√"))】，如下图所示。

第5步 按【Enter】键计算出结果，复制I2单元格中的公式，计算出I3:I485单元格区域中的结果，如下图所示。

温馨提示

公式中的※、√、○和●符号不能通过插入符号的方式来实现，是通过从其他位置复制粘贴得到的。

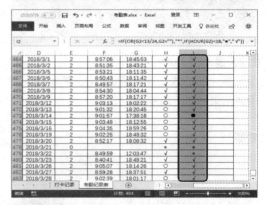

第6步 选择J2单元格，在编辑栏中输入公式【=INT((HOUR(G2)*60+MINUTE(G2)-HOUR(F2)*60-MINUTE(F2))/60)&" 小时 "&MOD((HOUR(G2)*60+MINUTE(G2)-HOUR(F2)*60-MINUTE(F2)),60)&" 分钟 "】，如下图所示。

9.2.2 完善考勤记录表内容

一份完整的考勤表一般还包括考勤年份、月份和当月的出勤天数等，为了使考勤表中的时间随着系统当前的时间变化而变化，需要使用公式来计算时间。具体操作步骤如下。

第1步 ❶ 选择 A1:A2 单元格；❷ 单击【开始】选项卡【单元格】组中的【插入】下拉按钮；❸ 在弹出的下拉列表中选择【插入工作表行】命令，如下图所示。

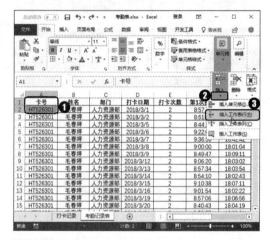

第2步 在工作表最前面插入两行空白单元格，输入需要的内容，并对单元格格式进行相应的设置，如下图所示。

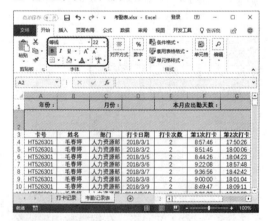

第3步 选择 B1 单元格，在编辑栏中输入公式【=YEAR(NOW())】，按【Enter】键计算出考勤年份，如下图所示。

温馨提示

公式【=INT((HOUR(G2)*60+MINUTE(G2)-HOUR(F2)*60-MINUTE(F2))/60)&"小时"&MOD((HOUR(G2)*60+MINUTE(G2)-HOUR(F2)*60-MINUTE(F2)),60)&"分钟"】的含义：先将G2单元格中的小时转换成分钟数，再加G2单元格中时间的分钟数，然后减去F2单元格中转换成的分钟数和C2单元格中时间的分钟数，使计算结果带单位"小时"，再与后部分公式的计算结果进行合并，返回余数，带单位"分钟"，最后返回的结果取整数。

第7步 按【Enter】键计算出结果，复制J2单元格中的公式，计算出 J3:J485 单元格区域中的结果，如下图所示。

第9章
员工请假与考勤管理

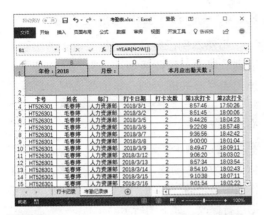

第4步 选择D1单元格，在编辑栏中输入公式【=MONTH(NOW())】，按【Enter】键计算出考勤月份，如下图所示。

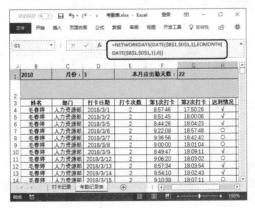

第5步 选择G1单元格，在编辑栏中输入公式【=NETWORKDAYS(DATE($B$1,$D$1,1),EOMONTH(DATE($B$1,$D$1,1),0))】，按【Enter】键计算出考勤天数，如下图所示。

> **温馨提示**
>
> 本例中采用NETWORKDAYS函数计算所选月份应该出勤的总天数时，用了DATE函数将C1、E1单元格和数字1转换为日期数据（DATE$C$1,$E$1,1），作为统计工作日的开始日期；再用了EOMONTH函数让转换为日期的数据返回当月的最后一天，作为统计工作日的结束日期。

第6步 选择A2单元格，在编辑栏中输入公式【=TEXT(DATE(,D1,1),"M月份考勤表")】，按【Enter】键，即可在A2单元格中根据D1单元格中的月份自动显示当前工作表的名称，如下图所示。

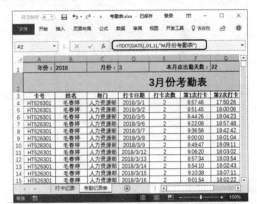

> **温馨提示**
>
> 本例中年份和月份是根据计算机系统当前显示的时间来计算的，所以，如果计算机中当前显示的时间发生变化，表格中的年份、月份、出勤天数和标题中的月份都将随之发生变化。

9.2.3 冻结固定显示的行数据

考勤表中的数据实在太多，为便于查看，可以将有用信息固定在窗口中，当窗口大小不变时，可以通过拖动滚动条来选择细节数据显示的部分。具体操作步骤如下。

第1步 ❶选择A4单元格；❷单击【视图】

287

选项卡【窗口】组中的【冻结窗格】按钮；❸在弹出的下拉列表中选择【冻结拆分窗格】选项，如下图所示。

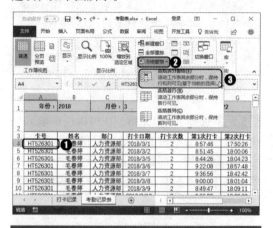

温馨提示

【冻结窗格】下拉列表中的【冻结拆分窗格】选项表示查看工作表中的数据时，保持设置的行和列的位置不变；【冻结首行】选项表示查看工作表中的数据时，保持工作表的首行位置不变；【冻结首列】选项表示查看工作表中的数据时，保持工作表的首列位置不变。

第2步 即可冻结所选单元格前面的行，滚动滚动条查看表格数据时，A4单元格前面的行会固定显示在前面，如下图所示。

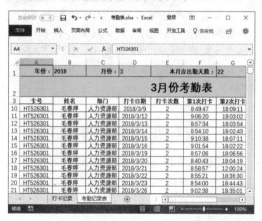

9.2.4 统计员工当月的出勤情况

虽然本例已经计算出员工每天的出勤、迟到、早退、请假等情况，但为了快速看出员工当月总共的迟到、早退等情况，还需要对每位员工当月的出勤情况进行统计。具体操作步骤如下。

第1步 复制【考勤记录表】工作表，将其名称更改为【考勤统计与分析】工作表，删除工作表中多余的行和列，并对工作表中的部分数据进行修改，如下图所示。

第2步 选择D2单元格，在编辑栏中输入公式【=COUNTIFS(考勤记录表!$B$4:$B$487,"毛春婷",考勤记录表!$H$4:$H$487,"○")】，按【Enter】键计算出员工当月迟到的总次数，如下图所示。

第9章
员工请假与考勤管理

第3步 复制 D2 单元格中的公式计算出 D3:D23 单元格区域中的结果，选择 D3 单元格，将公式中的【毛春婷】更改为【李琳琳】，如下图所示。

温馨提示

公式【=COUNTIFS(考勤记录表!$B$4:$B$487,"李琳琳",考勤记录表!$H$4:$H$487,"○")】表示在B4:B487单元格区域中查找李琳琳，并在H4:H487单元格区域中查找李琳琳迟到的次数，对其进行统计。

第4步 按【Enter】键计算出结果，使用相同的方法对 D4:D23 单元格区域中的公式进行修改，得出正确的结果，如下图所示。

第5步 选择 E2 单元格，在编辑栏中输入公式【=COUNTIFS(考勤记录表!$B$4:$B$487,"毛春婷",考勤记录表!$I$4:$I$487,"●")】，

按【Enter】键计算出员工当月早退的总次数，如下图所示。

第6步 复制 E2 单元格中的公式，计算出 E3:E23 单元格区域中的结果，并对 E3:E23 单元格区域公式中的员工姓名进行修改，计算出正确的结果，如下图所示。

第7步 选择 F2 单元格，在编辑栏中输入公式【=COUNTIFS(考勤记录表!$B$4:$B$487,"毛春婷",考勤记录表!$H$4:$H$487,"※")+COUNTIFS(考勤记录表!$B$4:$B$487,"毛春婷",考勤记录表!$I$4:$I$487,"※")】，按【Enter】键计算出员工当月请假的次数，如下图所示。

温馨提示

COUNTIFS函数只能统计同行或同列中的数据，不能对多行或多列同时进行统计，所以，本例采用的公式是先统计迟到列的请假情况，再统计早退列的请假情况，最后将统计的结果相加，得出总的请假次数。

289

第8步 复制F2单元格中的公式，计算出F3:F23单元格区域中的结果，并对F3:F23单元格区域公式中的员工姓名进行修改，计算出正确的结果，如下图所示。

第9步 选择G2单元格，在编辑栏中输入公式【=考勤记录表!$G$1-F2/2】，按【Enter】键计算出员工当月实际出勤的天数，如下图所示。

> **温馨提示**
> 公式中【F2/2】实际上是用请假次数除以2，表示请假两次算缺勤1天。

第10步 复制G2单元格中的公式，计算出G3:G23单元格区域中的结果，如下图所示。

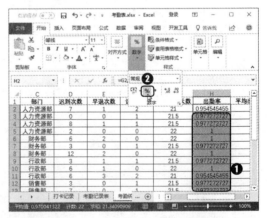

第11步 ❶ 选择H2:H23单元格区域，在编辑栏中输入公式【=G2/考勤记录表!$G$1】，按【Ctrl+Enter】组合键计算出员工当月的出勤率；❷ 保持单元格区域的选择状态，单击【开始】选项卡【数字】组中的【百分比样式】按钮%，如下图所示。

第12步 即可让计算结果以百分数进行显示，如下图所示。

第9章
员工请假与考勤管理

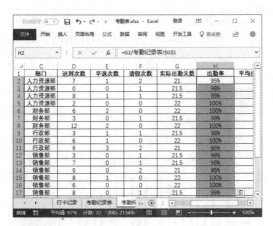

第13步 选择 I2:I23 单元格区域，在编辑栏中输入公式【=AVERAGE($H$2:$H$23)】，按【Ctrl+Enter】组合键计算出平均出勤率，如下图所示。

温馨提示

计算平均出勤率是为了后面使用图表对出勤率进行分析时，将平均出勤率和出勤率进行对比分析。

9.2.5 使用图表分析员工出勤情况

使用图表对员工出勤进行分析，可以更加直观地看出员工当月的出勤情况，以便于做出更加合理和适合的员工考勤管理制度。具体操作步骤如下。

第1步 ❶ 选择 B1:B23 和 D1:F23 单元格区域；❷ 单击【插入】选项卡【图表】组中的【推荐的图表】按钮，如下图所示。

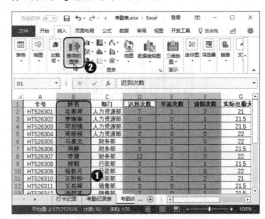

第2步 ❶ 打开【插入图表】对话框，在【推荐的图表】选项卡中选择【堆积柱形图】选项；❷ 单击【确定】按钮，如下图所示。

温馨提示

当不知道所选数据使用什么图表进行分析时，可以使用推荐的图表功能，这样可以自动根据所选数据显示适合的图表。

第3步 返回工作表编辑区，可查看到插入的图表，将图表标题更改为【员工迟到、早退和请假分析】，如下图所示。

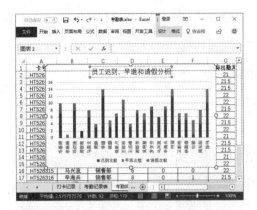

第6步 使图表横坐标轴中的文字竖排显示，然后加粗横坐标轴、纵坐标轴和图例中的文字，效果如下图所示。

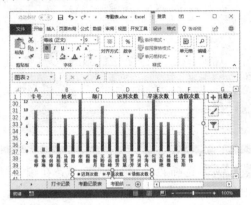

第4步 将图表调整到合适的大小和位置，为图表应用【样式6】图表样式，选择横坐标轴并右击，在弹出的快捷菜单中选择【设置坐标轴格式】命令，如下图所示。

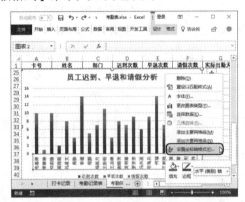

第7步 ❶选择B1:B23和H1:I23单元格区域，单击【图表】组中的【插入组合图】按钮；❷在弹出的下拉列表中选择【簇状柱形图-折线图】选项，如下图所示。

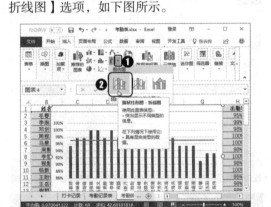

第5步 ❶打开【设置坐标轴格式】任务窗格，单击【大小与属性】按钮；❷单击【文字方向】右侧的下拉按钮；❸在弹出的下拉列表中选择【竖排】选项，如下图所示。

第8步 对图表大小、位置、样式和图表中文本的字体格式等进行设置，效果如下图所示。

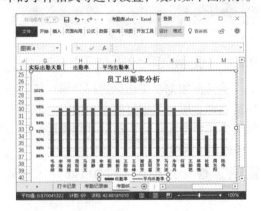

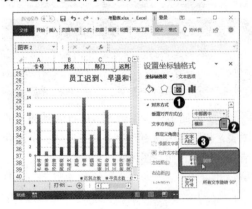

第9章
员工请假与考勤管理

第9步 ❶ 选择柱形图数据系列，单击【图表元素】按钮 ＋ ；❷ 在弹出的面板中选中【数据标签】复选框，显示出数据标签，如下图所示。

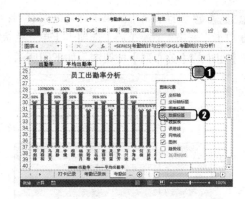

通过前面知识的学习，相信读者已经掌握了制作员工请假申请单、考勤表等员工考勤与请假管理方面文件的制作方法。下面结合本章内容介绍一些工作中的实用经验与技巧。

01：一键就能平均分布表格中的行或列

📀 视频文件：光盘\视频文件\第9章\01.mp4

使用Word制作不规则的表格时，很多HR都会选择拖动鼠标来调整表格的行高或列宽，这的确是最常用的方法，但如果需要对所选的多行和多列的行高和列宽进行平均分布，那么通过拖动鼠标调整就不会很精确，这时使用平均行或平均列功能就能一键快速实现。具体操作步骤如下。

第1步 打开"光盘\素材文件\第9章\职员签到簿.docx"文件，❶ 选择表格中除第一行外的所有行；❷ 单击【表格工具-布局】选项卡【单元格大小】组中的【分布行】按钮 ，如下图所示。

第2步 即可根据所选单元格的总高度来平均分布每行的行高，如下图所示。

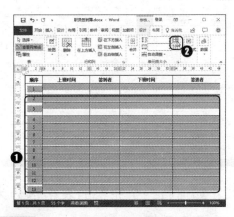

第3步 ❶ 选择表格中除第 1 列外的所有列；❷ 单击【表格工具 - 布局】选项卡【单元格大小】组中的【分布列】按钮出，如下图所示。

第4步 即可根据所选单元格的总宽度来平均分布每列的列宽，如下图所示。

下图所示。

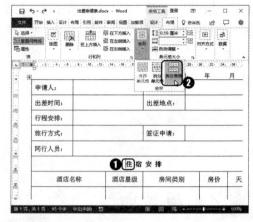

第2步 即可将表格拆分为两个表格，并且鼠标光标所在行将成为新表格的首行，如下图所示。

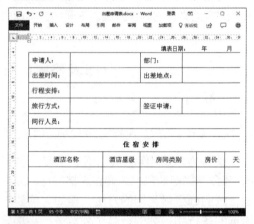

第3步 使用相同的方法继续将第 2 个表格拆分为两个表格，如下图所示。

02：如何将一个完整的表格拆分为多个表格

📀 视频文件：光盘\视频文件\第9章\02.mp4

HR在制作人力资源类表格时，为了使表格的各部分分隔比较明显，可以将表格每部分拆分为一个单独的表格。具体操作步骤如下。

第1步 打开"光盘 \ 素材文件 \ 第 9 章 \ 出差申请表 .docx"文件，❶ 将鼠标光标定位到【住宿安排】行中；❷ 单击【表格工具 - 布局】选项卡【合并】组中的【拆分表格】按钮，如

第9章
员工请假与考勤管理

03：图表也能跨工作表移动

💿 视频文件：光盘\视频文件\第9章\03.mp4

大家在工作表中移动图表时，都习惯直接使用鼠标拖动，但要将图表移动到其他工作表或新工作表中，拖动鼠标并不能实现，这时就需要通过移动图表功能来实现。具体操作步骤如下。

第1步 打开"光盘\素材文件\第9章\考勤表1.xlsx"文件，❶新建一个名称为【图表】的工作表；❷选择【考勤统计与分析】工作表中的图表；❸单击【图表工具-设计】选项卡【位置】组中的【移动图表】按钮，如下图所示。

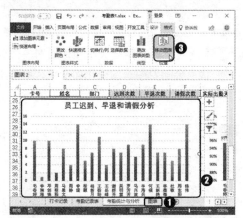

第2步 ❶打开【移动图表】对话框，在【对象位于】下拉列表框中选择【图表】选项；❷单击【确定】按钮，如下图所示。

> **温馨提示**
> 若在【移动图表】对话框中选中【新工作表】单选按钮，在右侧的文本框中输入新工作表的名称，单击【确定】按钮，可将图表移动到新建的工作表中。需要注意的是，移动到新工作表中的图表只能对其大小进行调整，不能在新工作表中拖动鼠标移动图表的位置。

第3步 即可将选择的图表移动到【图表】工作表中，并将图表放置在与原工作表相同的单元格区域，如下图所示。

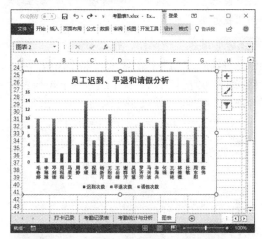

第4步 使用相同的方法将另一张图表也移动到【图表】工作表中，并调整两张图表的位置和大小，如下图所示。

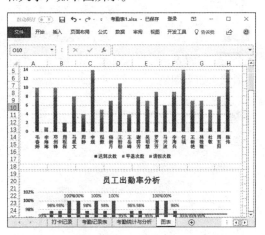

04：添加形状使图表别具一格

💿 视频文件：光盘\视频文件\第9章\03.mp4

在使用图表对数据进行分析时，经常需

| 295 |

要将根据图表分析得出的结论展现在图表中或图表周围。如果直接在图表上绘制一个形状或文本框来展示得出的结论，那么图表大小和位置发生变化后，需要手动对结论进行移动；如果在图表中插入形状来展示得出的结论，那么形状将嵌入图表中，会随着图表的移动而自动移动，就会更加方便，而且也会让图表显得很特别，更具吸引力。具体操作步骤如下。

第1步 继续上例操作，在"考勤表"工作簿中选择需要添加形状的图表，在【图表工具-格式】选项卡【插入形状】组中的下拉列表框中选择【标注：弯曲线形】选项，如下图所示。

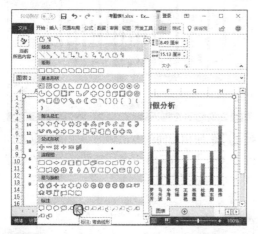

第2步 在图表空白区域拖动鼠标绘制一个标注形状，如下图所示。

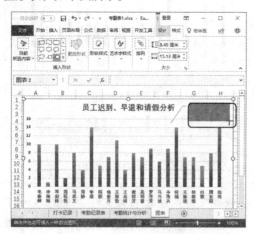

第3步 在标注形状中输入需要的文本，并根据文本的多少对标注形状大小进行调整，然后为标注形状应用【彩色填充-橙色，强调颜色2】形状样式，如下图所示。

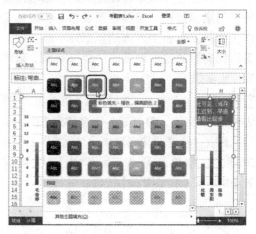

第4步 此时，调整图表大小和移动图表位置时，形状也会随着图表的变化而变化，如下图所示。

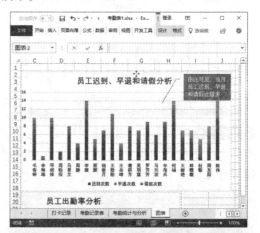

温馨提示

对图表中形状的位置进行调整时，形状只能在图表中移动，不能将形状移动到图表外，因为形状也是图表的一部分。

第10章
薪酬福利管理

本章导读

薪酬福利与员工的切身利益相关，它是员工最关心的事情。现在，很多企业的人才流失都是由薪酬福利管理不善导致的。因此，在人才竞争激烈的环境下，要想留住人才，人力资源部门就必须要注重薪酬福利的管理，使薪酬充分发挥激励作用。本章通过使用Word和Excel软件制作在绩效薪酬福利管理过程中需要的文档，以便为管理者决策提供意见和数据支撑。

知识要点

- ❖ 插入对象
- ❖ IF和OFFSET函数
- ❖ 设置打印区域
- ❖ 插入题注
- ❖ ROW和COLUMN函数
- ❖ 合并计算

10.1 使用Word制作薪酬调整方案

案例背景

薪酬并不是一成不变的，需要根据社会的发展、企业的经营情况、同行业平均薪资水平等来对员工的薪酬进行调整，只有合理的薪酬体系才能提高企业竞争力，吸引外部优秀人才，保留及激励内部员工，使企业得到稳定发展。

薪酬调整方案的制定主要是由人力资源部门来执行的，而且在制作薪酬调整方案时，人力资源部门必须本着公平、竞争、激励、经济和合法的原则来建立一套相对密闭、循环、科学、合理的薪酬体系。

本例将通过Word制作薪酬调整方案，制作完成后的效果如下图所示。实例最终效果见"光盘\结果文件\第10章\薪酬调整方案.docx"文件。

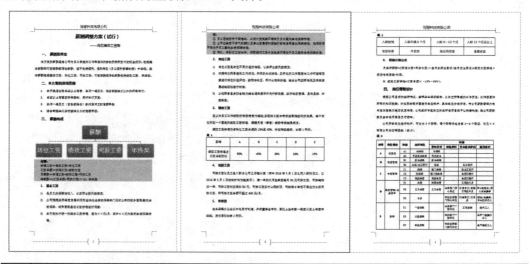

	素材文件	光盘\素材文件\第10章\薪酬调整方案.docx、岗位等级表.xlsx、薪级表.xlsx
光盘文件	结果文件	光盘\结果文件\第10章\薪酬调整方案.docx
	教学视频	光盘\视频文件\第10章\10.1 使用Word制作薪酬调整方案.mp4

10.1.1 设置文档格式

HR在制作企业内部文件时需要注意，页数较多的文件一般都需要添加页眉和页脚，页眉主要注明公司名称，页脚则体现页码。对于文档中的重要内容还可以通过设置字体格式、段落格式、底纹等进行区分。具体操作步骤如下。

第1步 打开"光盘\素材文件\第10章\薪酬调整方案.docx"文件，❶在页眉处双击鼠标进入页眉和页脚的编辑状态，在页眉横线上输入"恒图科技有限公司"，选择公司名称；❷在【开始】选项卡【字体】组中将字体设置为【微软雅黑】；❸字号设置为【小四】，如下图所示。

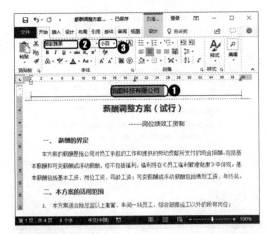

第2步 ❶ 将鼠标光标定位到页脚处；❷ 在【页眉和页脚工具-设计】选项卡【页眉和页脚】组中单击【页码】按钮；❸ 在弹出的下拉列表中选择【页面底端】选项；❹ 在弹出的级联列表中选择【括号2】选项，如下图所示。

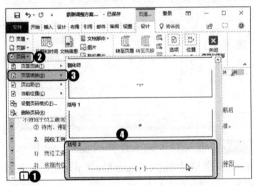

第3步 即可在页脚处插入页码，单击【关闭页眉和页脚】按钮，如下图所示。

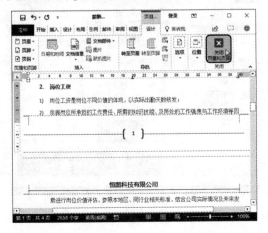

第4步 ❶ 退出页眉和页脚的编辑状态，选择【注释】相关的段落；❷ 单击【段落】组中的【边框】下拉按钮▼；❸ 在弹出的下拉列表中选择【边框和底纹】选项，如下图所示。

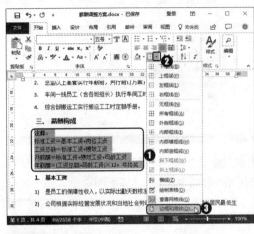

第5步 ❶ 打开【边框和底纹】对话框，选择【底纹】选项卡；❷ 在【填充】下拉列表框中选择【白色，背景1，深色15%】选项；❸ 在【应用于】下拉列表框中选择【段落】选项；❹ 单击【确定】按钮，如下图所示。

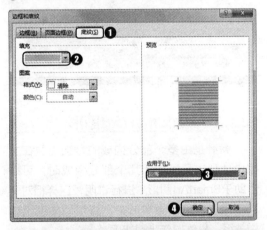

温馨提示

在【应用于】下拉列表框中选择【文字】选项，设置的底纹将只应用于当前选择的文字。

第6步 返回文档中，即可查看到段落添加底纹后的效果，如下图所示。

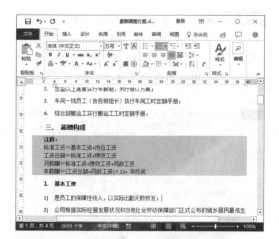

第7步 使用相同的方法为其他需要添加底纹的段落添加底纹效果，如下图所示。

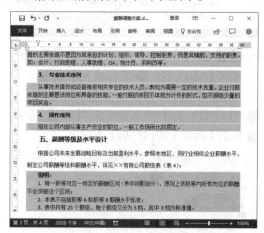

10.1.2 添加SmartArt图形

薪酬是由多个部分构成的，当需要在文档中体现出薪酬由哪几个部分构成时，可以借助于SmartArt图形来进行说明，这样相对于文字来说，可以更加形象、直观地体现出结构关系。具体操作步骤如下。

第1步 ❶将鼠标光标定位到【薪酬构成】文本前，按【Enter】键分段，定位鼠标光标；❷单击【插图】组中的【SmartArt】按钮，如下图所示。

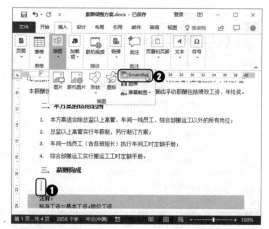

第2步 ❶打开【选择SmartArt图形】对话框，在左侧选择【层次结构】选项；❷在中间选择【组织结构图】选项；❸单击【确定】按钮，如下图所示。

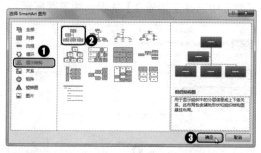

第3步 在文档中插入选择的SmartArt图形，在文本窗格中输入SmartArt图形的文本，效果如下图所示。

第 10 章
薪酬福利管理

第4步 ❶将 SmartArt 图形调整到合适的大小，选择 SmartArt 图形，单击【SmartArt 样式】组中的【快速样式】按钮；❷在弹出的下拉列表中选择【强烈效果】选项，如下图所示。

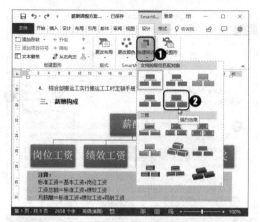

第5步 ❶保持 SmartArt 图形的选择状态，单击【SmartArt 样式】组中的【更改颜色】按钮；❷在弹出的下拉列表中选择【彩色-个性色】选项，如下图所示。

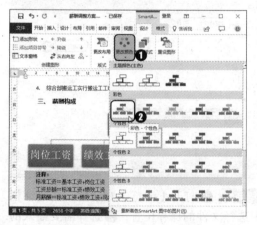

10.1.3 添加表格完善内容

经常制作文档的HR都知道，在制作某些文档时，经常会用到表格，如果需要的表格没有现成的，那么需要手动插入；如果有现成的，但是是用其他软件制作的，那么也可通过相同的方法在文档中插入已制作好的表格。具体操作步骤如下。

第1步 ❶将鼠标光标定位到需要插入表格的位置，单击【表格】组中的【表格】按钮；❷在弹出的下拉列表中拖动鼠标选择【6×2表格】，如下图所示。

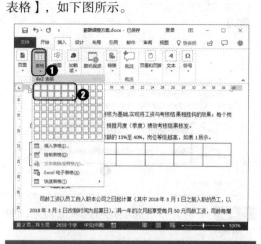

> **教您一招**
>
> **插入快速表格**
> Word中还提供了快速表格功能，通过该功能可以在文档中插入预设效果的表格。在【表格】下拉列表中选择【快速表格】选项，在弹出的级联列表中显示了快速表格样式，选择需要的样式即可。

第2步 ❶在插入的表格中输入需要的文本，选择整个表格；❷单击【表格工具-布局】选项卡【对齐方式】组中的【水平居中】按钮，如下图所示。

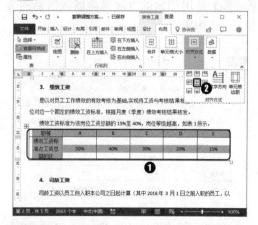

第3步 ❶调整表格的行高，并对第 1 列的

| 301

列宽进行调整，选择第 2 列至第 6 列；❷ 单击【单元格大小】组中的【分布列】按钮，如下图所示。

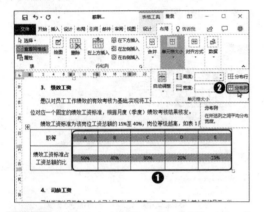

第4步 平均分布所选单元格区域的列宽，如下图所示。

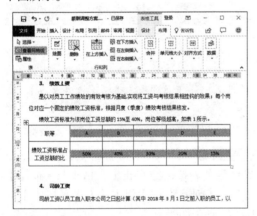

第5步 使用相同的方法继续插入需要的表格，如下图所示。

第6步 ❶ 将鼠标光标定位到需要插入表格的位置；❷ 单击【文本】组中的【对象】下拉按钮 ▼；❸ 在弹出的下拉列表中选择【对象】选项，如下图所示。

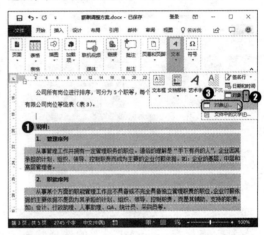

第7步 ❶ 打开【对象】对话框，选择【由文件创建】选项卡；❷ 单击【浏览】按钮；❸ 单击【确定】按钮，如下图所示。

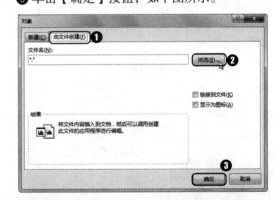

第8步 ❶ 打开【浏览】对话框，在地址栏中选择文件的保存位置；❷ 选择需要插入的文件【岗位等级表.xlsx】；❸ 单击【插入】按钮，如下图所示。

第10章
薪酬福利管理

第9步 返回【对象】对话框，单击【确定】按钮，返回文档中即可查看到插入的 Excel 表格，如下图所示。

第10步 使用相同的方法在文档中插入【薪级表】文件，如下图所示。

温馨提示

在文档中插入由文件创建的对象时，如果在【对象】对话框中选中【显示为图标】复选框，插入文档中的文件将以软件图标形式进行显示，不会显示文件中的内容。

第11步 ❶双击薪级表，进入表格编辑窗口，选择表格区域；❷单击【开始】选项卡【单元格】组中的【格式】按钮；❸在弹出的下拉列表中选择【列宽】选项，如下图所示。

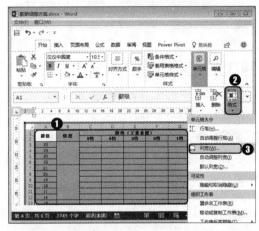

第12步 ❶打开【列宽】对话框，在【列宽】数值框中输入"5"；❷单击【确定】按钮，如下图所示。

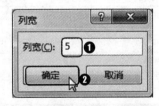

第13步 返回表格编辑区，在表格以外的区域单击，退出表格的编辑状态，将鼠标指针移动到表格右下角，按住鼠标左键向左上角拖动，将表格调整到合适的大小，如下图所示。

303

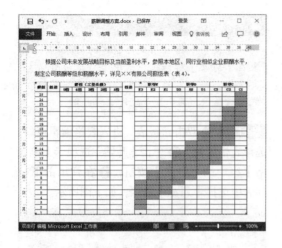

10.1.4 为表格插入题注

当文档中的图片、表格等较多时，为了方便区分，可以插入题注。

第1步 ❶选择需要添加题注的表格；❷单击【引用】选项卡【题注】组中的【插入题注】按钮，如下图所示。

第2步 打开【题注】对话框，单击【新建标签】按钮，如下图所示。

第3步 ❶打开【新建标签】对话框，在【标签】文本框中输入"表"；❷单击【确定】按钮，如下图所示。

第4步 ❶返回【题注】对话框，【题注】文本框中将显示设置的标签【表1】；❷在【位置】下拉列表框中选择【所选项目上方】选项；❸单击【确定】按钮，如下图所示。

第5步 返回文档编辑区，即可查看到添加的题注，并将题注文本加粗显示，如下图所示。

第10章
薪酬福利管理

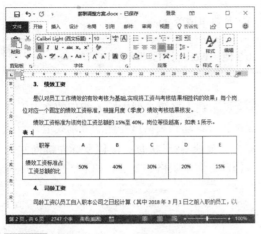

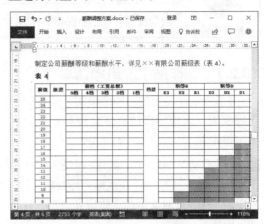

题注，并根据实际情况对页面中部分段落的位置进行调整，如下图所示。

第6步 使用相同的方法继续为其他表格添加

10.2 使用Word制作员工加班申请单

案例背景

加班申请单是企业内部人员申请加班的一种人力资源部备案的单据，也是考勤、绩效考核和薪资发放的一种凭据，而且也可作为日后纠纷时的一种依据。除此之外，加班申请单还大大提高了企业办公的工作效率，节省了很多时间，使办公变得更加规范化和合理化。

本例将通过Word制作员工加班申请单，制作时HR需要结合企业的实际情况来进行制作，制作完成后的效果如下图所示。实例最终效果见"光盘\结果文件\第10章\员工加班申请单.docx"文件。

加班申请单					
申请人		部门		类别	□申请加班 □补报加班
加班时段		□工作日加班	□周休加班		□法定节假日加班
申请加班时间		时起	时止，共计	小时	
加班事由					
实际加班时间		时起	时止，共计	小时	
部门审批					
总经理审批					
备注	1. 请在加班前填写此单，审批结束后交到考勤员处备案。 2. 考勤专员根据考勤机所记录加班后打卡时间或保安记录离开时间，实际加班时间以当值人员记录为准。				

305

	结果文件	光盘\结果文件\第10章\员工加班申请单.docx
光盘文件	教学视频	光盘\视频文件\第10章\10.2 使用Word制作员工加班申请单.mp4

10.2.1 制作员工加班申请单

HR在制作员工加班申请单时，需要先确定好框架，这样制作过程才会顺利。具体操作步骤如下。

第1步 启动 Word 2016，新建一个名称为"员工加班申请单"的文档，在鼠标光标处输入【加班申请单】，并对文本的字体格式进行设置，如下图所示。

第2步 ❶将鼠标光标定位到文本后，按【Enter】键分段，单击【表格】组中的【表格】按钮；❷在弹出的下拉列表中选择【2×8 表格】，如下图所示。

第3步 在表格第1列中输入相应的文本，将鼠标指针移动到表格最左侧的分割线上，当鼠标指针变成 ↔ 形状时，按住鼠标左键向左进行拖动，调整表格的宽度，如下图所示。

第4步 使用相同方法调整表格右侧的宽度和第1列的列宽，如下图所示。

第5步 ❶将鼠标光标定位到第1行第2个单元格中；❷单击【表格工具 - 布局】选项卡【合并】组中的【拆分单元格】按钮，如下图所示。

第 10 章
薪酬福利管理

项，如下图所示。

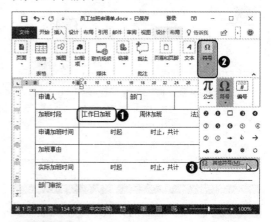

第6步 ❶打开【拆分单元格】对话框，在【列数】数值框中输入【5】；❷其他保持默认设置，单击【确定】按钮，如下图所示。

第9步 ❶打开【符号】对话框，在【字体】下拉列表框中选择【Wingdings】选项；❷在列表框中选择需要的符号；❸单击【插入】按钮，如下图所示。

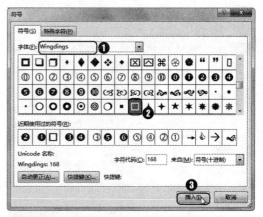

第7步 将 1 单元格拆分为 5 列，并在表格的部分单元格中输入需要的文本，如下图所示。

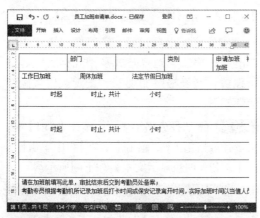

第10步 ❶在鼠标光标处插入符号，将鼠标光标定位到【周休加班】文本前；❷单击【符号】组中的【符号】按钮；❸在弹出的下拉列表中选择需要的符号，如下图所示。

> **温馨提示**
>
> 【符号】下拉列表中显示的符号并不是内置的符号样式，而是最近使用过的符号。

第8步 ❶将鼠标光标定位到【工作日加班】文本前；❷单击【符号】组中的【符号】按钮；❸在弹出的下拉列表中选择【其他符号】选

| 307 |

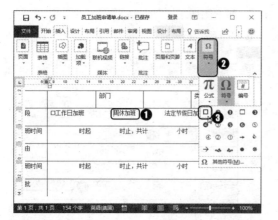

第11步 ❶ 使用相同的方法继续添加需要的符号,并对第1行的列宽进行调整,选择最后1行第2个单元格中的文本,单击【段落】组中的【编号】下拉按钮▼;❷ 在弹出的下拉列表中选择需要的编号,并为段落添加编号,如下图所示。

第12步 将鼠标指针移动到第4行和第5行的分隔线上,当鼠标指针变成↕形状时,按住鼠标左键向下拖动,调整行高,如下图所示。

第13步 使用相同方法调整表格其他行的行高,如下图所示。

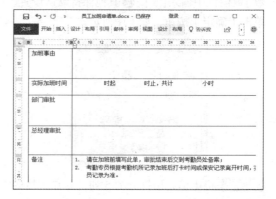

10.2.2 美化员工加班申请单

制作好表格框架后,还需要对表格中文本的字体格式、对齐方式及单元格底纹等进行设置,使表格更加规范、美观。具体操作步骤如下。

第1步 ❶ 选择表格第1行,按住【Ctrl】键,再选择表格第1列;❷ 在【字体】组中单击【加粗】按钮 **B** 加粗显示文本,如下图所示。

> **教您一招**
>
> **通过"浮动"工具栏设置文本格式**
>
> 在Word中选中任意文本后,将会出现一个"浮动"工具栏,此工具可对文本的字体、字号、加粗、倾斜、下画线、文本突出显示颜色、字体颜色、编号、项目符号及样式等格式进行设置。

第10章
薪酬福利管理

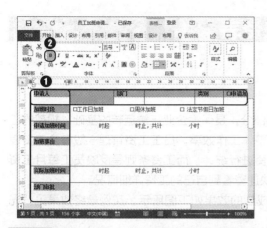

第2步 ❶选择整个表格；❷单击【表格工具-布局】选项卡【对齐方式】组中的【水平居中】按钮，如下图所示。

第3步 ❶选择最后一行第2个单元格中的文本；❷单击【对齐方式】组中的【中部两端对齐】按钮，如下图所示。

第4步 ❶使文本垂直居中对齐，选择表格单数行，单击【表格工具-设计】选项卡【表格样式】组中的【底纹】下拉按钮 ；❷在弹出的下拉列表中选择【蓝色，个性色1，淡色60%】选项，如下图所示。

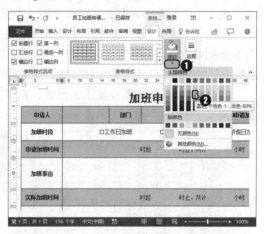

第5步 ❶选择表格双数行，单击【表格样式】组中的【底纹】下拉按钮 ；❷在弹出的下拉列表中选择【蓝色，个性色1，淡色80%】选项，如下图所示。

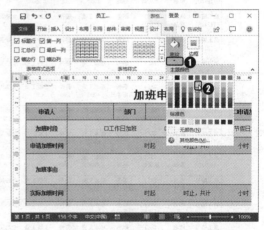

| 309

10.3 使用Excel制作员工工资表

 案例背景

员工工资管理是人力资源管理中的一个重要部分，是保障企业正常运转的基础。规范的工资管理既可调动员工的积极性，也可提高企业的整体工作效率。员工工资管理一般包含工资表和工资条两部分。工资表是对公司所有员工的工资进行统计；而工资条则是反映员工每月工资总额，是发放到员工手中的一种依据，通过它可快速查看到自己的工资详细情况。

本例将使用Excel制作员工工资表。制作完成后的效果如下图所示。实例最终效果见"光盘\结果文件\第10章\员工工资表.xlsx"文件。

2018年3月工资表

员工编号	姓名	部门	职务	基本工资	餐补	工龄工资	全勤奖	提成工资	应发工资	考勤扣款	社保扣款	应扣工资	个人所得税	实发工资
HT121401	李玥	市场部	经理	7000	200	550	0	0	7750	15	792.75	807.75	239.225	6703.025
HT121402	程晨	市场部	市场专员	4000	200	400	200	0	4600	0	462	462	19.14	4118.86
HT121403	柯大华	市场部	市场专员	4000	200	0	0	0	4200	30	420	450	7.5	3742.5
HT121404	曾群峰	市场部	市场专员	4000	200	350	200	0	4550	0	456.75	456.75	17.7975	4075.4525
HT121405	姚玲	市场部	市场专员	4000	200	50	0	0	4250	20	425.25	445.25	9.1425	3795.6075
HT121406	岳翎	销售部	经理	6000	200	400	200	8496	15096	0	672	672	0	14424
HT121407	陈悦	销售部	主管	4500	200	100	200	1823.25	6623.25	0	483	483	159.025	5981.225
HT121408	高琴	销售部	组长	3500	200	250	200	1412.4	5362.4	0	393.75	393.75	44.0595	4924.5905
HT121409	向林	销售部	销售代表	2500	200	0	0	4248	6948	30	262.5	292.5	210.55	6444.95
HT121410	付丽丽	销售部	销售代表	2500	200	100	0	3287	6087	15	273	288	124.9	5674.1
HT121411	陈全	销售部	销售代表	2500	200	0	0	1800	4500	60	262.5	322.5	20.325	4157.175
HT121412	温月月	销售部	销售代表	2500	200	250	0	2959	5909	10	288.75	298.75	106.025	5504.225
HT121413	陈科	销售部	销售代表	2500	200	150	200	1870	4720	0	278.25	278.25	28.2525	4413.4975
HT121414	方静	销售部	销售代表	2500	200	250	200	2198	5148	0	288.75	288.75	40.7775	4818.4725
HT121415	冉情	销售部	销售代表	2500	200	50	0	3625	6375	30	267.75	297.75	152.725	5924.525
HT121416	郑佳佳	销售部	销售代表	2500	200	150	0	1485	4335	15	278.25	293.25	16.2525	4025.4975
HT121417	张雪	行政部	经理	5000	200	350	200	0	5550	0	561.75	561.75	44.6475	4943.6025
HT121418	徐月	行政部	行政文员	3000	200	0	0	0	3200	0	315	315	0	2885
HT121419	陈玉	行政部	行政文员	2000	200	150	200	0	3250	0	330.75	330.75	0	3019.25
HT121420	詹萨丽	行政部	行政文员	3000	200	250	0	0	3450	15	341.25	356.25	0	3093.75
HT121421	何慧	财务部	经理	6000	200	300	0	0	6500	30	661.5	691.5	125.85	5682.65
HT121422	干遥	财务部	会计	4500	200	300	0	0	5000	20	504	524	29.28	4446.72
HT121423	吴小明	财务部	会计	4500	200	200	0	0	4900	0	493.5	493.5	27.195	4379.305

后续为各员工信息的单独显示（员工编号、姓名、部门、职务、基本工资、餐补、工龄工资、全勤奖、提成工资、应发工资、考勤扣款、社保扣款、应扣工资、个人所得税、实发工资）：

- HT121401 李玥 市场部 经理 7000 200 550 0 0 7750 15 792.75 807.75 239.225 6703.025
- HT121402 程晨 市场部 市场专员 4000 200 400 200 0 4600 0 462 462 19.14 4118.86
- HT121403 柯大华 市场部 市场专员 4000 200 0 0 0 4200 30 420 450 7.5 3742.5
- HT121404 曾群峰 市场部 市场专员 4000 200 350 200 0 4550 0 456.75 456.75 17.7975 4075.453
- HT121405 姚玲 市场部 市场专员 4000 200 50 0 0 4250 20 425.25 445.25 9.1425 3795.608
- HT121406 岳翎 销售部 经理 6000 200 400 200 8496 15096 0 672 672 0 14424
- HT121407 陈悦 销售部 主管 4500 200 100 200 1823.25 6623.25 0 483 483 159.025 5981.225
- HT121408 高琴 销售部 组长 3500 200 250 200 1412.4 5362.4 0 393.75 393.75 44.0595 4924.591
- HT121409 向林 销售部 销售代表 2500 200 0 0 4248 6948 30 262.5 292.5 210.55 6444.95
- HT121410 付丽丽 销售部 销售代表 2500 200 100 0 3287 6087 15 273 288 124.9 5674.1
- HT121411 陈全 销售部 销售代表 2500 200 0 0 1800 4500 60 262.5 322.5 20.325 4157.175
- HT121412 温月月 销售部 销售代表 2500 200 250 0 2959 5909 10 288.75 298.75 106.025 5504.225

光盘文件	素材文件	光盘\素材文件\第10章\员工工资表.xlsx
	结果文件	光盘\结果文件\第10章\员工工资表.xlsx
	教学视频	光盘\视频文件\第10章\10.3使用Excel制作员工工资表.mp4

10.3.1 复制并修改工资表

员工的工资是由多个部分组成，而工资表中的数据是通过引用其他相关表格中的数据或计算得来的。所以，HR在制作工资表时，可以在已建好的相关表格上进行复制修改，以提高制作效率。具体操作步骤如下。

第1步 打开"光盘\素材文件\第10章\员工工资表.xlsx"文件，❶选择"员工基本工资"工作表；❷在其工作表标签上右击，在弹出的快捷菜单中选择【移动或复制】命令，如下图所示。

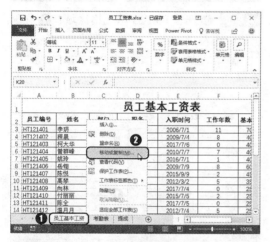

第2步 ❶打开【移动或复制工作表】对话框，在【下列选定工作表之前】列表框中选择【（移至最后）】选项；❷选中【建立副本（C）】复选框；❸单击【确定】按钮，如下图所示。

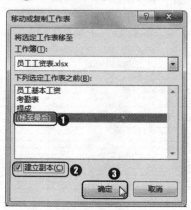

第3步 ❶将复制的工作表名称修改为"工资表"；❷将工作表标题更改为"2018年3月工资表"，删除多余的数据，选择E3:E25单元格区域；❸单击【数字】组中下拉列表框右侧的下拉按钮；❹在弹出的下拉列表中选择【常规】选项，如下图所示。

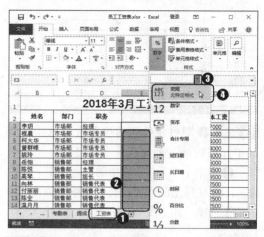

第4步 ❶选择G2:G25单元格区域；❷单击【剪贴板】组中的【剪切】按钮，如下图所示。

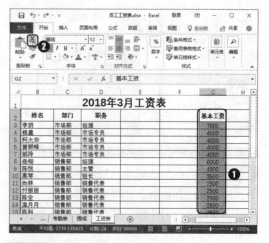

第5步 ❶选择E2单元格；❷右击，在弹出的快捷菜单中选择【插入剪切的单元格】命令，如下图所示。

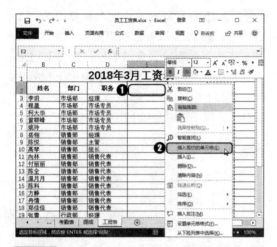

第6步 ❶ 即可将剪切的单元格区域插入所选单元格的前一列,选择3列空白单元格区域;❷ 单击【单元格】组中的【插入】下拉按钮▼;❸ 在弹出的下拉列表中选择【插入工作表列】选项,如下图所示。

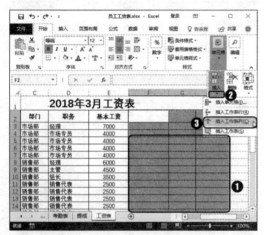

第7步 即可在所选的单元格前插入3列空白单元格,使用相同的方法继续插入4列空白单元格,并在第1行中输入相应的文本,如下图所示。

第8步 ❶ 选择F3:F25单元格区域;❷ 在编辑栏中输入"200",如下图所示。

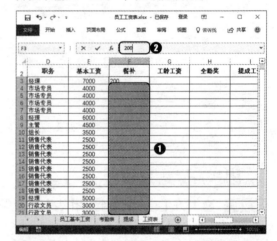

第9步 按【Ctrl+Enter】组合键输入相同的数据,如下图所示。

第10章 薪酬福利管理

10.3.2 计算工资应发和应扣部分

为了使员工快速看出工资的组成，HR在制作工作表时，一般都会将员工应发的工资和扣款工资进行分开计算，这样便于员工查看工资的由来。具体操作步骤如下。

第1步 ❶ 选择 G3:G25 单元格区域；❷ 在编辑栏中输入"="；❸ 单击【员工基本工资】工作表标签，如下图所示。

第2步 切换到【员工基本工资】工作表中，通过鼠标选择 H3:H25 单元格区域，如下图所示。

第3步 按【Ctrl+Enter】组合键计算出结果，如下图所示。

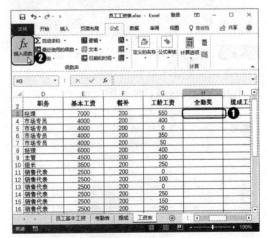

> **温馨提示**
> 直接通过公式引用其他工作表中的数据计算出该工作表中的数据时，引用工作表中员工的排列顺序必须与当前工作表员工的排列顺序完全一致，否则计算出来的结果将不正确，与员工的工龄、工资不对应。

第4步 ❶ 选择 H4 单元格；❷ 单击【函数库】组中的【插入函数】按钮，如下图所示。

第5步 ❶ 打开【插入函数】对话框，在【选择函数】列表框中选择【IF】选项；❷ 单击【确定】按钮，如下图所示。

第6步 ❶打开【函数参数】对话框,在【Logical_test】文本框中输入"考勤表!H3>0";❷在【Value_if_true】文本框中输入""0"";❸在【Value_if_false】文本框中输入"IF(考勤表!H3=0,"200",)";❹单击【确定】按钮,如下图所示。

第7步 返回工作表中,即可查看到计算的结果,复制H3单元格中的公式,计算出H4:H25单元格区域,如下图所示。

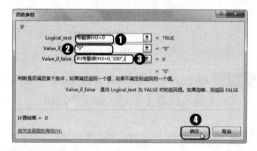

第8步 ❶选择I3:I25单元格区域;❷在编辑栏中输入公式【=提成!G3:G25】,如下图所示。

第9步 按【Ctrl+Enter】组合键计算出结果,如下图所示。

第10步 ❶选择E3:I3单元格区域;❷单击【函数库】组中的【自动求和】按钮,如下图所示。

| 314 |

第10章
薪酬福利管理

第11步 自动根据选择的单元格区域计算J3单元格，将鼠标指针移动到J3单元格右下角，按住鼠标左键不放向下拖动至J25单元格，如下图所示。

第12步 释放鼠标，即可计算出J4:J25单元格区域中的结果，如下图所示。

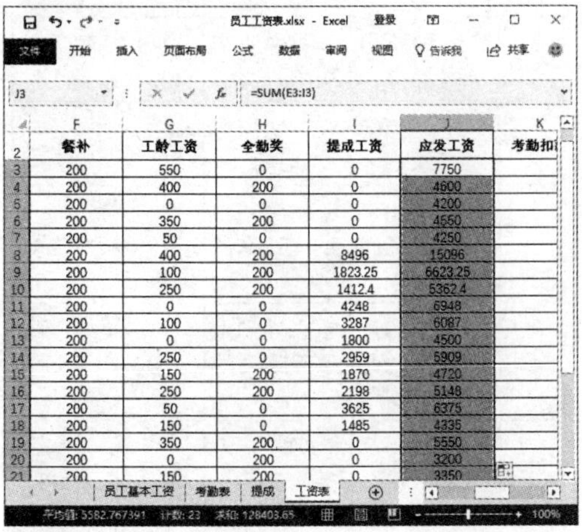

第13步 选择K3单元格，在编辑栏中输入公式【=考勤表!H3】，按【Enter】键进行计算，如下图所示。

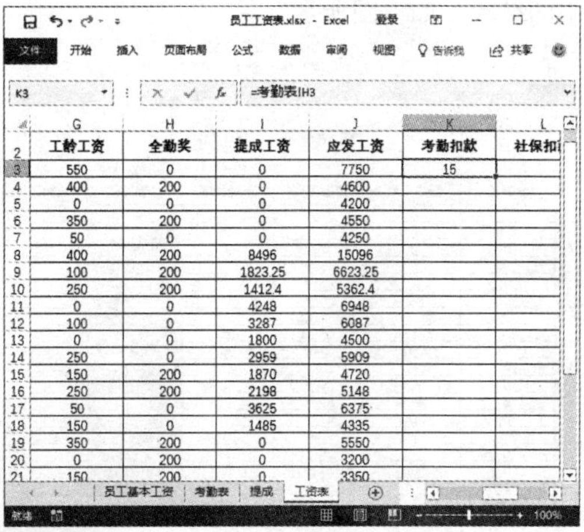

第14步 ❶复制K3单元格中的公式，计算出该列其他单元格中的结果；❷选择L3单元格；❸在编辑栏中输入公式【=(E3+G3)*(8%+2%+0.5%)】，如下图所示。

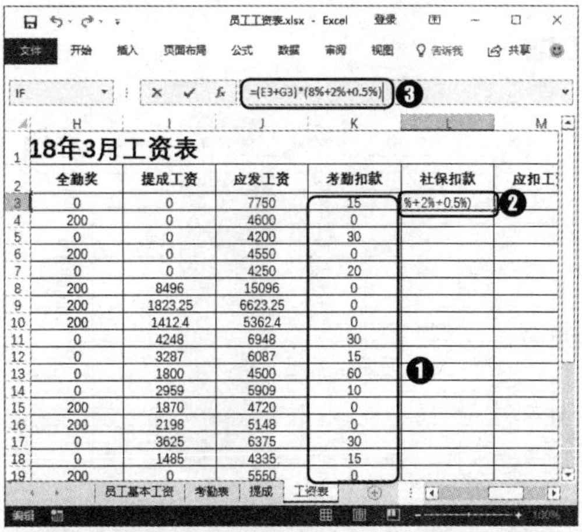

温馨提示

社保扣款是指员工个人需缴纳的社保费用。社保中包括养老保险、医疗保险、失业保险、生育保险和工伤保险，其中养老保险个人缴纳比例为8%，医疗保险个人缴纳比例为2%，失业保险个人缴纳比例为0.5%，生育保险和工伤保险个人不缴纳。如果公司为员工买了住房公积金，那么住房公积金个人缴纳比例为12%。

第15步 按【Enter】键计算出结果，复制L3单元格中的公式，计算出L4:L25单元格区域中的结果，如下图所示。

第16步 选择 M3:M25 单元格区域，在编辑栏中输入公式【=K3+L3】，按【Ctrl+Enter】组合键计算出结果，如下图所示。

10.3.3 计算个人所得税和实发工资

个人所得税是员工工资中必不可少的一部分，当员工工资超过一定限额时，就需要按超出的限额进行纳税。而实发工资则是除去所有的一切，员工真正拿到手的工资。具体操作步骤如下。

第1步 选择 N3 单元格，在编辑栏中输入公式【=IF(J3-M3<3500,0,IF(J3-M3-3500<=1500,(J3-M3-3500)*0.03,IF(J3-M3-3500<=4500,(J3-M3-3500)*0.1-105,IF(J3-M3-3500<=9000,(J3-M3-3500)*0.2-555,))))】，如下图所示。

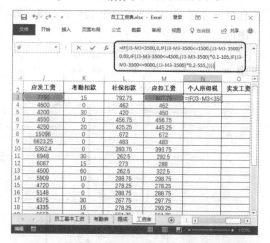

温馨提示

个人所得税=（应发工资−应扣工资−扣除标准3500）×适用税率−速算扣除数。

个人所得税税率表

级数	应纳税所得额(含税)	应纳税所得额(不含税)	税率(%)	速算扣除数
1	不超过1500元的	不超过1455元的	3	0
2	超过1500元至4500元的部分	超过1455元至4155元的部分	10	105
3	超过4500元至9000元的部分	超过4155元至7755元的部分	20	555
4	超过9000元至35000元的部分	超过7755元至27255元的部分	25	1005
5	超过35000元至55000元的部分	超过27255元至41255元的部分	30	2775
6	超过55000元至80000元的部分	超过41255元至57505元的部分	35	5505
7	超过80000元的部分	超过57505元的部分	45	13505

第2步 按【Enter】键计算出结果，复制 N3

单元格中的公式，计算出 N4:N25 单元格区域中的结果，如下图所示。

第1步 新建一个"工资条"工作表，复制"工资表"工作表中的 A2:O2 单元格区域，在"工资条"工作表中选择 A2 单元格，在【粘贴】下拉列表中选择【无边框】选项，如下图所示。

第3步 选择 O3:O25 单元格区域，在编辑栏中输入公式【=J3-M3-N3】，按【Ctrl+Enter】组合键计算出结果，如下图所示。

> **温馨提示**
>
> 在"工资条"工作表中从第2行开始输入数据，是为方便后面添加边框后查看边框的效果，因为从第1行开始输入数据，为第1行添加上边框后，不易查看。

第2步 ❶根据需要调整列宽，选择 A~O 列；❷单击【对齐方式】组中的【居中】按钮，如下图所示。

10.3.4 制作和打印员工工资条

制作完工资表后，还需要根据工资表中的数据制作员工工资条。HR要想高效快速制作出工资条，可结合OFFSET、ROW和COLUMN函数来实现。

工资条制作好以后，还需要让同一个员工的工资信息打印在完整的页面行中，打印输出并进行裁剪后，就可将做成的工资条发放到员工手中。具体操作步骤如下。

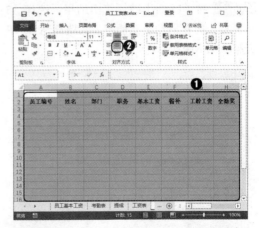

第3步 ❶选择 A3 单元格；❷在编辑栏中输入公式【=OFFSET(工资表!$A$2,ROW()/3,COLUMN()-1)】，如下图所示。

Word/Excel/PPT
在人力资源管理中的应用

温馨提示

　　OFFSET函数是指以指定的引用为参照系,通过给定偏移量返回新的引用。其语法格式为:OFFSET(reference, rows, cols, [height], [width])。
　　A3单元格中的公式【=OFFSET(工资表!$A$2,ROW()/3,COLUMN()-1)】中的ROW()表示返回当前单元格行标,A3是第3行,所以返回3;COLUMN()表示返回当前单元格列标,A3是第1列,所以返回1,那么公式表示以A2单元格为参照,向下偏移1行,向右不偏移,最后返回【工资条】工作表中A3单元格中的值。

第4步 按【Enter】键计算出结果,选择A3单元格,向右拖动填充柄将公式填充到O3单元格,如下图所示。

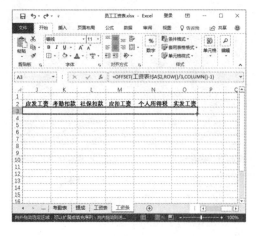

第5步 ❶ 计算出引用的数据,选择A2:O4单元格区域,单击【字体】组中的【边框】下拉按钮▼;❷ 在弹出的下拉列表中选择【外侧框线】选项,为所选区域添加外框线,如下图所示。

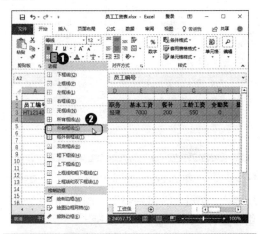

温馨提示

　　为所选区域添加外框线,表示添加外框线的区域为一个员工的工资条,这样能快速看出哪一区域表示员工的工资情况。

第6步 将鼠标指针移动到A2:O4单元格区域右下角,按住鼠标左键不放向下拖动至O70单元格,如下图所示。

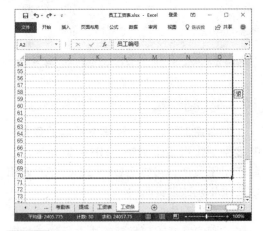

第7步 释放鼠标,即可制作出员工的工资条,如下图所示。

第10章
薪酬福利管理

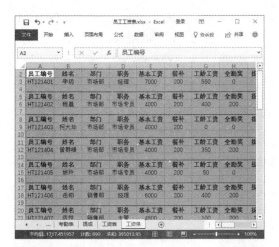

第8步 取消选中【视图】选项卡【显示】组中的【网格线】复选框,让工作表中不显示网格线,如下图所示。

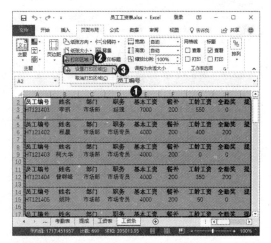

第10步 即可发现同一员工的信息并没有打印在同一张纸上,这时在【页面布局】选项卡【调整为合适大小】组中的【缩放比例】数值框中输入"60%",如下图所示。

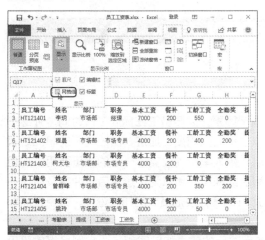

第9步 ❶ 选择A1:O70单元格区域;❷ 单击【页面布局】选项卡【页面设置】组中的【打印区域】按钮;❸ 在弹出的下拉列表中选择【设置打印区域】选项,如下图所示。

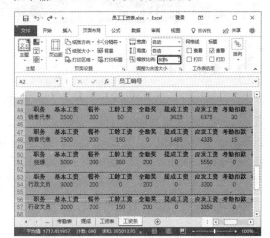

第11步 按【Enter】键让表格在打印时缩小一定的比例,可将同一个员工的工资信息压缩在一页页面中,如下图所示。

> **温馨提示**
>
> 选择【设置打印区域】选项,即可将当前选择的单元格区域设置为打印区域。

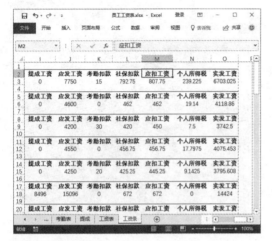
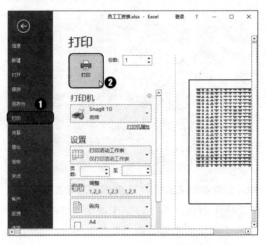

览打印效果，确认无误后，即可单击【打印】按钮进行打印，如下图所示。

第12步 ❶选择【文件】选项卡，在打开的界面左侧选择【打印】命令；❷在右侧可预

10.4 使用Excel制作员工加班统计表

 案例背景

在企业经营管理过程中，经常会遇到很多不确定因素，需要员工在标准工作时间之外继续工作，但这种是建立在双方自愿的基础上，用人单位不能强迫员工加班，员工也不能想加班就加班。因为加班超出了员工的正常上班时间，所以，用人单位需要支付一定的加班费用。加班不仅关系到企业的利益，更重要的是关系到员工利益的保障，所以为了避免劳资冲突及纠纷产生，降低企业管理成本，HR需要制定相关的员工加班制度，规范员工的加班管理，并且还需要对员工的加班费用进行计算和核对。

本例将使用Excel制作员工加班统计表，制作完成后的效果如下图所示。实例最终效果见"光盘\结果文件\第10章\员工加班统计表.xlsx"文件。

第10章
薪酬福利管理

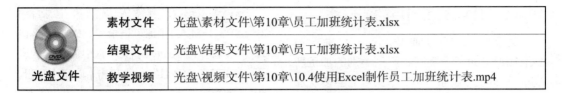

光盘文件	素材文件	光盘\素材文件\第10章\员工加班统计表.xlsx
	结果文件	光盘\结果文件\第10章\员工加班统计表.xlsx
	教学视频	光盘\视频文件\第10章\10.4使用Excel制作员工加班统计表.mp4

10.4.1 计算员工加班时数

在制作员工加班统计表时，HR不仅需要对员工的加班起止时间进行记录，还需要对员工的每天加班时间的小时数进行统计。由于加班开始时间和结束时间中的数据是时间型数据，计算出来的结果也就是时间型数据，要想将时间型数据转换为小时数，那么公式和单元格的数字格式都需要有所变化才行。具体操作步骤如下。

第1步 打开"光盘\素材文件\第10章\员工加班统计表.xlsx"文件，选择H2单元格，在编辑栏中输入公式【=(G2-F2)*24】，如下图所示。

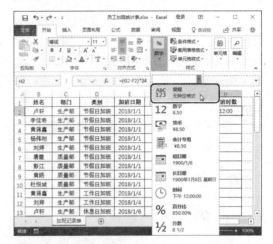

第2步 按【Enter】键计算出结果，保持H2单元格的选择状态，在【数字】下拉列表框中选择【常规】选项，如下图所示。

第3步 即可将原来的时间型数据转化为小时数，复制H2单元格中的公式，计算出H3:H41单元格区域中的结果，如下图所示。

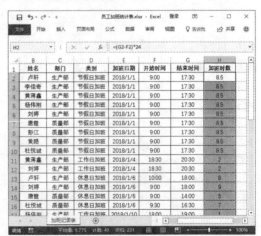

温馨提示

直接用结束时间减去开始时间计算出来的结果将以时间型进行显示，就算将数字格式设置为【常规】，也不会以小时数进行显示。

| 321

10.4.2 计算员工当月的加班费

为了保障员工的加班利益，企业一般会把加班分为多个类别，不同类别的加班费是不一样的。而且一月中员工可能会多次加班，所以很多HR在统计员工加班时都会苦恼，怎么才能快速统计出员工小时数，并计算加班费。其实，一个SUMPRODUCT函数就能快速帮助我们解决问题。具体操作步骤如下。

第1步 新建【加班统计表】工作表，在其中输入相应的数据，并对单元格的格式进行相应的设置，如下图所示。

第2步 ❶选择D3单元格，单击【函数库】中的【数学与三角函数】按钮；❷在弹出的下拉列表中选择【SUMPRODUCT】选项，如下图所示。

第3步 ❶打开【函数参数】对话框，在【Array1】文本框中输入"(加班记录表!$B$2:$B$41=$B$3)*(加班记录表!$D$2:$D$41=D2),"；❷在【Array2】文本框中输入"加班记录表!$H$2:$H$41"；❸单击【确定】按钮，如下图所示。

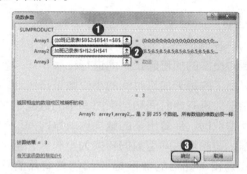

第4步 计算出第一位员工1月份工作日加班的小时数，复制D3单元格中的公式向右进行拖动，计算出该名员工休息日加班和节假日加班的小时数，如下图所示。

温馨提示

公式【= SUMPRODUCT ((加班记录表!$B$2:$B$41=$B$3)*(加班记录表!$D$2:$D$41=D2), 加班记录表!$H$2:$H$41)】表示加班记录表姓名区域B2:B41中满足卢轩和类别区域D2:D41中满足条件1的数据，通过判断计算后由1和0组成一个新的数据区域，这个新的数据区域再和加班时数区域H2:H41中的对应数据相乘后求和。也就是说，【(加班记录表!$B$2:$B$41=$B$3)*(加班记录表!$D$2:$D$41=D2)】部分是进行判断的条件，【加班记录表!$H$2:$H$41】是用来求和的数据区域。

第5步 复制 D3 单元格中的公式向下进行拖动，计算出其他员工的加班小时数，但得出的计算结果并不正确。选择 D4 单元格，在编辑栏中将公式更改为【=SUMPRODUCT((加班记录表!$B$2:$B$41=$B$4)*(加班记录表!$D$2:$D$41=D2),加班记录表!$H$2:$H$41)】，如下图所示。

第6步 按【Enter】键计算出正确的结果，然后使用相同的方法对 D5:D11 单元格区域中的公式进行相应的修改，计算出正确的结果，如下图所示。

第7步 横向复制公式，计算出每位员工休息日加班和节假日加班的小时数，如下图所示。

第8步 ❶ 选择 G3 单元格；❷ 在编辑栏中输入公式【=(D3*18*1.5)+(E3*18*2)+(F3*18*3)】，如下图所示。

温馨提示

公式【=(D3*18*1.5)+(E3*18*2)+(F3*18*3)】中18表示工作日18元每小时，1.5表示工作日加班是工作日正常上班每小时工资的1.5倍；2表示休息日加班是工作日正常上班每小时工资的2倍；节假日加班是工作日正常上班每小时工资的3倍。

第9步 按【Enter】键计算出结果，复制 G3 单元格中的公式，计算出 G4:G11 单元格区域中的结果，如下图所示。

10.4.3 分类汇总各部门的加班时间

如果需要查看各部门所有员工加班总的小时数和总的加班费，那么HR可以通过分类汇总快速实现。具体操作步骤如下。

第1步 ❶选择 A2:H11 单元格区域；❷单击【数据】选项卡【分级显示】组中的【分类汇总】按钮，如下图所示。

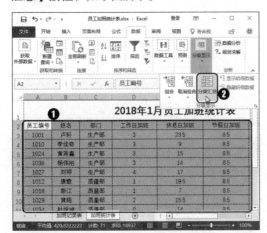

第2步 ❶打开【分类汇总】对话框，在【分类字段】下拉列表框中选择【部门】选项；❷在【选定汇总项】列表框中选中【工作日加班】【休息日加班】【节假日加班】和【加班费】复选框；❸单击【确定】按钮，如下图所示。

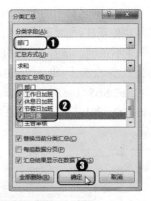

第3步 即可按部分对工作日加班、休息日加班、节假日加班和加班费进行统计，如下图所示。

第4步 对工作表中的汇总行单元格进行单元格合并、加粗效果、添加边框和底纹等操作，使表格整体效果更加统一，如下图所示。

第 10 章
薪酬福利管理

通过前面知识的学习，相信读者已经掌握了薪酬福利管理文档和表格的制作方法。下面结合本章内容，给读者介绍一些工作中的实用经验与技巧。

01：在 Word 中快速插入 Excel 电子表格

视频文件：光盘\视频文件\第10章\01.mp4

在Word中插入表格时，当表格的行列数较多，且需要对表格进行其他操作，如排序、筛选和图表分析等，则可以直接在Word中插入Excel电子表格。然后结合Excel的某些操作，就能快速在Word中制作出满意的表格。具体操作步骤如下。

第1步 打开"光盘\素材文件\第10章\薪酬调整方案 1.docx"文件，❶ 将鼠标光标定位到需要插入电子表格的位置；❷ 单击【表格】组中的【表格】按钮；❸ 在弹出的下拉列表中选择【Excel 电子表格】选项，如下图所示。

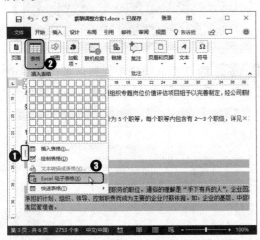

第2步 在 Word 文档中插入 Excel 电子表格，在表格单元格中输入相应的文本，如下图所示。

第3步 ❶ 选择 A1:A2 单元格；❷ 单击【开始】选项卡【对齐方式】组中的【合并后居中】按钮，如下图所示。

第4步 合并单元格，并使单元格中的文本居中对齐，使用相同的方法继续对其他单元格进行合并操作，如下图所示。

| 325

Word/Excel/PPT
在人力资源管理中的应用

第5步 ❶ 选择 A1:H15 单元格区域；❷ 单击【对齐方式】组中的【自动换行】按钮，如下图所示。

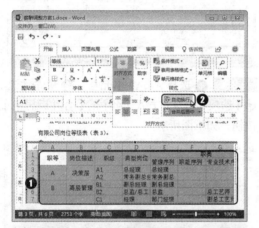

温馨提示

在 Word 中编辑 Excel 电子表格的方法与在 Excel 中编辑的方法相同，只需要灵活应用 Excel 的相关知识即可。

第6步 当单元格中文字较多时，自动切换到下一行进行显示，然后根据需要对单元格的行高和列宽进行相应的调整，如下图所示。

第7步 ❶ 选择 A1:H15 单元格区域；❷ 单击【对齐方式】组中的【居中】按钮，如下图所示。

第8步 ❶ 选择 A1:H2 单元格区域；❷ 单击【字体】组中的【加粗】按钮 B，如下图所示。

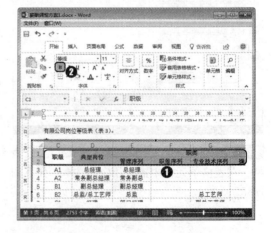

| 326 |

第10章
薪酬福利管理

第9步 ❶ 选择 A1:H15 单元格区域，单击【字体】组中的【边框】下拉按钮▼；❷ 在弹出的下拉列表中选择【所有框线】选项，如下图所示。

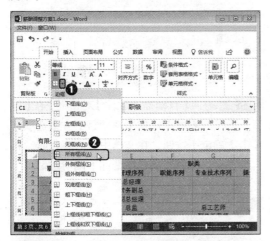

第10步 为所选单元格区域添加边框，将鼠标指针移动到 Excel 电子表格下方框线上的中间控制点上，向下拖动鼠标，调整 Excel 电子表格的高度，使 Excel 电子表格下方的数据全部显示出来，如下图所示。

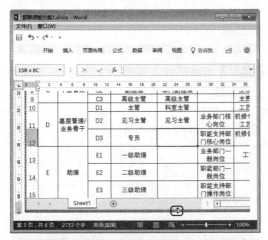

温馨提示

要想Excel电子表格中的数据全部显示出来，那么就需要在Word中调整Excel电子表格的显示区域。

第11步 使用相同的方法对 Excel 电子表格的宽度进行调整，然后在 Word 中其他位置单击，退出 Excel 电子表格的编辑，如下图所示。

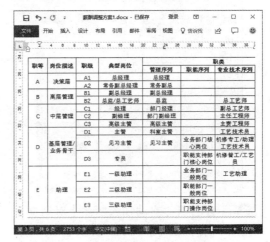

02：插入表格时自动插入题注

视频文件：光盘\视频文件\第10章\02.mp4

HR需要注意，当需要在Word中插入的表格较多时，如果给表格一个一个单独添加题注非常浪费时间，对于这种情况，我们可以选择自动插入题注，这样可以大大提高工作效率。具体操作步骤如下。

第1步 新建一个 Word 空白文档，单击【引用】选项卡【题注】组中的【插入题注】按钮。如下图所示。

327

第2步 ❶打开【题注】对话框,单击【自动插入题注】按钮;❷单击【确定】按钮,如下图所示。

第3步 ❶打开【自动插入题注】对话框,在【插入时添加题注】列表框中选择【Microsoft Word 表格】复选框;❷单击【新建标签】按钮;❸打开【新建标签】对话框,在【标签】文本框中输入"表";❹单击【确定】按钮,如下图所示。

第4步 ❶返回【自动插入题注】对话框,单击【编号】按钮,打开【题注编号】对话框,在【格式】下拉列表框中选择编号格式;❷单击【确定】按钮,如下图所示。

第5步 返回【自动插入题注】对话框,在【位置】下拉列表框中选择【在项目下方】选项,单击【确定】按钮,在文档中插入表格时,将自动在表格下方添加题注,如下图所示。

第6步 继续添加表格时,将会自动在表格下方添加题注,如下图所示。

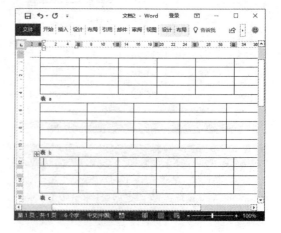

第 10 章
薪酬福利管理

03：同时对多个区域进行合并计算

视频文件：光盘\视频文件\第10章\03.mp4

当需要对表格中具有相同区域或相同类型的数据进行计算时，可以使用合并计算功能快速实现计算。在Excel 2016中，既可在同一工作表中进行合并计算，也可在不同的工作表或工作簿中进行合并计算。具体操作步骤如下。

第1步 打开"光盘\素材文件\第10章\工资汇总表.xlsx"文件，❶选择【工资汇总】工作表中的A1单元格；❷单击【数据】选项卡【数据工具】组中的【合并计算】按钮，如下图所示。

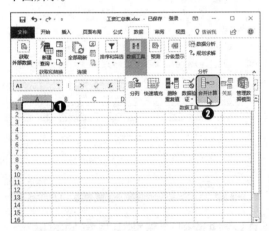

第2步 ❶打开【合并计算】对话框，在【函数】下拉列表框中选择【求和】选项；❷单击【引用位置】文本框右侧的【折叠】按钮；❸单击【确定】按钮，如下图所示。

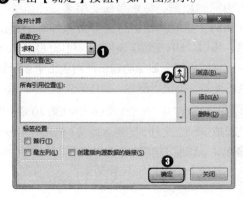

> **温馨提示**
>
> 若在【引用位置】文本框后单击【浏览】按钮，可打开【浏览】对话框，在其中选择需要引用的工作簿中的数据的工作簿，单击【确定】按钮，可将工作簿的位置添加到【引用位置】文本框中，表示在不同工作簿中进行合并计算。

第3步 ❶折叠【合并计算】对话框，切换到【源数据】工作表中，拖动鼠标选择A2:G9单元格区域；❷单击【展开】按钮，如下图所示。

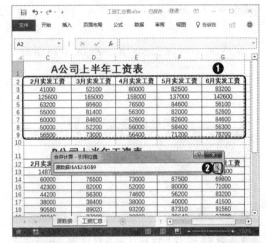

第4步 ❶展开【合并计算】对话框，单击【添加】按钮，将引用区域添加到【所有引用位置】列表框中；❷单击【引用位置】文本框右侧的【折叠】按钮；❸单击【确定】按钮，如下图所示。

温馨提示

如果发现添加到【所有引用位置】列表框中选项的引用位置有误，可在该列表框中选择有误的选项，单击【删除】按钮，删除添加的引用位置。

第5步 ❶折叠【合并计算】对话框，切换到【源数据】工作表中，拖动鼠标选择 A12:G19 单元格区域；❷单击【展开】按钮，如下图所示。

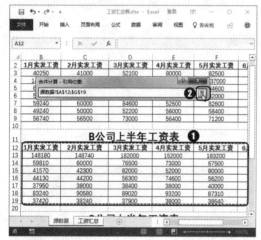

第6步 ❶展开【合并计算】对话框，单击【添加】按钮，使用相同的方法继续添加计算区域；❷选中【首行】和【最左列】复选框；❸单击【确定】按钮，如下图所示。

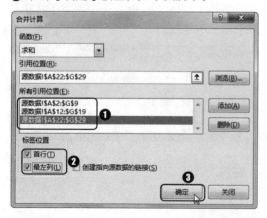

温馨提示

在使用合并计算汇总时，需要注意的是，一旦所使用的数据表中的数据发生变动，通过合并计算所得到的数据汇总并不会自动更新，如果要使数据更新，可以选择【合并计算】对话框中的【创建连至数据源的链接】复选框，但此功能对同一张工作表中的合并计算无效。

第7步 即可在【工资汇总】工作表中显示合并计算的结果，对数据区域的格式进行相应的设置，如下图所示。

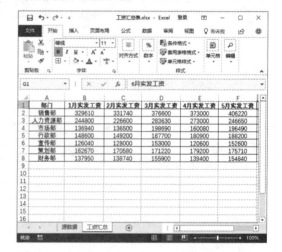

04：快速删除表格中重复的数据

📀 视频文件：光盘\视频文件\第10章\04.mp4

在制作大型的表格时，经常容易多次输入相同的数据，特别是在使用某些函数参与计算时，重复的数据可能会导致计算结果出错。所以，HR在制作表格时，可以使用Excel中提供的删除重复值功能快速对表格中重复输入的无效数据进行删除。具体操作步骤如下。

第1步 ❶打开"光盘\素材文件\第10章\业绩提成.xlsx"文件，选择 A2:G23 单元格区域；❷单击【数据】选项卡【数据工具】组中的【删除重复值】按钮，如下图所示。

第 10 章
薪酬福利管理

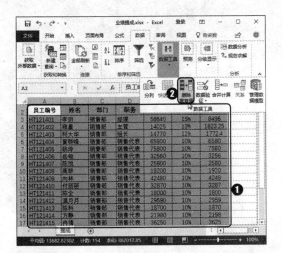

第3步 打开提示对话框，提示发现的重复值，并删除，单击【确定】按钮，如下图所示。

第4步 返回文档中，即可查看到原先选择的数据区域空了两行，这是删除重复值后，行上移后的效果，如下图所示。

第2步 打开【删除重复值】对话框，保持默认设置，单击【确定】按钮，如下图所示。

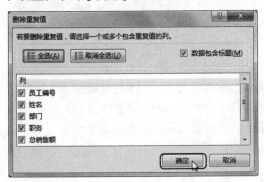

331

第11章
员工关系管理

本章导读

员工关系是指公司与员工、员工与员工之间的关系。对于企业来说，建立和谐的员工关系是企业文化建设的重要方面，也是企业吸引人才和留住人才最有效的手段。本章通过使用Word和Excel软件制作员工关系管理过程中需要的文档，为HR提供参考，做好员工关系的管理工作。

知识要点

- ❖ 使用格式刷
- ❖ 替换段落标记
- ❖ 更改数据源
- ❖ 预览和打印文档
- ❖ 文本与表格的转换
- ❖ 漏斗图的使用

第11章 员工关系管理

11.1 使用Word制作劳动合同

 案例背景

劳动合同是用人单位和劳动者之间签订的合同，它既是劳动者实现合法权益的保障，也是用人单位提高生产效益的重要手段。所以，在制作劳动合同时，可以在遵循劳动法律法规的前提下，根据公司情况，制订合理、合法、有效的劳动合同。

本例将使用Word制作劳动合同，制作完成后的效果如下图所示。实例最终效果见"光盘\结果文件\第11章\劳动合同.docx"文件。

光盘文件	素材文件	光盘\素材文件\第11章\劳动合同.txt
	结果文件	光盘\结果文件\第11章\劳动合同.docx
	教学视频	光盘\视频文件\第11章\11.1使用Word制作劳动合同.mp4

11.1.1 制作劳动合同封面

对于内容较多的劳动合同，一般都有一个封面，封面并不会显示劳动合同的正文内容，而是显示劳动合同的必备条款，如劳动合同编号，以及用人单位和劳动者的基本信息。具体操作步骤如下。

第1步 ❶新建一个名称为"劳动合同"的空白文档;❷在鼠标光标处输入"劳动合同"文本;❸按【Enter】键进行换行,将鼠标光标插入点定位在第二行行首,继续输入劳动合同封面其他内容,如下图所示。

第2步 ❶选择【劳动合同】文本,对字号和对齐方式进行设置,打开【段落】对话框,在【段后】数值框中输入"3";❷单击【确定】按钮,如下图所示。

第3步 ❶选择【编号:】文本,将字体设置为【黑体】,字号设置为【三号】;❷将鼠标光标定位冒号后,单击【下画线】按钮U;❸在文本后输入空格,增加下画线长度,如下图所示。

第4步 ❶继续设置其他文本的格式,然后选择除【劳动合同】外的所有文本,单击【段落】组中的【行和段落间距】按钮;❷在弹出的下拉列表中选择【2.5】选项,如下图所示。

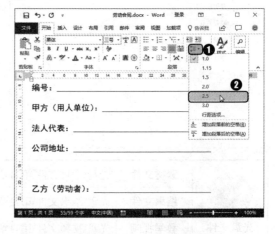

11.1.2 制作劳动合同正文页

制作好劳动合同封面页后,就可开始制作劳动合同正文页。正文页的制作主要是对格式的设置和文档内容的编排。具体操作步骤如下。

第11章
员工关系管理

第1步 ❶将鼠标光标定位到首页的末尾处，单击【下画线】按钮 u 取消下画线；❷单击【插入】选项卡【页面】组中的【分页】按钮进行分页，并将鼠标光标定位到下一页，如下图所示。

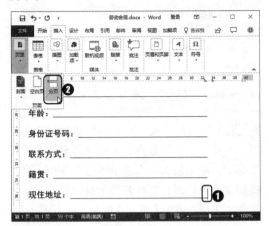

第2步 打开"光盘\素材文件\第11章\劳动合同.txt"文件，按【Ctrl+A】组合键选择所有文本，❶选择【编辑】选项卡；❷在弹出的下拉列表中选择【复制】选项，如下图所示。

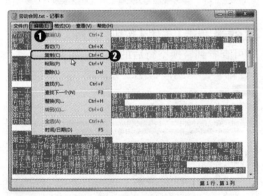

第3步 切换到"劳动合同"Word窗口，❶单击【清除所有格式】按钮 清除文本格式；❷再单击【剪贴板】组中的【粘贴】按钮，如下图所示。

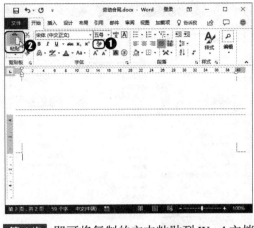

第4步 即可将复制的文本粘贴到Word文档中，单击【开始】选项卡【编辑】组中的【替换】按钮，如下图所示。

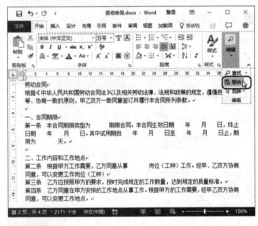

第5步 ❶打开【查找和替换】对话框，默认选择【替换】选项卡，将鼠标光标定位到【查找内容】下拉列表框中；❷单击【更多】按钮展开对话框，再单击【特殊格式】按钮；❸在弹出的下拉列表中选择【段落标记】选项，如下图所示。

335

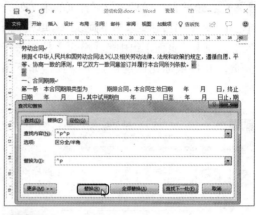

第6步 ❶即可在【查找内容】文本框中添加一个段落标记，继续再添加一个段落标记；❷在【替换为】下拉列表框中添加一个段落标记；❸单击【查找下一处】按钮，如下图所示。

第8步 即可对当前查找到的段落标记进行替换，替换后并继续查找出下一处含有两个的段落标记，使用前面的方法继续进行替换，当查找到文档最后时，会打开提示对话框，提示已到文档末尾，单击【确定】按钮，如下图所示。

第7步 开始在文档中查找连续两个段落标记，如果确定要替换查找到的段落标记，那么可单击【替换】按钮，如下图所示。

第9步 单击【关闭】按钮，返回文档编辑区，即可查看到替换空行后的效果，如下图所示。

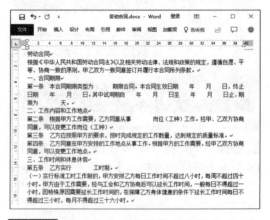

> **温馨提示**
> 若要一次性将文档中连续的两个段落标记替换为一个段落标记，可单击【全部替换】按钮，一次性完成替换。

第10步 设置【劳动合同】文本的格式，按住【Ctrl】键选择需要添加下画线的空格，单击【字体】组中的【下画线】按钮 u，如下图

第11章
员工关系管理

所示。

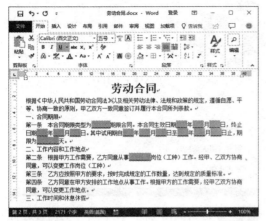

第11步 ❶选择除【劳动合同】文本外的所有文本,打开【段落】对话框,在【特殊格式】下拉列表框中选择【首行缩进】选项;❷在【行距】下拉列表框中选择【1.5倍行距】选项;❸单击【确定】按钮,如下图所示。

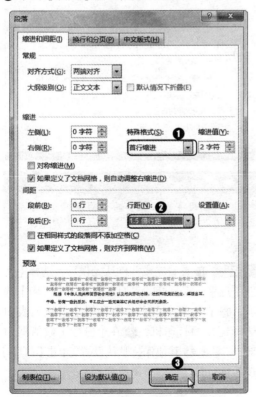

第12步 ❶加粗显示【一、合同期限】文本,再选择该文本;❷双击【开始】选项卡【剪贴板】组中的【格式刷】按钮,如下图所示。

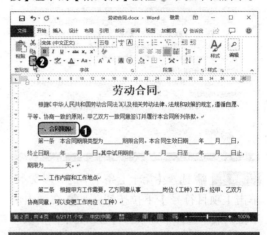

温馨提示

双击【格式刷】按钮,表示可以多次为多个文本应用复制的格式;单击【格式刷】按钮,表示只能应用一次复制的格式。

第13步 此时鼠标指针将变成形状,拖动鼠标选择需要应用复制格式的文本【二、工作内容和工作地点】,如下图所示。

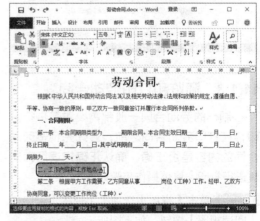

第14步 即可为选择的文本应用复制的格式,使用相同的方法继续为其他文本应用复制的格式,如下图所示。

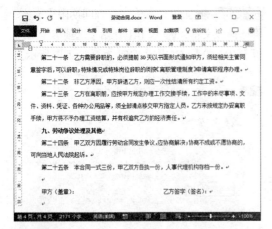

第15步 ❶选择【第十七条】下的3段文本，单击【项目符号】下拉按钮；❷在弹出的下拉列表中选择带勾项目符号，如下图所示。

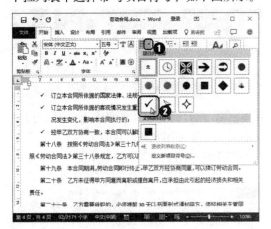

11.1.3 预览和打印劳动合同

制作的劳动合同一般都需要对其进行打印，在打印劳动合同之前，最好先预览劳动合同的内容是否正确，确认正确无误后再对其进行打印。具体操作步骤如下。

第1步 单击【视图】选项卡【视图】组中的【阅读视图】按钮，如下图所示。

第2步 进入阅读视图，对该屏中的内容进行查看，查看完成后，单击◀按钮或▶按钮切换到上一屏或下一屏进行查看，如下图所示。

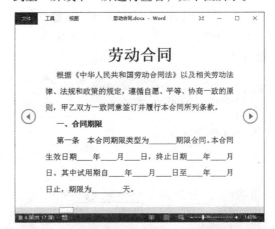

> **温馨提示**
> 对于文字内容较多的劳动合同来说，阅读视图是最佳的查看方式，可以全屏查看文档中的内容。

第3步 ❶查看完成并确认无误后，选择【文件】选项，在打开的界面左侧选择【打印】选项；❷在页面右侧的【打印机】下拉列表中选择连接的打印机；❸在【份数】数值框中输入"4"；❹其他保持默认设置，单击【打印】按钮进行打印，如下图所示。

第11章
员工关系管理

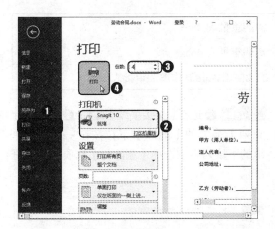

> **教您一招**
>
> **取消打印**
>
> 如果因为某些原因要取消正在打印的文件，那么可单击【开始】按钮，在打开的面板中选择【设备和打印机】选项，打开【设备和打印机】窗口，双击使用的打印机，在打开的窗口中显示正在打印的文件，选择需要取消的文件并右击，在弹出的快捷菜单中选择【删除】命令，即可取消打印。

11.2 使用Word制作离职审批表

 案例背景

员工离职是指企业与员工结束雇佣关系，员工离开企业的行为。员工离职会造成企业人力资源配置不完善，直接影响企业的运营。虽然员工离职是人员流动的一种重要方式，是每个企业都不可避免的，对企业人力资源的合理配置具有重要的作用，但过高的员工离职率会影响企业的持续发展。所以，企业应重视对员工离职的管理，并且需要采取一定的措施，控制员工离职率。

本例将使用Word制作员工离职审批表，制作完成后的效果如下图所示。实例最终效果见"光盘\结果文件\第11章\离职审批表.docx"文件。

Word/Excel/PPT
在人力资源管理中的应用

光盘文件	素材文件	光盘\素材文件\第11章\离职审批表.docx
	结果文件	光盘\结果文件\第11章\离职审批表.docx
	教学视频	光盘\视频文件\第11章\11.2使用Word制作离职审批表.mp4

HR在制作员工离职审批表时，可以从网上下载结构与需要制作的员工离职审批表结构相似或相同的表格，然后对其进行修改，这样可以大大提高工作效率。具体操作步骤如下。

第1步 打开"光盘\素材文件\第11章\员工离职审批表.docx"文件，❶将鼠标光标定位到第1个单元格中；❷单击【表格工具-布局】选项卡【行和列】组中的【在下方插入】按钮，如下图所示。

第2步 在下方插入一行空白单元格，在单元格中输入需要的文本，并对表格原有的文本进行修改，如下图所示。

第3步 ❶选择【交接手续】文本；❷单击【行和列】组中的【删除】下拉按钮；❸在弹出的下拉列表中选择【删除行】选项，如下图所示。

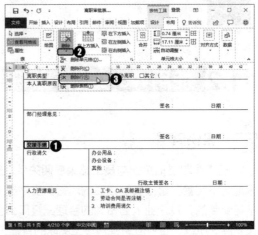

第4步 ❶删除文本所在的行，选择需要拆分的3个单元格；❷单击【合并】组中的【拆分单元格】按钮，如下图所示。

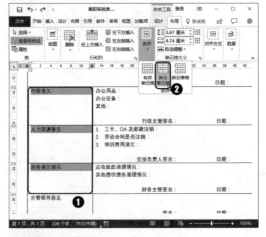

第5步 ❶打开【拆分单元格】对话框，在【列数】数值框中输入"2"；❷取消选中【拆分

340

前合并单元格】复选框；❸单击【确定】按钮，如下图所示。

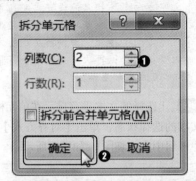

温馨提示

选中【拆分前合并单元格】复选框表示在拆分前先将选择的多个单元格合并为一个大的单元格，然后再根据设置的行数和列数进行拆分；取消选中该复选框表示直接根据设置的列数进行拆分，但不能对拆分的行数进行设置

第6步 ❶即可将所选单元格拆分为两列，并且原单元格中的文本显示在第1列中，将第1列中的文本移动到第2列对应的单元格中；❷选择第1列中的3个单元格；❸单击【合并】组中的【合并单元格】按钮，如下图所示。

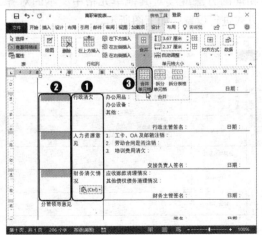

第7步 将所选单元格合并为一个单元格，并在单元格中输入需要的文本，如下图所示。

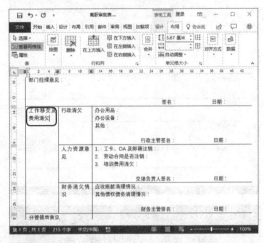

第8步 ❶选择最后两行单元格；❷单击【行和列】组中的【在下方插入】按钮，如下图所示。

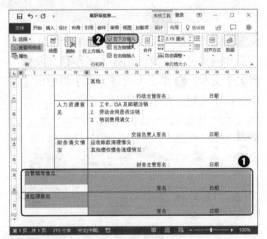

第9步 插入两行空白单元格，将最后一行合并为一个单元格，再在单元格中输入需要的文本，将鼠标光标定位到【知晓】文本前，拖动水平标尺上的【首行缩进】图标▽，使鼠标光标所在的段落首行缩进两个字符，如下图所示。

Word/Excel/PPT
在人力资源管理中的应用

> **温馨提示**
> 【文字方向】按钮只能设置文字在单元格中以横排（水平）或竖排（垂直）显示；单击【文字方向】按钮，由横排显示的文本将变成由竖排显示；再次单击，则会将竖排显示的文本变成横排显示。

第11步 让选择的文本垂直显示在单元格中，保持文本的选择状态，单击【对齐方式】组中的【中部居中】按钮，如下图所示。

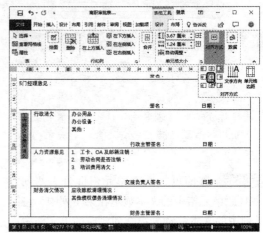

> **教您一招**
> **通过水平标尺设置其他缩进**
> 拖动水平标尺上图标上方的三角形，可设置段落的悬挂缩进；拖动图标下方的矩形，可设置段落的左缩进；拖动图标，可设置段落的右缩进。

第10步 ❶拖动鼠标对表格中部分单元格的行高和列宽进行设置，选择【工作移交及费用清欠】文本；❷单击【对齐方式】组中的【文字方向】按钮，如下图所示。

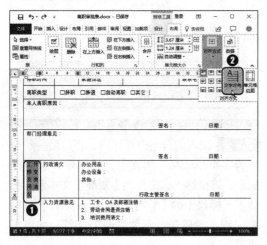

第12步 使文本居中对齐于单元格中，使用相同的方法继续对其他单元格中文本的对齐方式进行设置，如下图所示。

第11章 员工关系管理

11.3 使用Excel制作人员流动情况分析表

案例背景

人员流动是企业发展过程中的一种必然现象，合理有序的人员流动，可以达到人力资源与物力资源的优化配置，实现人才效用的最大化，有利于促进企业的发展。如果企业对人员流动没有进行有效的管理，导致人员流动较大，甚至超过人员流动的合理限度，那么就会对企业的正常运营产生一定的影响，造成不可挽回的损失。所以，企业在对人员流动管理方面要注意控制人员流动量，避免人才流失，这样企业才能保持人员稳定。

本例将使用Excel制作人员流动情况分析表，制作完成后的效果如下图所示。实例最终效果见"光盘\结果文件\第11章\人员流动情况分析表.xlsx"文件。

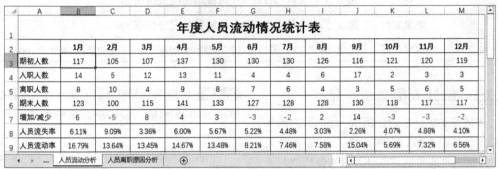

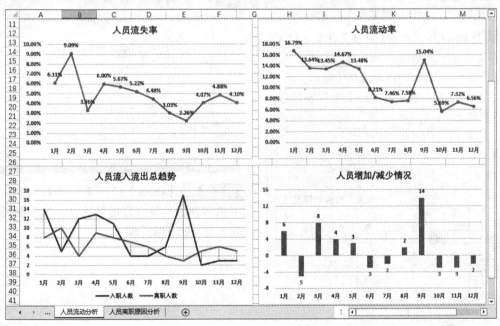

Word/Excel/PPT
在人力资源管理中的应用

	素材文件	光盘\素材文件\第11章\人员流动情况分析表.xlsx
光盘文件	结果文件	光盘\结果文件\第11章\人员流动情况分析表.xlsx
	教学视频	光盘\视频文件\第11章\11.3使用Excel制作人员流动情况分析表.mp4

11.3.1 统计人员流动情况

人员流动统计是对公司某一段时间内的入职人数、离职人数、期末人数、增加/减少人数、人员流失率等进行统计，以方便后期对人员流动情况进行分析。具体操作步骤如下。

第1步 ❶打开"光盘\素材文件\第11章\人员流动情况分析表.xlsx"文件，在"人员流动分析"工作表的B4单元格中输入"="；❷单击【入职离职人员统计】工作表标签，如下图所示。

第2步 切换到"入职离职人员统计"工作表，单击B10单元格，引用单元格中的值，如下图所示。

第3步 按【Enter】键计算出结果，然后使用相同方法计算出公司每月的入职人数和离职人数，如下图所示。

第11章 员工关系管理

第4步 选择B6单元格,在编辑栏中输入公式【=B3+B4-B5】,如下图所示。

第5步 按【Enter】键计算出结果,复制B6单元格中的公式,计算出C6:M6单元格区域中的结果,如下图所示。

第6步 选择B7: M7单元格区域,在编辑栏中输入公式【=B6-B3】,按【Ctrl+Enter】组合键计算出B7: M7单元格区域中的结果,如下图所示。

第7步 选择B8: M8单元格区域,在编辑栏中输入公式【=B5/(B3+B4)】,按【Ctrl+Enter】组合键计算出B8: M8单元格区域中的结果,如下图所示。

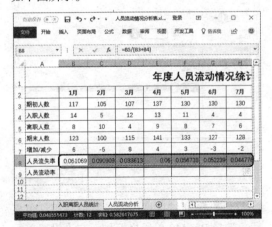

第8步 选择B9: M9单元格区域,在编辑栏中输入公式【=(B4+B5)/(B3+B4)】,按【Ctrl+Enter】组合键计算出B9: M9单元格区域中的结果,如下图所示。

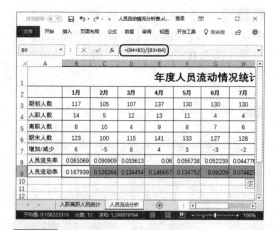

第9步 ❶选择B7:M7单元格区域，打开【设置单元格格式】对话框，在【数字】选项卡下的【分类】列表框中选择【数值】选项；❷在【小数位数】数值框中输入"0"；❸在【负数】列表框中选择第5种选项；❹单击【确定】按钮，如下图所示。

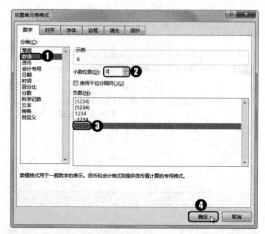

第10步 ❶所选区域中的负数值将以红色显示，选择B8:M9单元格区域，在【设置单元格格式】对话框中将数字格式设置为【百分比】；❷其他保持默认设置，单击【确定】按钮，如下图所示。

第11步 返回工作表，即可查看到设置为百分比数字格式后的效果，如下图所示。

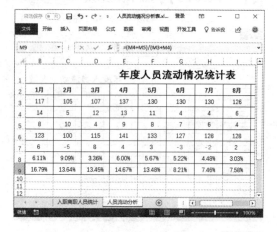

11.3.2 分析人员流失率和流动率

人员流失率和流动率是判断企业的人员流动量是否在合理的范围内，所以，企业在对人员流动情况进行分析时，人员流失率和流动率是必须要进行分析的。一般来说，10%~20%员工流动率对企业长远发展是有好处的，但超过20%的员工流动率，企业需要采取一定措施降低企业员工的流失，确保员工人数的稳定。具体操作步骤如下。

第1步 ❶选择A2:M2单元格区域和A8:M8单元格区域，单击【插入】选项卡【图表】组中的【插入折线图或面积图】按钮 ；❷在弹出的下拉列表中选择【带数据标记的折线图】选项，如下图所示。

第2步 ❶ 插入折线图，将图表移动到合适的位置，选择图表，单击【图表工具 - 设计】选项卡【图表布局】组中的【添加图表元素】按钮；❷ 在弹出的下拉列表中选择【数据标签】选项；❸ 在弹出的级联列表中选择【上方】选项，如下图所示。

> **温馨提示**
>
> 如果【数据标签】级联列表中没有合适的数据标签选项，那么可在级联列表中选择【其他数据标签选项】选项，打开【设置数据标签格式】任务窗格，在其中可根据实际需要设置数据标签。

第3步 即可为图表添加数据标签，选择图表中的文本，设置其加粗效果，让图表中的所有文本都加粗显示，如下图所示。

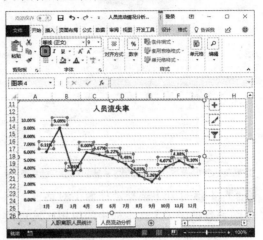

第4步 ❶ 选择图表，单击【图表样式】组中的【更改颜色】按钮；❷ 在弹出的下拉列表中选择【彩色调色板 3】选项，更改折线图中数据系列的颜色，如下图所示。

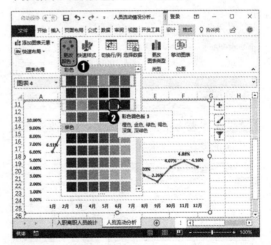

第5步 复制图表，将其粘贴到图表右侧，选择图表，单击【数据】组中的【选择数据】按钮，如下图所示。

11.3.3 分析人员流入流出总趋势

人员的流入流出是指企业的人员入职和离职情况，根据分析某段时间内人员入职和离职情况，可以看出该时间段内人员流动的趋势走向。具体操作步骤如下。

第1步 ❶选择 A2:M2 单元格区域和 A4:M5 单元格区域，单击【插入】选项卡【图表】组中的【插入折线图或面积图】按钮 ；❷在弹出的下拉列表中选择【折线图】选项，如下图所示。

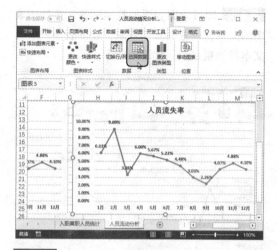

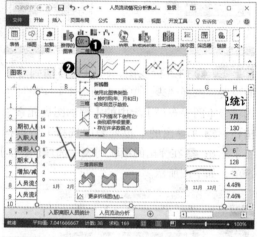

第6步 ❶打开【选择数据源】对话框，将【图表数据区域】文本框中的引用区域更改为【=人员流动分析!$A$2:$M$2,人员流动分析!$A$9:$M$9】；❷单击【确定】按钮，如下图所示。

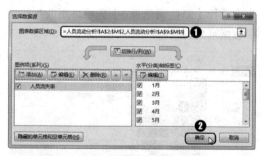

第2步 将图表移动到合适的位置，在图表标题框中输入"人员流入流出总趋势"，并加粗显示图表中的所有文本，如下图所示。

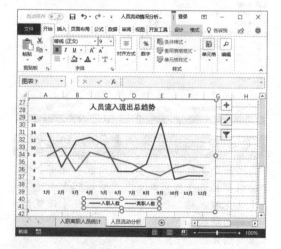

第7步 图表将根据图表数据区域的改变而发生相应的变化，效果如下图所示。

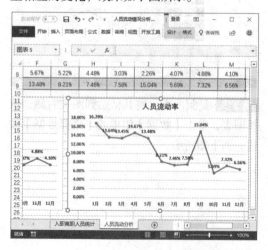

第 11 章
员工关系管理

第3步 ❶ 选择图表,单击【图表布局】组中的【添加图表元素】按钮;❷ 在弹出的下拉列表中选择【线条】选项;❸ 在弹出的级联列表中选择【高低点连线】选项,如下图所示。

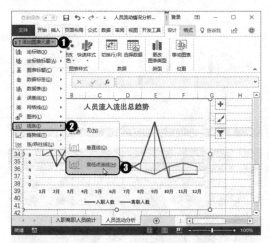

第4步 选择图表中的高低点连接线,选择【图表工具-格式】选项卡【形状样式】组中的【细线-强调颜色3】选项,如下图所示。

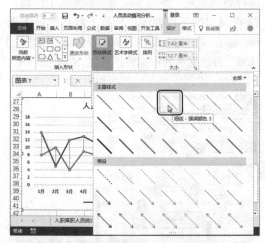

温馨提示

通过高低点连线可以将入职人员和离职人员之间的最低点和最高点连接起来,这样便于查看出入职人员和离职人员的差值,连接线越长,表示相差越大。

11.3.4 分析人员增加/减少情况

人员增加/减少是指企业在某一段时间内期末人数在原有的期初人数上是增加还是减少,通过分析人员增加/减少情况,可以根据期初人数判断出期末人数。具体操作步骤如下。

第1步 ❶ 选择 A2:M2 单元格区域和 A7:M7 单元格区域,单击【图表】组中的【插入柱形图】按钮;❷ 在弹出的下拉列表中选择【簇状柱形图】选项,如下图所示。

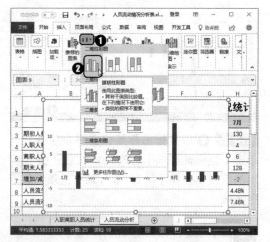

第2步 将插入的柱形图移动到合适的位置,将标题更改为【人员增加/减少情况】,选择横坐标轴并右击,在弹出的快捷菜单中选择【设置坐标轴格式】命令,如下图所示。

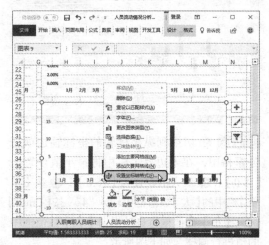

第3步 ❶打开【设置坐标轴格式】任务窗格，单击展开【标签】选项，单击【标签位置】下拉按钮；❷在弹出的下拉列表中选择【低】选项，如下图所示。

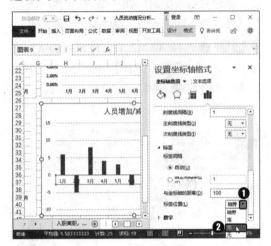

第4步 ❶横坐标的标签位置将发生变化，单击【坐标轴选项】右侧的 ▼ 按钮；❷在弹出的面板中选择【垂直(值)轴】选项，如下图所示。

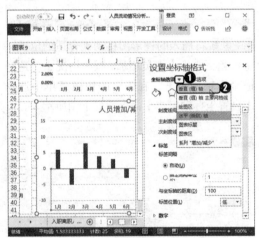

第5步 ❶切换到纵坐标轴的坐标轴选项任务窗格中，在【边界】栏中将最小值设置为【-8.0】；❷最大值设置为【16.0】；❸在【单位】栏中的【大】数值框中输入"4"，按【Enter】键，【小】数值框将自动根据【大】数值框中的值进行调整，如下图所示。

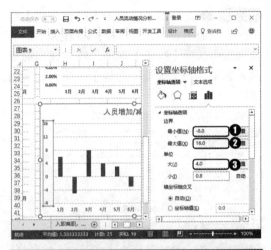

> **温馨提示**
>
> 如果直接在【单位】栏中的【大】数值框中输入最大单位值，按【Enter】键，单位【小】数值框和【边界】栏中的【最大值】和【最小值】数值框中的值都将自动根据输入的最大单位发生相应的变化。

第6步 ❶关闭【设置坐标轴格式】任务窗格，选择数据系列，单击【添加图表元素】按钮；❷在弹出的下拉列表中选择【数据标签】选项；❸在弹出的级联列表中选择【数据标签外】选项，为数据系列添加数据标签，如下图所示。

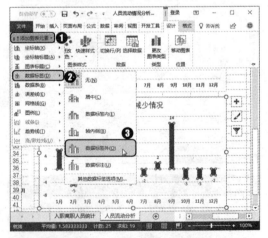

第7步 ❶选择数据标签；❷单击【图表工具-格式】选项卡【当前所选内容】组中的【设

第 11 章
员工关系管理

置所选内容格式】按钮，如下图所示。

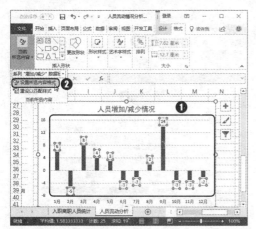

第8步 打开【设置数据标签格式】任务窗格，单击展开【数字】选项，在【类别】下拉列表中选择【数字】选项，如下图所示。

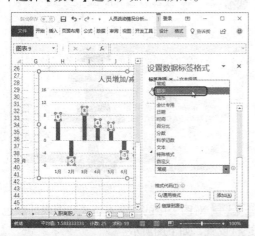

温馨提示

【设置数据标签格式】任务窗格【数字】栏【类别】下拉列表中显示的数字格式与【设置单元格格式】对话框【数字】选项卡【分类】列表框中显示的数字格式一样，其设置方法也基本相同。

第9步 ❶ 在【小数位数】数值框中输入"0"；❷ 在【负数】列表框中选择第 3 种选项，图表中的负数将以红色显示，如下图所示。

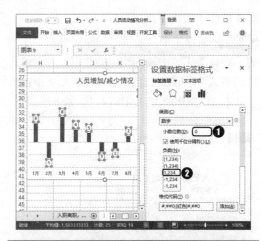

温馨提示

在【格式代码】文本框中显示了所设数字格式的代码，在设置数字格式时，也可直接在【格式代码】数值框中输入数字格式的代码。

第10步 将图表中的文字全部加粗显示，然后为图表应用【彩色调色板 3】颜色方案，如下图所示。

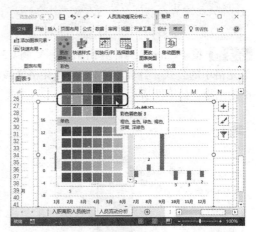

11.3.5 分析人员离职原因

人员离职是导致人员流动中最大的一个因素，要想控制人员的流动，人员离职原因的分析是必不可少的。通过分析人员离职原因，可以根据情况采取相应的管理或控制措施，以减少通过人员离职导致的人员流失。

具体操作步骤如下。

第1步 新建一个"人员离职原因分析"工作表，在该工作表中输入相应的数据，并对单元格的格式进行设置，然后在 C3 单元格中输入公式【=B3/SUM($B$3:$B$14)】，如下图所示。

温馨提示

公式【=B3/SUM($B$3:$B$14)】表示用 B3 单元格中的人数除以总的人数，就会得到相应的离职比例。

第2步 按【Enter】键计算出结果，复制 C3 单元格中的公式，计算出 C4:C14 单元格区域中的结果，如下图所示。

第3步 ❶ 选择 A2:A14 单元格区域和 C2:C14 单元格区域，单击【图表】组中的【插入瀑布图和股价图】按钮；❷ 在弹出的下拉列表中选择【漏斗图】选项，如下图所示。

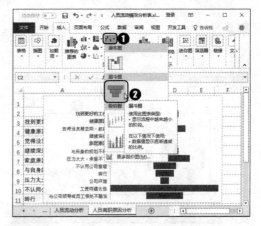

第4步 将图表调整到合适的位置和大小，将图表标题更改为【离职原因分析】，如下图所示。

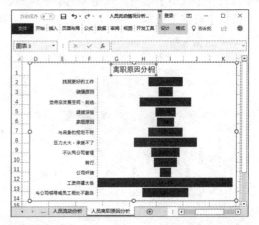

第5步 对图表中的的文本格式和图表的颜色进行设置，如下图所示。

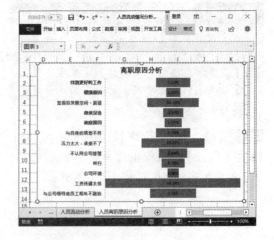

第 11 章
员工关系管理

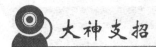

大神支招

通过前面知识的学习，相信读者已经掌握了相关员工关系管理文档和表格的制作方法。下面结合本章内容，给读者介绍一些工作中的实用经验与技巧。

01：不只能替换错误的文本内容，文本格式也能被替换

视频文件：光盘\视频文件\第11章\01.mp4

Word中的查找和替换命令除了可以查找或替换错误的文本内容外，还可以查找或替换文字格式，如字体、段落、样式等。具体操作步骤如下。

第1步 打开"光盘\素材文件\第11章\劳动合同1.docx"文件，单击【开始】选项卡【编辑】组中的【替换】按钮，如下图所示。

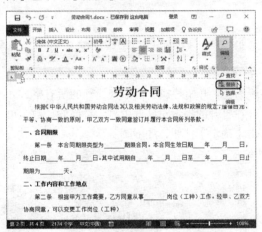

第2步 ❶ 打开【查找和替换】对话框，单击【更多】按钮展开对话框，将鼠标光标定位到【查找内容】文本框中，单击【格式】按钮；❷ 在弹出的下拉列表中选择【字体】选项，如下图所示。

第3步 ❶ 打开【查找字体】对话框，在【中文字体】下拉列表框中选择【+中文正文】选项；❷ 在【字形】列表框中选择【加粗】选项；❸ 在【字号】列表框中选择【五号】选项；❹ 单击【确定】按钮，如下图所示。

温馨提示

在设置查找格式时，设置的查找格式必须与文档中文本或段落的格式完全一致，否则将查找不到。

第4步 ❶返回【查找和替换】对话框，将鼠标光标定位到【替换为】文本框中，打开【替换字体】对话框，在【中文字体】下拉列表框中选择【方正兰亭黑简体】选项；❷在【字形】列表框中选择【常规】选项；❸在【字号】列表框中选择【四号】选项；❹单击【确定】按钮，如下图所示。

第5步 返回【查找和替换】对话框，单击【更少】按钮缩小对话框，单击【查找下一处】按钮，如下图所示。

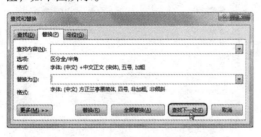

教您一招

清除查找或替换的格式

在【查找和替换】对话框的【查找内容】和【替换为】文本框中设置格式后，如果设置的格式不正确，那么需要展开【查找和替换】对话框，单击下方的【不限定格式】按钮，即可清除文本框中设置的格式。

第6步 从文档最开始查找符合查找条件的文本，查找到相应的文本或段落，确定要替换后，单击【全部替换】按钮，如下图所示。

第7步 开始替换文档中查找到的所有格式，并在打开的提示对话框中显示替换的处数，单击【确定】按钮，如下图所示。

第8步 关闭【查找和替换】对话框，返回文档编辑区中，即可查看到替换文档内容格式后的效果，如下图所示。

第11章
员工关系管理

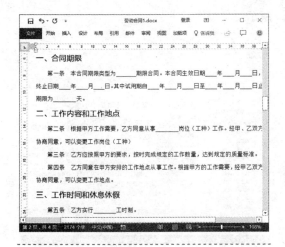

02：原来导航窗格也可以这样用

视频文件：光盘\视频文件\第11章\02.mp4

很多人使用导航窗格时，可能只会使用导航窗格查看文档大纲目录，查找文本内容。其实，导航窗格还有很多功能，如定位到文档哪一页，查找文档中的图形、表格、公式和批注等，可以帮助我们快速完成很多工作。具体操作步骤如下。

第1步 打开"光盘\素材文件\第11章\员工手册.docx"文件，选中【视图】选项卡【显示】组中的【导航窗格】复选框，如下图所示。

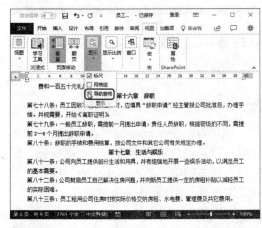

第2步 选中该复选框，在工作界面左侧显示出导航窗格，在导航窗格的【在文档中搜索】文本框中输入"资遣"，稍等片刻，就会显示搜索到的结果，并以黄色突出显示结果，如下图所示。

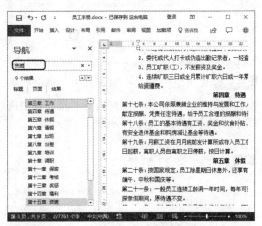

第3步 在导航窗格中单击 ▼ 按钮，可显示搜索到的第一条结果，再次单击，会显示第2条结果，文本并呈选择状态，单击搜索框下拉按钮 ▼ ，在弹出的下拉列表中选择【转到】选项，如下图所示。

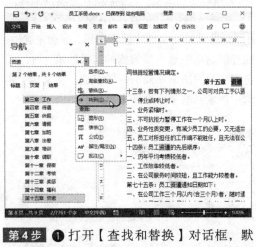

第4步 ❶打开【查找和替换】对话框，默认选择【定位】选项卡，在【定位目标】列表框中选择【页】选项；❷在【输入页号】文本框中输入"5"；❸单击【定位】按钮，如下图所示。

| 355

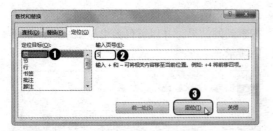

第5步 即可定位到文档第5页中，单击搜索框右侧的下拉按钮▼，在弹出的下拉列表中选择【图形】选项，如下图所示。

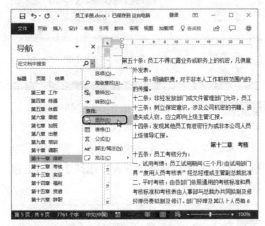

第6步 开始在文档中搜索图形，搜索完成后，在导航窗格中显示搜索到的结果数量，并以黄色突出显示图形所属的标题级别，在文档中将选中搜索到的第一个结果，如下图所示。

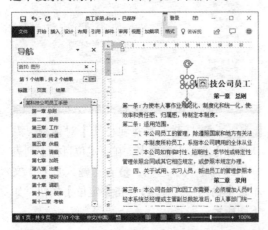

第7步 单击搜索框右侧的下拉按钮▼，在弹出的下拉列表中选择【表格】选项，如下图所示。

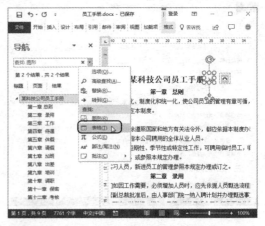

第8步 开始在文档中搜索表格，搜索完成后，即可查看搜索到的结果，如下图所示。

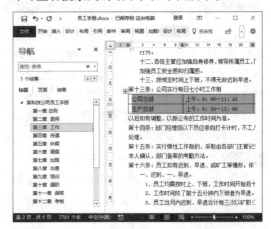

03：你不知道的文本与表格的转换方法

🎬 视频文件：光盘\视频文件\第11章\03.mp4

除了可以在Word中制作表格外，还可将结构一致且包含特定字符（如段落标记、制表符、回车符等）的内容转化为表格，以提高工作效率。具体操作步骤如下。

第1步 ❶打开"光盘\素材文件\第11章\个人工作任务汇总表.docx"文件，选择文档中需要转化为表格的文本，单击【插入】选项卡

第11章
员工关系管理

【表格】组中的【表格】按钮；❷ 在弹出的下拉列表中选择【文本转化为表格】选项，如下图所示。

文本转化为表格的效果，如下图所示。

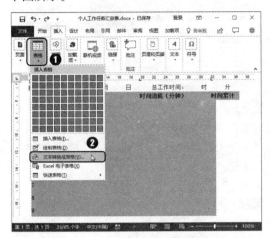

第2步 ❶ 打开【将文字转化成表格】对话框，在【列数】和【行数】数值框中将自动根据所选文本设置表格的行数和列数，在【文字分隔位置】栏中选择文字与文字之间的分隔方式，这里选中【制表符】单选按钮；❷ 单击【确定】按钮，如下图所示。

教您一招

将表格转化成文本

在Word 2016中，除了可将文本转化成表格外，还可将Word文档中的表格数据转化成文本。其方法是：选择整个表格，单击【表格工具-布局】选项卡【数据】组中的【转换为文本】按钮，在打开的对话框中保持默认设置，单击【确定】按钮，即可将表格数据转化为普通的文本。

04：让图表中的字段与表格字段显示一致

📀 视频文件：光盘\视频文件\第11章\04.mp4

当某些需要使用图表分析的数据与字段相隔较远时，创建图表时可能只是选择数据，不会选择字段，但这样创建的图表并不直观，因为不能明确看出横坐标轴名称或图例。为了让创建的图表更加直观，可以通过更改图例项或水平轴标签，就能使图表中的图例项或水平轴标签显示与表格的字段相同。具体操作步骤如下。

第1步 ❶ 打开"光盘\素材文件\第11章\人员流动情况分析.xlsx"文件，选择需要更改的图表；❷ 单击【图表工具-设计】选项卡【数

温馨提示

在【将文字转换成表格】对话框中，如果自动识别的列数不正确，那么可以手动对其进行修改，但行数是不能对其进行修改的。

第3步 返回文档编辑区，即可查看到将所选

357

据】组中【选择数据】按钮，如下图所示。

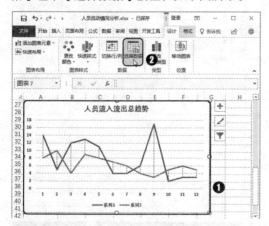

第2步 ❶打开【选择数据源】对话框，在【图例项（系列）】下方的列表框中选择【系列1】选项；❷单击【编辑】按钮，如下图所示。

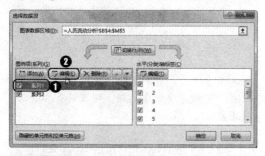

第3步 ❶打开【编辑数据系列】对话框，在【系列名称】文本框中输入引用公式【=人员流动分析!$A$4】；❷单击【确定】按钮，如下图所示。

第4步 ❶返回【选择数据源】对话框，可发现图例项名称发生变化，使用相同的方法将【系列2】更改为【离职人数】；❷在【水平（分类）轴标签】列表框中选择【1】选项；❸单击【编辑】按钮，如下图所示。

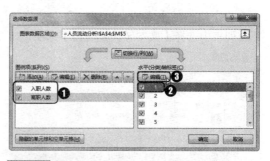

第5步 ❶打开【轴标签】对话框，在【轴标签区域】文本框中输入引用公式【=人员流动分析!$B$2:$M$2】；❷单击【确定】按钮，如下图所示。

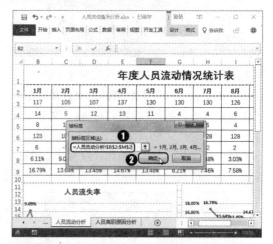

第6步 返回【选择数据源】对话框，可发现水平（分类）轴标签全部发生变化，单击【确定】按钮，如下图所示。

温馨提示

单击【选择数据源】对话框中的【切换行/列】按钮，可将图表的图例项和水平（分类）轴标签的位置进行交换。

第12章
人事档案管理

本章导读

人事档案是进行人事工作的重要依据，是企业在招聘、人事调动、培训、考核、奖惩、选拔和任用等方面的一种参考依据。所以，必须及时、全面地反映某个人的情况，这不仅对企业非常重要，对员工个人也是非常重要的。本章通过使用Word和Excel软件制作人事档案管理过程中需要的文档，以帮助HR快速制作出人事管理相关文档和表格，协助HR更好地对人事档案进行管理。

知识要点

- ❖ 将文本导入Word文档
- ❖ 限制编辑文档
- ❖ YEAR和TODAY函数
- ❖ 插入联机图片
- ❖ 锁定隐藏单元格区域
- ❖ 设置工作表背景

12.1 使用Word制作人事档案管理制度

案例背景

人事档案完整地将企业员工的工作经历、工作表现、工作绩效等内容记录下来，为企业在选拔人才方面提供了参考，是人力资源管理体系中的重要组成部分，为人力资源管理工作的高效运转提供了强劲的保障。同时，提升了企业的核心竞争力，有助于企业的持续稳定发展，因此，建立健全人事档案管理制度是必不可少的。

人事档案管理制度是结合企业自身的情况进行制定的，并不是所有的企业都适合。本例将通过Word制作人事档案管理制度，制作完成后的效果如下图所示。实例最终效果见"光盘\结果文件\第12章\人事档案管理制度.docx"文件。

光盘文件	素材文件	光盘\素材文件\第12章\人事档案管理制度.txt
	结果文件	光盘\结果文件\第12章\人事档案管理制度.docx
	教学视频	光盘\视频文件\第12章\12.1使用Word制作人事档案管理制度.mp4

12.1.1 将其他文件中的文本导入 Word文档中

HR在制作人事档案管理制度时,可能会在网上或其他地方看到与企业比较符合的人事管理制度,那么可以直接将其一次性全部导入Word文档中。具体操作步骤如下。

第1步 启动 Word 2016,新建一个"人事档案管理制度"文档,❶单击【文本】组中的【对象】下拉按钮▼;❷在弹出的下拉列表中选择【文件中的文字】选项,如下图所示。

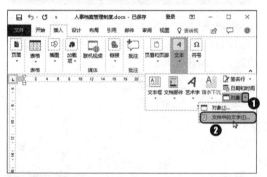

第2步 ❶打开【插入文件】对话框,在地址栏中设置文件的位置;❷单击【所有Word文档】按钮;❸在弹出的下拉列表中选择【文本文件(*.txt)】选项,如下图所示。

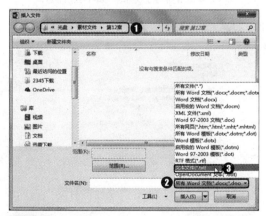

第3步 ❶在对话框中将显示文本文件,选择【人事档案管理制度.txt】文件;❷单击【插入】按钮,如下图所示。

第4步 打开【文件转换-人事档案管理制度.txt】对话框,保持默认设置,单击【确定】按钮,如下图所示。

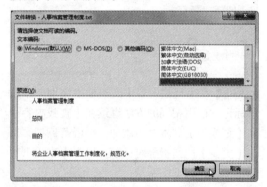

第5步 返回文档编辑区,即可查看到插入的文本内容,单击【编辑】组中的【替换】按钮,如下图所示。

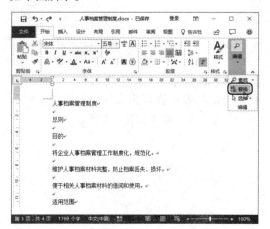

第6步 ❶打开【查找和替换】对话框,将鼠标光标定位到【替换】选项卡【查找内容】文本框中,单击【更多】按钮展开对话框,单击【特殊格式】按钮;❷在弹出的下拉列表中选择【段落标记】选项,如下图所示。

第7步 在【查找内容】文本框中添加一个段落标记,使用相同的方法继续在【查找内容】和【替换为】文本框中添加一个段落标记,单击【更少】按钮折叠对话框,单击【查找下一处】按钮,如下图所示。

第8步 ❶开始在文档中查找下一处符合查找条件的内容;❷单击【查找和替换】对话框中的【全部替换】按钮,如下图所示。

第9步 即可一次性替换完文档中符合替换条件的内容,并在打开的提示对话框中显示替换的处数,单击【确定】按钮,如下图所示。

第10步 关闭【查找和替换】对话框,返回文档编辑区,即可查看到将两个段落标记替换成一个段落标记后的效果,如下图所示。

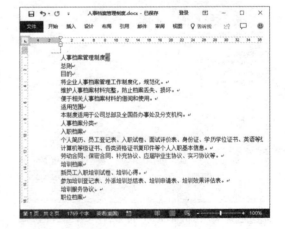

第12章
人事档案管理

12.1.2 创建和应用样式

对于导入Word文档中的内容，如果没有设置格式，且需要设置格式的段落较多时，为了提高效率，可以根据样式来设置。具体操作步骤如下。

第1步 ❶将鼠标光标定位到第1段文本中，单击【样式】组中的【样式】按钮；❷在弹出的下拉列表中选择【标题】选项，如下图所示。

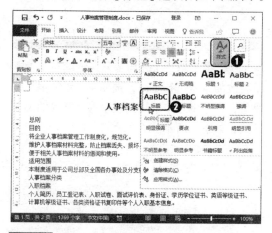

第2步 ❶将鼠标光标定位到第2段末尾；❷在【样式】下拉列表中选择【创建样式】选项，如下图所示。

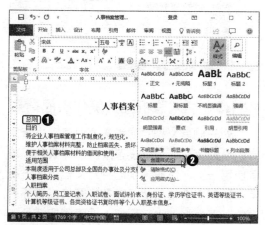

第3步 ❶打开【根据格式化创建新样式】对话框，在【名称】文本框中输入"章节"；❷在【样式基准】下拉列表框中选择【正文】选项；❸在【格式】栏中设置字号为【小三】；

❹单击【加粗】按钮 B；❺单击【居中】按钮 ≡；❻再单击 ↕ 按钮；❼单击【格式】按钮；❽在弹出的下拉列表中选择【编号】选项，如下图所示。

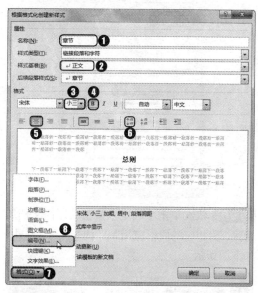

第4步 打开【编号和项目符号】对话框，在【编号】选项卡下单击【定义新编号格式】按钮，如下图所示。

第5步 ❶打开【定义新编号格式】对话框，在【编号样式】下拉列表框中选择需要的编号样式；❷在【编号格式】文本框中输入编号

格式；❸单击【确定】按钮，如下图所示。

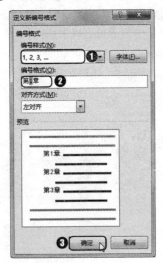

第6步 依次单击【确定】按钮，返回文档编辑区，为相应的段落应用新建的【章节】样式，如下图所示。

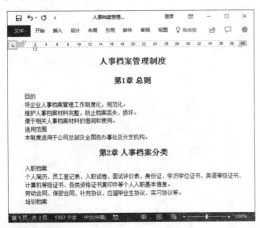

第7步 使用相同的方法继续新建【条款】和【编号】样式，并应用于相应的段落中。在需要更改的编号上右击，在弹出的快捷菜单中选择【重新开始于1】命令，如下图所示。

> **温馨提示**
> 如果新建的样式带有编号，那么应用相同样式的段落将会自动连续编号。

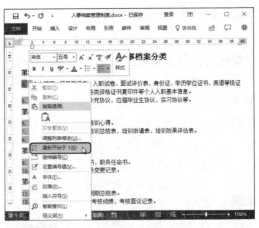

第8步 将重新从1开始编号，继续对其他需要更改的编号进行更改，选择需要添加编号的段落，在【编号】下拉列表中选择需要的编号样式，如下图所示。

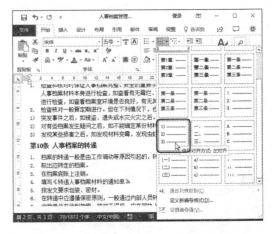

12.1.3 插入联机图片美化页面背景

对于制度文档，如果需要对页面进行简单的设置，那么可以设置淡淡的背景色，或者使用一些淡色的背景图片对文档页面进行美化，但不宜使用背景较花的图片或较深的颜色。下面将使用在网络上搜索到的淡色的背景图片对文档页面进行美化。

第1步 ❶单击【页面背景】组中的【页面颜色】按钮；❷在弹出的下拉列表中选择【填充效果】选项，如下图所示。

第12章
人事档案管理

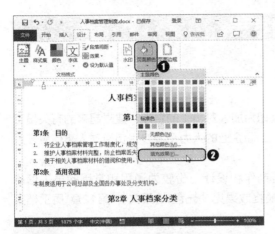

第4步 ❶ 在打开的对话框中将显示从网上搜索到的图片,选中图片对应的复选框;❷ 单击【插入】按钮,如下图所示。

第2步 ❶ 打开【填充效果】对话框,选择【图片】选项卡;❷ 单击【选择图片】按钮,如下图所示。

温馨提示

在必应网站上搜索到的图片很多都有水印,在选择图片时,最好选择没有水印的,因为图片作为背景填充到文档页面中后,将不能对图片进行裁剪和编辑等各种操作。

第5步 返回【填充效果】对话框,在【图片】列表框中将显示插入图片的效果,单击【确定】按钮,返回文档中,即可查看到图片作为页面背景后的效果,如下图所示。

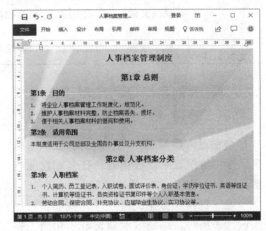

第3步 ❶ 打开【插入图片】对话框,在【必应图像搜索】文本框中输入"淡色背景图片";❷ 单击【搜索】按钮,如下图所示。

| 365 |

12.2 使用Excel制作员工档案表

 案例背景

员工人事信息表，也称为职工档案表，是公司为加强对员工的管理，建立起来的有关员工基本情况的重要资料，是考察职工的主要依据。公司/企业的人力资源专员负责对人事信息表或档案表的建立、完善和更新，并进行保管。

本例将主要使用公式函数和数据验证功能制作和设计一份较为通用和常用的员工信息数据表，制作完成后的效果如下图所示。实例最终效果见"光盘\结果文件\第12章\员工档案表.xlsx"文件。

光盘文件	结果文件	光盘\结果文件\第12章\员工档案表.xlsx
	教学视频	光盘\视频文件\第12章\12.2使用Excel制作员工档案表.mp4

12.2.1 限制身份证号和员工编号重复

身份证号具有唯一性，因此，在人事信息表格中身份证号不能重复。在公司企业内部员工编号是唯一的，不能重复。

鉴于这两类数据的唯一性，我们在制作和设计表格时，需要限制身份证号和员工编号的重复输入，保证它们的唯一性。具体操作步骤如下。

第1步 启动 Excel 2016，新建一个"员工档案表"工作簿，在第1行输入表字段，并对相应的单元格格式进行设置，选择 F 列单元格，单击【数字】下拉按钮▼，在弹出的下拉列表中选择【文本】选项，如下图所示。

第12章
人事档案管理

第2步 保持F列单元格的选择状态，在【数据】选项卡下单击【数据验证】按钮，如下图所示。

温馨提示

对于身份证号码列，HR需要将其数据类型，统一设置为文本类型，以保证身份证号码的全部正常显示，而不变成科学计数。

第3步 ❶打开【数据验证】对话框，在【设置】选项卡下的【允许】下拉列表框中选择【自定义】选项；❷在【公式】文本框中输入限制F列中输入重复数据的函数"=COUNTIF(F:F,F2)<2"；❸单击【确定】按钮，如下图所示。

第4步 以同样的方法为A列单元格区域添加限制重复的数据验证，如下图所示。

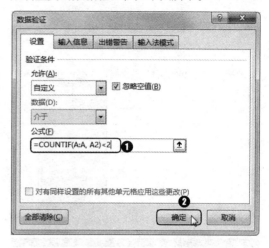

12.2.2 为身份证号添加提示信息

身份证号绝大部分都是18位数，为了保证输入的身份证号码准确，我们可以在身份证号码列中添加提示，这样不仅有效防止输入的身份证号码少位数或是多位数，还可以在一定程度上辨别身份证号码的真伪。具体操作步骤如下。

第1步 ❶选择F列单元格，打开【数据验证】对话框，选择【输入信息】选项卡；❷分别设置提示标题和输入信息内容；❸单击【确定】按钮，如下图所示。

367

第 2 步 在表格中即可查看到设置的提示信息，效果如下图所示。

12.2.3 提供性别和部门数据选项

员工性别只有男和女，是固定的，而且企业中的部门在一定时期也是固定的，因此，我们可以为性别和部门数据提供选项，便于数据的录入。具体操作步骤如下。

第 1 步 ❶选择 C 列单元格，打开【数据验证】对话框，在【设置】选项卡下的【允许】下拉列表框中选择【序列】选项；❷在【来源】文本框中输入"男,女"；❸单击【确定】按钮，如下图所示。

第 2 步 在 C 列中选择单元格并单击出现的下拉选项按钮▼，在弹出的下拉列表框中即可快速选择录入想要数据，如下图所示。

第 3 步 使用相同的方法为部门列中的单元格添加下拉列表框，以供录入数据时快速选择，如下图所示。

12.2.4 让电话号码进行分段显示

为了让员工档案表中的手机号码方便查看和记忆，HR在制作员工档案表时，可以将手机号码进行分段显示。具体操作步骤如下。

第 1 步 ❶选择 K 列单元格，打开【设置单元格格式】对话框，在【数字】选项卡下的【分类】列表框中选择【自定义】选项；❷在【类型】列表框中输入"000-0000-0000"；❸单击【确定】按钮，如下图所示。

" 年 "&MID(F2,11,2)&" 月 "&MID(F2,13,2)&"日")】，如下图所示。

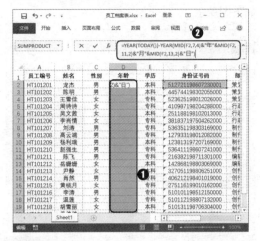

第2步 在第2行部分单元格中输入相应的数据，在K2单元格中输入手机号码后，可看到手机号码分为了3段进行显示，如下图所示。

第2步 按【Ctrl+Enter】组合键计算出员工的年龄，如下图所示。

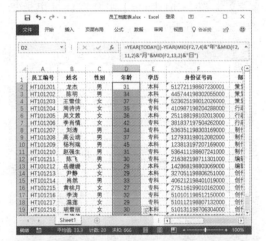

12.2.5 使用函数计算员工年龄和工龄

使用MID函数可以根据身份证号码自动获取员工的出生年月；然后使用YEAR函数计算出员工的年龄；而员工工龄则是根据INT函数计算出来的。具体操作步骤如下。

第1步 ❶在工作表中录入所有员工的信息，选择D2:D21单元格区域；❷在编辑栏中输入公式【=YEAR(TODAY())-YEAR(MID(F2,7,4)&

温馨提示

公式【=YEAR(TODAY())-YEAR(MID(F2,7,4)&"年"&MID(F2,11,2)&"月"&MID(F2,13,2)&"日")】中的【MID(F2,7,4)&"年"&MID(F2,11,2)&"月"&MID(F2,13,2)&"日"】表示提取身份证号码中从左到右的第7位数至第10位数作为出生的年份；提取第11位至第12位数作为出生的月份；提取第13位数和第14位数作为出生的日期，返回的结果则表示员工出生的日期，然后用系统当前日期–出生日期，得到的结果就是员工的年龄。

| 369

第3步 ❶ 选择 J2:J21 单元格区域；❷ 在编辑栏中输入公式【=INT((NOW()-I2)/365)】，如下图所示。

第4步 按【Ctrl+Enter】组合键计算出员工的工龄，如下图所示。

> **温馨提示**
> 如果计算出来的工龄是日期，那么说明单元格的数字格式是日期，需要把数字格式日期更改为常规，这样才会显示出正确的工龄。

12.2.6 美化表格

完成员工档案表的制作后，还可为表格套用样式、添加边框等进行操作，对表格进行简单的美化。具体操作步骤如下。

第1步 ❶ 选择任一数据单元格，单击【开始】选项卡【样式】组中的【套用表格格式】按钮；❷ 在弹出的下拉列表中选择【绿色，表样式浅色14】选项，如下图所示。

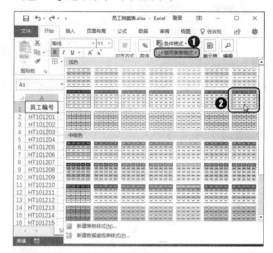

第2步 打开【套用表格式】对话框，将自动获取需要套用表格式的单元格区域，保持默认设置，单击【确定】按钮，如下图所示。

第3步 ❶ 在【表格工具-设计】选项卡【工具】组中单击【转换为区域】按钮；❷ 在打开的提示对话框中单击【是】按钮，将表格转换为普通表格，如下图所示。

第12章
人事档案管理

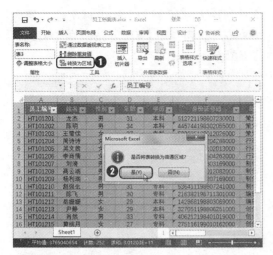

第4步 ❶ 保持单元格区域的选择状态，单击【字体】组中的【边框】下拉按钮▼；❷ 在弹出的下拉列表中选择【线条颜色】选项；❸ 在弹出的级联列表中选择【绿色，个性色6】选项，如下图所示。

第6步 即可为所选的单元格区域添加绿色的边框线，效果如下图所示。

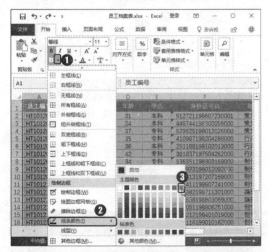

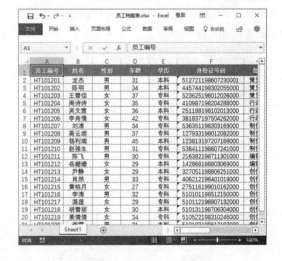

> **温馨提示**
> 设置边框线颜色后，鼠标指针将变成 ✎ 形状，此时可直接拖动鼠标绘制表格的边框，且边框的颜色为设置的颜色。

第5步 在【边框】下拉列表中选择【所有框线】选项，如下图所示。

12.2.7 加密保护员工档案表

员工档案表中包含很多员工的个人信息，要主要保护员工的隐私。因此，制作好员工档案表后，HR还应该对员工档案表进行保护，而密码保护是最安全的，只有输入正确的密码后，才能打开该工作簿。具体操作步骤如下。

第1步 ❶ 选择【文件】选项卡，在打开的界面中单击【保护工作簿】按钮；❷ 在弹出的下拉列表中选择【用密码进行加密】选项，如下图所示。

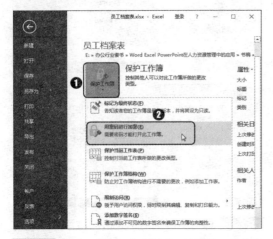

第2步 ❶打开【加密文档】对话框，在【密码】文本框中输入密码"000000"；❷单击【确定】按钮关闭对话框，如下图所示。

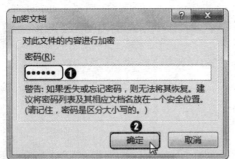

第3步 ❶打开【确认密码】对话框，在【重新输入密码】文本框中再次输入密码"000000"；❷单击【确定】按钮关闭对话框，如下图所示。

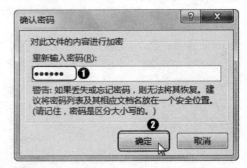

第4步 ❶对工作簿进行保存后关闭工作簿，再次打开工作簿时，会弹出【密码】对话框，在【密码】文本框中输入"000000"，❷单击【确定】按钮后才能正常打开，如下图所示。

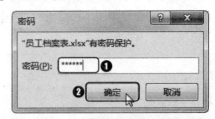

温馨提示

用密码保护工作簿后，只有输入正确的密码后才能打开，所以，在设置密码时，最好设置易记忆的密码，或者将密码记录在计算机中或记事本上，以防止密码丢失或忘记。

12.3 使用Excel制作员工信息查询表

 案例背景

当企业中的员工人数较多时，从大量的数据中查询某一个员工的信息，不仅麻烦，而且需要花费大量的时间。针对这一情况，HR可以制作员工信息查询表，只要输入员工编号和姓名，就能快速查找出指定人员的数据记录，获取相应的数据信息。最常用的查询方式分为两种：按姓名查询与按编号查询，原理基本相同，方法差别不大，相对而言，按姓名进行查找稍微难一点，因为有一个逆向查找编号的操作。

第12章
人事档案管理

本例将主要结合公式和函数制作员工信息查询表，制作完成后的效果如下图所示。实例最终效果见"光盘\结果文件\第12章\员工信息查询表.xlsx"文件。

	A	B	C
1	请输入要查询的员工姓名：	明月	
2	编号	BHSC-005	
3	姓名	明月	
4	性别	男	
5	年龄	34	
6	学历	中专	
7	部门	销售部	
8	职务	员工	
9	身份证号码	51026519830925****	
10	家庭住址	四川宜宾市万江路	
11	联系方式	568***29	
12	出生日期	1983年09月25日	
13	退休日期	2043/9/26	

光盘文件	素材文件	光盘\素材文件\第12章\员工信息查询表.xlsx
	结果文件	光盘\结果文件\第12章\员工信息查询表.xlsx
	教学视频	光盘\视频文件\第12章\12.3使用Excel制作员工信息查询表.mp4

12.3.1 设计信息查询表

HR在制作员工信息查询表时，不仅要保证能快速精确地查询到数据，还要让信息查询区的结构完整、美观。具体操作步骤如下。

第1步 打开"光盘\素材文件\第12章\员工信息查询表.xlsx"文件，新建一个"员工信息查询"工作表，在该工作表中输入相应的数据，并对单元格中文本的字体格式和单元格的行高和列宽进行相应的设置，如下图所示。

第2步 ❶选择A1:B13单元格区域，打开【设置单元格格式】对话框，选择【边框】选项卡；❷在【样式】列表框中选择需要的样式；❸在【颜色】下拉列表框中选择【白色，背景1，深色35%】选项；❹分别单击【外边框】和【内部】按钮为表格添加内外边框线条；❺再单击【确定】按钮，如下图所示。

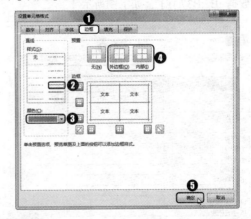

第3步 ❶选择A1:B1单元格区域，单击【填充颜色】右侧的下拉按钮；❷在弹出的下拉列表中选择【灰色，个性色3，淡色40%】选

373

项，如下图所示。

12.3.2 使用函数查询数据

在查询数据时，要想自动显示指定查找的信息，需要使用函数来实现。

1. 使用函数查找明细数据

对指定人员明细数据进行快速查找，我们可以使用VLOOKUP函数轻松做到。

第1步 ❶选择B2单元格；❷在编辑栏中输入公式【=INDEX(数据!A2:A37,MATCH(B1,数据!B2:B37,))】，如下图所示。

> **温馨提示**
>
> 因为【数据】工作表中的【编号】列位于【姓名】列前面，所以，不能用VLOOKUP函数进行反向查找，需用使用INDEX和MATCH函数的嵌套来实现。

第2步 ❶按【Enter】键计算出结果，选择B3单元格，❷在编辑栏中输入公式【=VLOOKUP($B$1,数据!$B$2:$L$35,1,0)】，按【Enter】键计算出结果，如下图所示。

> **温馨提示**
>
> 本例输入公式计算出来的结果显示为#N/A，是因为公式都是根据B1单元格中的数据进行查找的，B3单元格中没有输入数据，所以，计算出来的结果将显示为#N/A，当B3单元格中输入数据后，显示为#N/A的单元格将显示正确的计算结果。

第3步 ❶复制B3单元格中的公式，计算出B4:B13单元格区域；❷在编辑栏中将B4单元格中的公式更改为【=VLOOKUP($B$1,数据!$B$2:$L$35,2,0)】，如下图所示。

第12章
人事档案管理

2. 让单元格显示为空白

在B1单元格中没有输入查询人员名称时，B2:B13单元格区域显示为#N/A，我们可以借助IF函数让其显示为空白。具体操作步骤如下。

第1步 ❶ 选择 B2 单元格；❷ 将鼠标光标定位在编辑栏中，在原有的函数外层嵌套 IF 函数【=IF(B1="","",INDEX(数据!A2:A37,MATCH(B1,数据!B2:B37,)))】，让其对 B1 元格中是否输入人员名称进行判定，如果输入则进行查询，如果没有输入则显示为空白，如下图所示。

第2步 按【Enter】键可发现 B2 单元格显示为空白，如下图所示。

教您一招

应对VLOOKUP函数查找数据错误的漏洞

使用VLOOKUP函数时，必须保持其结构完整，也就是最后一位参数【Range_lookup】，即使省略，也必须将逗号保留，不能写成【=VLOOKUP($B$1,数据!$B$2:$L$35,2)】，必须写成【=VLOOKUP($B$1,数据!$B$2:$L$35,2,)】或是【=VLOOKUP($B$1,数据!$B$2:$L$35,2,0)】。否则，一旦遇到不存在数据记录的人员时，系统会随机显示错误的数据记录。

第4步 按【Enter】键计算出结果，继续对后面单元格公式中查找的列数进行更改，以保证计算的结果正确，如下图所示。

375

> **温馨提示**
>
> 在为公式添加嵌套IF嵌套函数时，要注意公式最后半括号的多少，如果没添加IF嵌套函数时，公式最后有两个半括号，那么添加后公式末尾要多增加一个半括号。

第3步 分别为B2:B13单元格区域中的函数添加IF嵌套函数。在B1单元格没有输入人员姓名时，B2:B13单元格区域全部显示为空白，如下图所示。

第4步 在B1单元格中输入现有人员的姓名，如"刘涛"，系统自动查找到对应的明细数据，如下图所示。

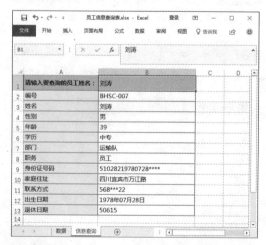

第5步 选择B13单元格，将其数字格式设置为【日期】，单元格的数据将显示正确，如下图所示。

12.3.3 锁定自动查询区域

在查询区域中，除了B1单元格留给用户输入要查询的姓名外，其他的单元格可以不用有任何操作，也不允许有任何操作。同时，还希望B2:B13单元格区域中的公式能够隐藏（选择单元格后，在编辑栏中不显示公式），保护查询安全。

这时，我们只需要统一操作，隐藏单元格函数，并锁定除B1单元格以外的单元格。具体操作步骤如下。

第1步 ❶单击【全选】按钮选择整个表格；❷单击【字体】组中对话框启动器按钮，如下图所示。

第12章
人事档案管理

第2步 ❶打开【设置单元格格式】对话框，选择【保护】选项卡；❷选中【锁定】和【隐藏】复选框；❸单击【确定】按钮，如下图所示。

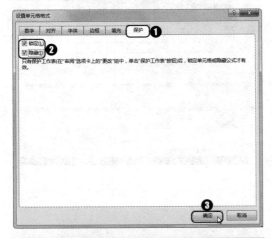

温馨提示

在【设置单元格格式】对话框中的【保护】选项卡下选中【隐藏】复选框，是为了隐藏B2:B13单元格区域中的公式。若只锁定单元格，则只需选中【锁定】复选框。

第3步 选择B1单元格，取消该单元格的隐藏和锁定，然后单击【保护】组中的【保护工作表】按钮，如下图所示。

第4步 ❶打开【保护工作表】对话框，在【取消工作表保护时使用的密码】文本框中输入"000000"；❷单击【确定】按钮，如下图所示。

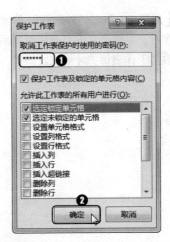

第5步 ❶打开【确认密码】对话框，再次输入密码"000000"；❷单击【确定】按钮，如下图所示。

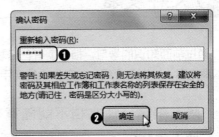

第6步 B1单元格处于可编辑状态，输入查询员工姓名后，将自动进行数据记录查找。但选择包含公式的任一单元格，在编辑栏中将不会显示公式，如下图所示。

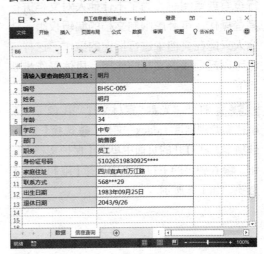

377

Word/Excel/PPT
在人力资源管理中的应用

第7步 对除 B1 单元格外的任一单元格进行编辑操作时，系统会立即打开提示对话框，提示需要取消工作表保护才能进行操作，如下图所示。

大神支招

通过前面知识的学习，相信读者已经掌握了人事档案管理文档和表格的制作方法。下面结合本章内容，给读者介绍一些工作中的实用经验与技巧。

01：限制编辑，让文档不能随意被他人修改

🎬 视频文件：光盘\视频文件\第12章\01.mp4

当需要将制作好的文档发送给多人进行查看或审阅时，为了不让他人对文档进行某些操作，可考虑限制文档的编辑权限，让他人只能在文档中进行指定的操作，这样，也可以起到保护文档的作用。具体操作步骤如下。

第1步 打开"光盘\素材文件\第12章\人事档案管理制度1.docx"文件，❶选择【文件】选项卡，在打开的页面中单击【保护文档】按钮；❷在弹出的下拉列表中选择【限制编辑】选项，如下图所示。

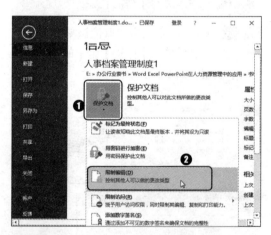

第2步 ❶打开【限制编辑】任务窗格，选中【仅允许在文档中进行此类型的编辑】复选框；❷在【不允许任何更改(只读)】下拉列表框中选择【修订】选项，如下图所示。

第12章
人事档案管理

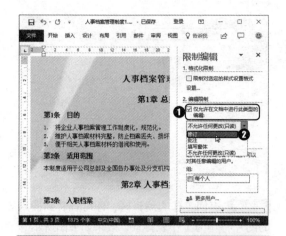

温馨提示

在【限制编辑】任务窗格中选中【仅允许在文档中进行此类型的编辑】复选框,在下方的下拉列表框中保持选择【不允许任何更改(只读)】选项,在【组】列表框中选中【每个人】复选框,启动强制保护后,表示所有人只能对文档内容进行查看,不能进行各种编辑操作。

第3步 单击【是,启动强制保护】按钮,如下图所示。

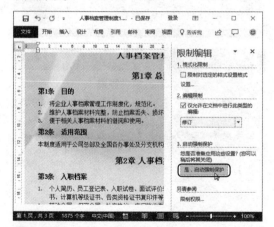

第4步 ❶打开【启动强制保护】对话框,在【新密码(可选)】和【确认新密码】文本框中输入保护密码"000000";❷单击【确定】按钮,如下图所示。

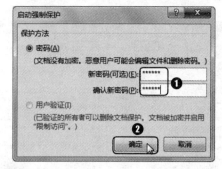

第5步 返回文档中,在【限制编辑】任务窗格中即可查看到编辑权限,如下图所示。

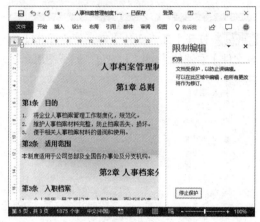

02:图片美化表格一步到位

🎬 视频文件:光盘\视频文件\第12章\02.mp4

HR在对表格进行美化时,一般会直接套用自带的表格样式,因为简单快速。其实,在Excel中还有一种表格美化方法,只需要一张图片就能快速美化到位。但需要注意的是,打印时,工作表的背景不能打印,如果需要打印,将需要打印的表格区域复制为图片,将其粘贴到工作表中,才能被打印出来。具体操作步骤如下。

第1步 打开"光盘\素材文件\第12章\人事信息表.xlsx"文件,单击【页面布局】选项卡【页面设置】组中的【背景】按钮,如下图所示。

第2步 打开【插入图片】对话框,单击【来自文件】右侧的【浏览】按钮,如下图所示。

第3步 ❶打开【工作表背景】对话框,在地址栏中设置图片所在的保存位置;❷选择【背景.jpg】选项;❸单击【插入】按钮,如下图所示。

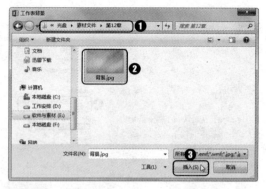

第4步 返回工作表编辑区,即可查看到插入的图片将作为工作表背景,效果如下图所示。

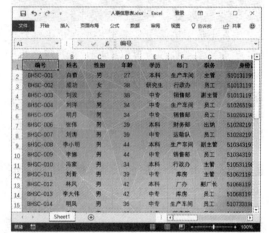

教您一招

取消工作表背景

插入工作表背景后,【页面设置】组中的【背景】按钮将变成【删除背景】按钮。如果对当前插入的背景不满意或需要取消,那么可单击【页面设置】组中的【删除背景】按钮,即可删除工作表中的背景。

索引

一、Word 功能索引

1. 文档设置与编辑操作

文档的基本操作与编辑

保存文档 ……………………………… 128
预览和打印文档 …………………… 338
插入符号 ……………………………… 74
插入日期和时间 …………………… 182
插入对象 ……………………………… 302
导入文件中的文字 ………………… 361
查找和替换文本格式 ……………… 353
使用通配符查找和替换 …………… 19
查找和替换段落标记 ……………… 335

文档格式设置

设置字体格式 ……………………… 75
设置段落级别 ……………………… 120
设置文字方向 ……………………… 77
设置段落格式 ……………………… 75
添加项目符号 ……………………… 141
自定义项目符号 …………………… 243
添加编号 …………………………… 206
定义新编号格式 …………………… 250
应用内置样式 ……………………… 202
修改样式 …………………………… 203
新建样式 …………………………… 204
添加边框 …………………………… 207
为段落添加底纹 …………………… 299

应用主题和样式集 ………………… 252
自定义主题颜色和字体 …………… 272

页面设置

添加页眉和页脚 …………………… 80
设置页面颜色 ……………………… 136
图片填充页面背景 ………………… 364
设置页面大小和页边距 …………… 180
插入封面 …………………………… 77
插入空白页 ………………………… 207
自定义文本水印 …………………… 251
自定义图片水印 …………………… 271

2. 文档对象的使用

图形对象

绘制与编辑文本框 ………………… 133
插入图片 …………………………… 136
裁剪图片 …………………………… 137
插入与编辑艺术字 ………………… 139
删除图片背景 ……………………… 175
绘制形状 …………………………… 129
编辑形状 …………………………… 131
美化形状 …………………………… 134
创建SmartArt图形 ………………… 188
编辑SmartArt图形 ………………… 189
更改SmartArt图形中的形状 …… 198

表格对象

插入表格 …………………………… 301

绘制表格	279
设置表格边框	282
拆分单元格	306
平均分布表格行或列	293
拆分表格	294
插入Excel电子表格	325
将文本转换为表格	356

3. 邮件合并与文档引用

邮件合并

批量标签	21
键入新列表	183
插入合并域	185
批量发送电子邮件	186
编辑单个文档	197

文档引用

插入自动目录	79
更新目录	83
插入题注	304
自动插入题注	327

二、Excel功能索引

1. 表格的编辑与制作

基本操作

复制工作表	157
保护工作表	377
保护工作簿	371
冻结窗格	287
打印标题	244
分页预览	225
打印表格	226

数据录入与编辑

填充数据	35
行列转置	36
选择性粘贴	97
清除表格	158
删除重复值	330

单元格格式设置

合并单元格	147
设置字体格式和对齐方式	148
设置数字格式	149
自定义数字格式	195
调整行高和列宽	150
添加表格边框	151
套用表格样式	196
新建表格样式	198
设置工作表背景	380

设置数据验证

设置允许条件	193
设置出错警告	258
限制输入重复数据	366
设置提示信息	367
新建批注	265

2. 数据统计与分析

公式与函数

自动求和	90
输入公式	158
合并计算	329
SUM函数	39

AVERAGE函数 ································· 39
MAX函数 ······································· 40
MIN函数 ·· 41
COUNTIF函数 ································ 41
COUNTIFS函数 ······························ 288
IF函数 ··· 42
VLOOKUP函数 ································ 42
YEAR函数 ······································ 95
RANK.EQ函数 ································ 267
AND函数 ······································ 215
SUMPRODUCT函数 ························ 100
CHOOSE函数 ································ 269
INDEX函数 ···································· 374
DATE函数 ······································ 287
OFFSET函数 ·································· 317
ROW函数 ······································ 317
COLUMN函数 ································· 317

数据分析

简单排序 ······································· 257
高级筛选 ······································· 121
分类汇总 ······································· 324
突出显示单元格规则 ························ 257
自定义条件格式 ······························ 274
快速分析 ······································· 45
移动平均 ······································· 87
规划求解 ······································· 101

3. 图表和数据透视表/图的使用

Excel图表

折线图 ·· 92
根据推荐的图表创建组合图 ·············· 160

组合图 ·· 219
移动图表 ······································· 295
在图表中插入形状 ···························· 296
编辑图表数据 ································· 357
筛选图表数据 ································· 99
设置坐标轴格式 ······························ 263
添加线条 ······································· 220
设置数据系列格式 ···························· 92

数据透视表/图

创建数据透视表 ······························ 153
移动数据透视表 ······························ 154
创建数据透视图 ······························ 154
插入切片器 ···································· 155

三、PPT功能索引

1. 表格的编辑与制作

演示文稿的制作与编辑

保存演示文稿 ································· 106
将演示文稿保存到OneDrive ············ 123
新建幻灯片 ···································· 170
分栏 ·· 171

设计幻灯片

设计器布局幻灯片 ···························· 245
设置幻灯片大小 ······························ 228
设置幻灯片背景格式 ························ 104
设计幻灯片母版 ······························ 163
复制版式 ······································· 166
重命名版式 ···································· 167
缩放定位幻灯片 ······························ 246

幻灯片对象的编辑

绘制与编辑形状 ······················107

编辑形状顶点 ······················177

合并形状 ··························165

插入与编辑图片 ····················167

图片填充形状 ······················230

插入艺术字 ························170

插入图标 ··························237

插入和编辑SmartArt图形 ············234

插入与编辑表格 ····················110

创建组合图表 ······················113

制作个性化饼图 ····················116

2. 动画的添加与演放映输出

动画效果添加

添加幻灯片切换动画 ················174

添加动画 ··························239

调整动画播放效果 ··················240

幻灯片放映输出

放映幻灯片 ························118

排练计时 ··························124

打包演示文稿 ······················242